Rudolf J. Schlaffer
und Marina Sandig

Die Bundeswehr 1955 bis 2015: Sicherheitspolitik und Streitkräfte in der Demokratie. Analysen, Bilder und Übersichten

Herausgegeben vom

Zentrum für Militärgeschichte und
Sozialwissenschaften der Bundeswehr

rombach verlag

Die Deutsche Nationalbibliothek verzeichnet diese Publikation in der Deutschen Nationalbibliografie; detaillierte bibliografische Daten sind im Internet über www.d-nb.de abrufbar.

Erste Auflage

Redaktion: ZMSBw, Potsdam, Schriftleitung (0786-01)
Lektorat: Aleksandar-S. Vuletić
Bildredaktion: Marina Sandig
Bildbearbeitung, Satz: Carola Klinke, Antje Lorenz, Christine Mausersberger
Grafiken: Yvonn Mechtel, Bernd Nogli

Umschlagabbildungen:
Feierliches Gelöbnis vor dem Reichstag am 20.7.2011 (ullstein bild – Boness/IPON);
Plakataktion zur Freiwilligen-Werbung der Bundeswehr in Nürnberg am 9.10.1956 (SZ Photo)

Gesamtherstellung: Rombach Druck- und Verlagshaus GmbH & Co. KG, Freiburg i.Br.
Gedruckt auf säurefreiem, alterungsbeständigem Papier (chlorfrei gebleicht).

Printed in Germany

ISBN 978-3-7930-9836-2

Inhalt

Vorwort

Der 12. November 1955 markierte in der deutschen Militärgeschichte eine Zäsur. Über zehn Jahre nach der bedingungslosen Kapitulation der Wehrmacht im Zweiten Weltkrieg ernannte der erste Bundesminister für Verteidigung Theodor Blank (CDU) die ersten Freiwilligen zu Berufs- und Zeitsoldaten der neuen westdeutschen Streitkräfte. Knapp 35 Jahre später trat zum 3. Oktober 1990 die DDR dem Geltungsbereich des Grundgesetzes bei. Damit hörten die DDR und mit ihr die NVA auf zu existieren; die Bundeswehr wurde zur Armee der Einheit. Am 3. Oktober 2015 jährt sich somit die Einheit zum 25. und am 12. November der symbolträchtige Gründungstag schon zum 60. Mal. Die Bundeswehr legte in dieser Zeit einen beeindruckenden historischen Weg zurück.

Mit dem Aufbau westdeutscher Streitkräfte im Kalten Krieg erreichte die junge Bundesrepublik Deutschland ihre staatliche Souveränität. Die Bundeswehr wurde im Kalten Krieg zum starken konventionellen Schild der NATO für die geplante Verteidigung Zentraleuropas. Ohne je einen scharfen Einsatz der Streitkräfte bewältigt zu haben, konnte der Kalte Krieg für das westliche Bündnis entschieden werden. Schließlich führte dies zur Auflösung des Warschauer Pakts und der Sowjetunion. Damit wurde aber die Bundeswehr nicht überflüssig, sondern die neuen sicherheitspolitischen und militärischen Herausforderungen wandelten sie in die Armee der Einheit und im Auslandseinsatz um. Nicht nur das NATO-Bündnis und die Bundesrepublik Deutschland, sondern auch die Bundeswehr sah sich fortan grundlegenden Anpassungsprozessen ausgesetzt. Insgesamt gesehen ist somit die Geschichte der Bundeswehr seit 60 Jahren eine von Wandel, Anpassung und Veränderung. Daher hat das Zentrum für Militärgeschichte und Sozialwissenschaften der Bundeswehr (ZMSBw) selbstverständlich die Aufgabe übernommen, für diese wichtigen Jubiläen ein historisches Überblickswerk mit dem Schwerpunkt auf der Sicherheitspolitik und der Streitkräfteentwicklung der Bundeswehr vorzulegen.

Ich danke vor allem den Autoren Oberstleutnant Dr. Rudolf J. Schlaffer und Dipl.-Phil. Marina Sandig für ihre Beiträge, die Bildauswahl und für die Gestaltung des Buches. Weiterhin danke ich dem Koordinator Dr. Aleksandar-S. Vuletić für das Lektorat und die Betreuung bis zur Druckreife. Carola Klinke, Antje Lorenz und Christine Mauersberger setzten die Texte, die Grafiken erstellten Dipl.-Ing. (FH) Bernd Nogli und Yvonn Mechtel. Leutnant zur See Simonas Vollmer, Maria Kreisel und Theresa Lotze unterstützten tatkräftig bei der Erstellung der Schaukästen und Übersichten. Hauptmann Ariane Huth M.A. und Oberstleutnant Dr. Rudolf J. Schlaffer steuerten private Fotos aus ihren Einsätzen bei.

Allen Lesern wünsche ich eine informative, aber auch nachdenkliche Lektüre und hoffe, dass sie anregende Diskussions- und Denkanstöße daraus ziehen mögen.

Dr. Hans-Hubertus Mack
Oberst und Kommandeur des
Zentrums für Militärgeschichte und
Sozialwissenschaften der Bundeswehr

Rudolf J. Schlaffer

Sicherheitspolitik und Streitkräfte 1955 bis 2015

1. Einleitung

Im Jahr 2015 ist die Bundeswehr 60 Jahre alt geworden. Sie besteht schon länger als jede andere deutsche Armee seit der Reichseinigung 1870/71. Die kaiserliche Kontingentarmee hatte knapp 48, die Reichswehr noch 13 und die Wehrmacht nur zwölf Jahre existiert. Mit der bedingungslosen Kapitulation der deutschen Wehrmacht im Jahr 1945 nach dem verbrecherisch geführten Zweiten Weltkrieg setzten die alliierten Hauptsiegermächte USA, UdSSR, Großbritannien sowie Frankreich nicht nur eine politische und gesellschaftliche, sondern auch eine militärische Zäsur in Deutschland. Das Deutsche Reich verlor seine Souveränität und das Staatsgebiet teilten die Hauptsiegermächte in vier Besatzungszonen auf. Die vollziehende Gewalt übernahmen im besiegten Deutschland die Alliierten. Der Alliierte Kontrollrat und die Hohen Kommissare übten die Gesetzgebung aus, überprüften die Exekutive und beeinflussten somit im Auftrag der amerikanischen, sowjetischen, britischen und französischen Regierung alle relevanten Lebensbereiche in Deutschland. Das Ende der Wehrmacht schien erst einmal das Ende der deutschen Militärgeschichte zu besiegeln. Zwar dienten ehemalige deutsche Soldaten ab 1945 in den alliierten Dienstgruppen oder der französischen Fremdenlegion, aber deutsche Streitkräfte existierten nicht mehr.

Mit dem formellen Aufbaubeginn der Bundeswehr in der Bundesrepublik Deutschland im Jahr 1955, symbolisiert durch die Ernennung von 101 Freiwilligen durch den ersten Bundesminister für Verteidigung Theodor Blank (CDU) am 12. November 1955, und der Nationalen Volksarmee (NVA) in der Deutschen Demokratischen Republik (DDR) im März 1956 konnte unter Weitergeltung alliierter Vorbehaltsrechte die staatliche Souveränität der nunmehr beiden deutschen Staaten hergestellt werden. Eingebunden waren die Streitkräfte von Anbeginn in die beiden großen Bündnissysteme von West nach Ost: im Nordatlantischen Bündnis (NATO) und in der Warschauer Vertragsorganisation (WVO), im Westen als Warschauer Pakt bezeichnet. Knapp 35 Jahre später beendete eine weitere Zäsur sowohl den Kalten Krieg als auch die Existenz der DDR. Die deutsche Wiedervereinigung im Jahr 1990 mit dem Beitritt der DDR zum Geltungsbereich des Grundgesetzes bedeutete zugleich die Auflösung der NVA und die teilweise Integration ihres Personals sowie Materials in die Bundeswehr. Im Jahr 2015 jährt sich also auch das 25-jährige Jubiläum der Bundeswehr als »Armee der Einheit«. Diese beiden Jahrestage sind Grund genug, sich der Geschichte der Bundeswehr als eine in Bündnisse und in die Demokratie integrierte Armee zu erinnern.

Die sicherheitspolitischen Rahmenbedingungen wie der Kalte Krieg, die europäische Integration, Bündnissolidarität in der NATO, sowie die neuen militärischen Herausforderungen ab dem Jahr 1990 spielen eine bis zur Gegenwart konstitutive Rolle für die Bundeswehr. Die deutschen Erfahrungen bis 1945 und die internationalen Beziehungen ab 1945 beeinflussten die Organisation und Spitzengliederung nachhaltig. Die Innere Führung als Organisations- und Führungsphilosophie basierte auf dem schwedischen Beispiel, entwickelte sich zu einer innovativen deutschen Variante und sicherte damit auch die militärische Funktionsfähigkeit in Zeiten des gesellschaftlichen Wandels und von Krisen. Der Beitrag von Marina Sandig zeigt, inwieweit die öffentliche Wahrnehmung der Bundeswehr, ihrer Soldaten und zivilen Mitarbeiter von der Medienberichterstattung und der Macht der Bilder abhängt. Journalisten berichten dabei nicht nur aus dem sicheren Deutschland über die Bundeswehr, sondern auch aus den internationalen Einsatzgebieten unter ständiger Gefahr. Am Beispiel der renommierten Kriegsfotografin Anja Niedringhaus, die ihr Leben durch einen hinterhältigen Mordanschlag im April 2014 in Afghanistan verlor, wird die ständige Bedrohung dieser wichtigen öffentlichen Aufklärung sehr deutlich. Dieses Buch ist daher allen Soldaten, zivilen Mitarbeitern und politisch Verantwortlichen der Bundeswehr sowie den Berichterstattern gewidmet. Sie alle prägten die 60-jährige Geschichte und gaben der Bundeswehr mit ihren Bildern ein menschliches Gesicht.

Mit der Zäsur 1989/90 haben sich die sicherheitspolitischen Rahmenbedingungen grundlegend verändert – und dies obwohl die westlichen internationalen Organisationen und Institutionen bis heute weiterbestehen. Dies gilt auch für die Bundeswehr selbst. Denn obwohl sich ihre Spitzengliederung sowie die Innere Führung auf den ersten Blick wenig veränderten, bewirkten die rasant ablaufenden Anpassungsprozesse zu einer Armee der Einheit und im Auslandseinsatz gravierende Wandlungen in den Streitkräften. Die Bilanz von 60 Jahren Bundeswehr fällt daher eher gemischt aus. Sie muss nüchtern und ohne Selbstgefälligkeit gezogen werden.

2. Sicherheitspolitik und Strategie

2.1. Kalter Krieg

Die Anti-Hitler-Koalition hatte während des Zweiten Weltkrieges zwei konkurrierende und ideologisch gegensätzliche politische Systeme mit unterschiedlichen Gesellschaftsformen verbunden. Die USA, Großbritannien und Frankreich repräsentierten demokratische Gesellschaften und die freie Marktwirtschaft. Seit der russischen Oktoberrevolution im Jahr 1917 setzte die UdSSR die kommunistische Planwirtschaft sowie das totalitäre Herrschaftssystem durch. Bereits während des Zweiten Weltkrieges entwickelten die Alliierten (USA, UdSSR, Großbritannien) 1943 in Teheran und im Februar 1945 in Jalta Konzepte, die eine Nachkriegsordnung für ein in vier Besatzungszonen geteiltes Deutschland mit europäischen Grenzverschiebungen zum Ziel hatte. Einigkeit bestand im Wesentlichen darin, den deutschen Kriegsgegner nachhaltig für die Zukunft so zu schwächen, dass ihm ein erneuter Waffengang auf Dauer unmöglich sein würde. Auf der Potsdamer Konferenz vom Juli/August 1945 beschlossen die drei Alliierten für das besiegte Deutsche Reich Entmilitarisierung, Demokratisierung, Entnazifizierung. Vorgesehen wurden auch die Verurteilung von Kriegsverbrechern und die Leistungen von Reparationen. Vor allem die Demilitarisierung setzten die Alliierten daraufhin konsequent durch. Jedoch verschlechterte sich das Verhältnis der Westmächte zu dem östlichen Kriegsverbündeten aufgrund der ideologischen Systemgegensätze seit dem Kriegsende 1945 zunehmend. Die einigende Klammer des Kriegsgegners Deutschland entfiel und die westlichen Siegermächte [USA, GB, F] verfolgten ab 1946 die Strategie der doppelten Eindämmung (»dual containment«). Demnach sollten sowohl die Sowjetunion als auch Deutschland keine Vormachtstellung in Europa erreichen können. Die USA orientierten sich aber seit der sowjetischen Berlin-Blockade in den Jahren 1948/49 neu. Der ehemalige Kriegsgegner Deutschland spielte nunmehr für die Sicherheit Europas eine wichtige Rolle. Dies erklärt das fortan ambivalente Verhalten der westlichen Siegermächte gegenüber dem deutschen Soldaten. Einerseits machten die USA den Militarismus preußisch-deutscher Prägung für den verbrecherisch geführten Zweiten Weltkrieg verantwortlich, andererseits genoss der deutsche Soldat als militärischer Führer und Kämpfer hohes Ansehen. Die Westalliierten verfolgten zwar weiterhin die »Umerziehung« der Westdeutschen (»reeducation«) und damit auch die der ehemaligen Wehrmachtsoldaten, jedoch sollten deren im Kampf gesammelten Erfahrungen künftig für den seit 1948 geplanten westdeutschen Verteidigungsbeitrag genutzt werden können.

Eine westdeutsche Aufrüstung gewann besonders für die USA seit Sommer 1950 angesichts der verschärften Ost-West-Konfrontation und aufgrund der beträchtlichen Unterlegenheit bei den konventionellen Streitkräften auf westalliierter Seite an Attraktivität. Der Angriff des unter sowjetischem Einfluss stehenden Nordkoreaner auf das den westlichen Demokratien zugewandte Südkorea sowie die verdeckte Aufrüstung in der »Sowjetischen Besatzungszone« (SBZ) und späteren DDR, vor allem ab 1952 mit der Kasernierten Volkspolizei (KVP), verstärkten diese Gefahr. Die Regierungen der Westalliierten betonten zwar, dass sich der Schutz der 1949 gegründeten NATO (siehe Übersichten NATO-Chronologie und NATO-Erweiterung im Anhang) automatisch auch auf die im selben Jahr geschaffene Bundesrepublik Deutschland, die weiterhin unter dem Besatzungsstatut stand, erstrecken werde. Jedoch enthielten diese Erklärungen keinerlei Gewähr für eine nachhaltige militärische Verteidigung des Territoriums. Dem ersten Bundeskanzler der Bundesrepublik Deutschland, Konrad Adenauer (CDU), reichten diese Erklärungen der Westmächte nicht aus. Er bezeichnete diese Deklarationen als keine angemessene Antwort auf die verdeckte Aufrüstung in der SBZ/DDR. Adenauer forderte daher ein westdeutsches Gegenstück in Form einer Bundespolizei oder zumindest eine deutliche Verstärkung des Zollgrenzschutzes und der Bahnpolizei. Der Koreakrieg bot daher Adenauer die politische Gelegenheit, sich an die westlichen Hohen Kommissare mit der Forderung nach erhöhten Sicherheitsgarantien für die junge Bundesrepublik zu wenden.

Die Westmächte reagierten zunächst verhalten. Der Koreakrieg manövrierte sie in eine Zwickmühle: Zum einen galten die völkerrechtlichen Erklärungen, die zusammen mit der Sowjetunion während und zum Ende des Zweiten Weltkrieges abgegeben worden waren, sowie die Furcht vor einem militärisch aufgerüsteten Deutschland. Zum anderen zeigte der Stellvertreterkrieg in Korea die Bedrohung, die von der Sowjetunion ausging. Bundeskanzler Adenauer glaubte, dass der sowjetische Diktator Josef Stalin eine kalkulierte Stufenpolitik für Mitteleuropa verfolgen würde. Nach Adenauers Logik plante Stalin, auch die Bundesrepublik Deutschland unter seine Herrschaft zu bringen. Danach würde er seine Macht auch auf die politisch wenig gefestigten Länder wie Italien und Frankreich ausdehnen können. Wenn dieser Plan Stalins aufgehen würde, dann hätte dies den Sieg des Kommunismus in der Welt zur Folge, weil sich dann die Sowjetunion zur stärksten politischen, wirtschaftlichen und

Die Konferenz von Potsdam vom 17. Juli bis 2. August 1945. Churchill, Truman und Stalin während einer Verhandlungspause vor Schloss Cecilienhof. Foto vom 17.7.1945.
SZ Photo/E. Wehner

Bundesverteidigungsminister Theodor Blank überreicht am 13. Januar 1956 in der Garnison in Andernach 450 deutschen Soldaten die Ernennungsurkunden. Die Aufnahme erfolgte mit einem Teleobjektiv vom Rand des Kasernengeländes, da Pressevertreter keinen Zutritt hatten.
dpa/Kurt Rohwedder

Bundeskanzler Konrad Adenauer beim ersten offiziellen Besuch mit Bundesverteidigungsminister Theodor Blank schreitet die Front der angetretenen Soldaten in Andernach am 20. Januar 1956 ab. *pa/dpa/Alfred Hennig*

Überreichung der Ernennungsurkunden für Offiziere der Bundeswehr durch Bundesverteidigungsminister Theodor Blank in der Ermekeilkaserne in Bonn. Foto vom 12.11.1955. *SZ Photo/ap/dpa/picture alliance*

Bei einem Besuch des als Flottenstützpunkt vorgesehenen alten Kriegshafens Wilhelmshaven überreicht Bundesverteidigungsminister Theodor Blank 160 Angehörigen der Marinelehrkompanie die Ernennungsurkunden. Foto vom 17.1.1956. *ap/dpa/picture alliance/Süddeutsche Zeitung Photo*

Bundesverteidigungsminister Theodor Blank bei der Ernennung der ersten 101 Offiziere der Bundeswehr. Foto vom 12.11.1955. *SZ Photo/UPI*

Bundesverteidigungsminister Theodor Blank. Foto vom 8.10.1955. *Bundeswehr*

Ein Leser mit dem Buch »Vom künftigen deutschen Soldaten. Gedanken und Planungen der Dienststelle Blank«. Foto vom 1.1.1955. *SZ Photo*

Proteste gegen die Wiederbewaffnung in den 1950er-Jahren. *SZ Photo/Poehlmann*

Im Rahmen einer Kundgebung zum österlichen Jugendtreffen demonstrieren Angehörige der Freien Deutschen Jugend auf dem Ost-Berliner Marx-Engels-Platz u.a. gegen die Gründung der EVG und für einen Friedensvertrag, 1954. *SZ Photo*

Unterzeichnung des EVG-Vertrages: v.l.n.r. Konrad Adenauer, Paul Van Zeeland (Belgien), Robert Schuman (Frankreich), Alcide De Gasperi (Italien), Joseph Bech (Luxemburg). Foto vom 27.5.1952. *SZ Photo/Rue des Archives/AGIP*

Gewerkschaftsjugend demonstriert nach den Pariser Verträgen auf dem Königsplatz in München gegen die Wiederbewaffnung. Foto vom 24.2.1955. *SZ Photo/dpa*

Wehrpflichtiger vor einem Musterungsausschuss in Düsseldorf. Foto vom 21.1.1957.
SZ Photo/ap/dpa/picture alliance

Überführung des Bundesgrenzschutzes (BGS) in die Bundeswehr: Großer Zapfenstreich in Bonn. Foto vom 10.7.1956.
SZ Photo/UPI

Bundesinnenminister Gerhard Schröder und Bundesverteidigungsminister Theodor Blank bei der Übernahme des BGS in die Bundeswehr. Foto vom 10.7.1956.
SZ Photo/UPI

Lieferung von amerikanischen Kampfflugzeugen (Thunderstreak) in Bremerhaven. Foto vom 22.1.1957.
SZ Photo/ap/dpa/picture alliance

Der Personalchef im Bundesverteidigungsministerium Karl Gumbel, Generalleutnant Adolf Heusinger, Bundesverteidigungsminister Theodor Blank, Oberst Werner Panitzki und Flugplatzkommandant Gerhard Schröder (v.l.n.r.) bei der Übernahme des Flugplatzes Nörvenich durch die deutsche Luftwaffe. Foto vom 9.1.1956. *pa/dpa*

Der Inspekteur der Luftwaffe, General Josef Kammhuber, mit dem amerikanischen Piloten der ersten deutschen F-104 G Starfighter, Jim Jester in Manching/Bayern. Foto vom 10.8.1961.
SZ Photo/dpa

Der spätere Generalinspekteur der Bundeswehr Adolf Heusinger, Bundesverteidigungsminister Theodor Blank und der deutsche Bevollmächtigte bei den Beratungen über den Beitritt Deutschlands zur NATO Hans Speidel (v.l.n.r.) im Gespräch am Rande eines Manövers. Foto vom 5.10.1954.

SZ Photo/UPI

Bundesverteidigungsminister Blank (M.) mit den beiden Generalleutnanten Heusinger (l.) und Speidel. Zuvor hatte Blank ihnen und 99 weiteren Offizieren und Unteroffizieren ihre Ernennungsurkunden übergeben. Foto vom 12.11.1955.

SZ Photo/UPI

Eingangsbereich der Kaserne der Bundeswehr in Andernach. Foto vom 2.1.1956.

SZ Photo/Alfred Strobel

Anlässlich der Überreichung der Flugzeugführerabzeichen an 16 in den USA ausgebildeten Piloten spricht Bundesverteidigungsminister Blank mit den Soldaten. V.l.n.r. der amerikanische Fluglehrer Oberleutnant Ravella, Generalleutnant Josef Kammhuber, Leiter der Abteilung Luftwaffe im Verteidigungsministerium, Bundesverteidigungsminister Blank, Oberleutnant von Riesen und Brigadegeneral Panitzki. Bei dem Festakt wurde erstmals die Hoheitsabzeichen der Luftwaffe, das stilisierte Eiserne Kreuz und die Nationalflagge am Seitenleitwerk, gezeigt. Fürstenfeldbruck, 24.9.1956.

SZ Photo/ap/dpa/picture alliance

Brigadegeneral Hellmuth Laegeler und Hermann Ahrens (l.) besichtigen mit amerikanischen Ausbildern die Truppen der neuen Heeresoffiziersschule Hannover. Foto vom 13.7.1956.

SZ Photo/ap/dpa/picture alliance

Feierstunde zur Unterzeichnung für die Übergabe der »USS Anthony« an Deutschland. Der Staatssekretär im Bundesverteidigungsministerium Josef Rust vor der Unterzeichnung der Übergabe des US-Zerstörers »USS Anthony« an die Bundesmarine auf der Marinebasis Charleston. Rechts von Rust: Rear Admiral G.C. Crawford, Kommandant des Sixth Naval District. Der Zerstörer tat als »Z1« in der Bundesmarine Dienst. Foto vom 17.1.1958.

SZ Photo

militärischen Macht entwickeln könnte. Diese Bedrohung schien für Adenauer so groß zu sein, dass eine Westintegration der Bundesrepublik unter gleichzeitiger Bestätigung der deutschen Teilung die beste Alternative bot. Der Krieg und die Tragödie in Korea eröffneten für Adenauer aber auch die Möglichkeit, das Ziel der westdeutschen staatlichen Souveränität und der internationalen Gleichberechtigung zu verfolgen. Eine westdeutsche Bewaffnung könnte somit das Besatzungsstatut aufheben. Kritiker dieser Politik sahen mit der Westintegration und den Verteidigungsplanungen die deutsche Teilung beschleunigt. Die drohende Zementierung von zwei deutschen Staaten ging aber vielen Westdeutschen viel zu weit. So trat deswegen der Politiker und Bundesminister des Innern Gustav Heinemann im Jahr 1950 sowohl aus dem Regierungskabinett Adenauers als auch aus der CDU aus.

»Himmeroder Denkschrift« (9. Oktober 1950)

»Angesichts dieser sowjetischen Möglichkeiten ist die Verteidigung Westeuropas z.Zt. völlig unzureichend. Wenn jetzt aus dieser Tatsache die notwendigen Schlußfolgerungen gezogen werden, so bedarf es hierzu in erster Linie eines *gemeinsamen operativen Planes*, wie die Verteidigung zu führen ist. Dieser Plan muß die militärischen Aufgaben der Länder Europas im Rahmen der Gesamtverteidigung, sowie die militärische Unterstützung seitens Amerikas festlegen. Nach diesen Aufgaben müssen die militärischen Streitkräfte der Länder berechnet, aufgestellt und bewaffnet werden. Diesem Plan muß auch die deutsche Verteidigung angepaßt werden [...] Die Verteidigungsbereitschaft muß *in kurzer Zeit* sichergestellt werden, da die Gefahr eines sowjetischen Angriffs zwar vielleicht für die nächsten 2 Jahre auf Grund der amerikanischen Atom-Überlegenheit nicht unmittelbar brennend ist, es jedoch jederzeit werden kann. Es muß ferner erkannt werden, daß bei Beginn des Krieges die Sowjets die Vorhand und alle damit verbundenen Vorteile haben werden, da ihr totalitäres System ein überraschendes Antreten ermöglicht.«

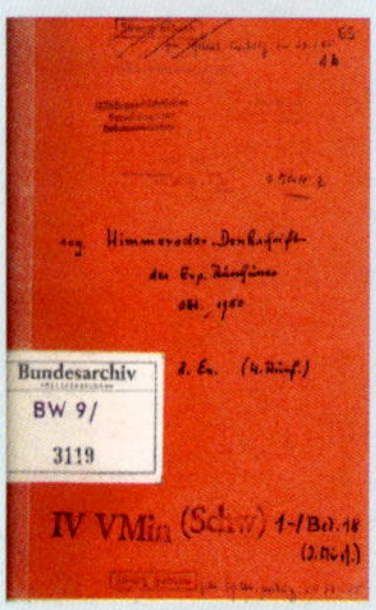

Quelle: Hans-Jürgen Rautenberg und Norbert Wiggershaus, Die »Himmeroder Denkschrift« vom Oktober 1950. In: MGM, 21 (1977), S. 135–206, hier S. 171.

Die Einbindung des westdeutschen Verteidigungsbeitrages in die westlichen Bündnisstrukturen sollte zuerst in Form einer supranationalen Europa-Armee erfolgen. Die »Himmeroder Denkschrift« vom 9. Oktober 1950 fasste die Grundgedanken zusammen. Die zukünftigen westdeutschen Streitkräfte mussten sich vor allem in die demokratische Staatsordnung einfügen. Sie durften sich unter keinen Umständen zum Fremdkörper innerhalb der Gesellschaft entwickeln. Die entscheidenden Elemente für eine erfolgreiche Integration bildeten die parlamentarische Kontrolle der Streitkräfte und der individuelle Rechtsschutz der Soldaten vor willkürlicher Behandlung durch einzelne Vorgesetzte. Die neue Armee sollte damit zugleich militärisch effektiv sein und parlamentarisch kontrolliert werden. Die Bundesregierung und die von ihr beauftragten militärischen Experten mussten folglich eine Wehrverfassung und Streitkräfteorganisation konzipieren, die sowohl der politischen und gesellschaftlichen Verfassung in

Der Verteidigungsausschuss des Deutschen Bundestages

Bereits in der Himmeroder Denkschrift vom 9. November 1950 war die Integration der zukünftigen westdeutschen Streitkräfte in die demokratische Staatsordnung eine wesentliche Forderung. Neben dem individuellen Rechtschutz der Soldaten bildete die parlamentarische Kontrolle eine unabdingbare Grundlage. Der Deutsche Bundestag richtete ab Juli 1952 eigens dafür einen »Ausschuss zur Mitberatung des EVG-Vertrages und der damit zusammenhängenden Abmachungen« ein. Ab Januar 1953 nannte sich dieser dann »Ausschuss für Fragen der europäischen Sicherheit« und schließlich ab Januar 1956 »Ausschuss für Verteidigung (VgA)«. Artikel 45a des Grundgesetzes verpflichtete den Deutschen Bundestag mit dem VgA einen ständigen Ausschuss einzurichten, um einerseits bei der Gesetzgebung mitzuwirken, andererseits die parlamentarische Kontrolle gegenüber der Bundeswehr, also der Wehrverwaltung und den Streitkräften, auszuüben.

Der Ausschuss verfügt gegenüber dem Bundesministerium der Verteidigung das Recht auf Selbstbefassung zu relevanten Themenbereichen und er kann sich als einziger Bundestagsausschuss selbst zum Untersuchungsausschuss einsetzen. Zusammen mit dem Wehrbeauftragten des Deutschen Bundestages und der Spitzengliederung der Bundeswehr bildet der Verteidigungsausschuss wichtige Elemente der parlamentarischen Kontrolle der Streitkräfte. Aufgrund der vielfältigen grundgesetzlichen Vorkehrungen und der umfassenden Rechte des Deutschen Bundestages wird die Bundeswehr auch als Parlamentsarmee bezeichnet.

der Bundesrepublik als auch den militärischen Forderungen der Bündnispartner entsprechen würde.

Sämtliche Planungen in Westdeutschland seit der Himmeroder Denkschrift richteten sich zunächst auf den Aufbau einer Europa-Armee. Das Scheitern der von der Bundesrepublik 1953 ratifizierten Europäischen Verteidigungsgemeinschaft (EVG) im August 1954 in der Französischen Nationalversammlung ebnete den Weg für eine nationale Armee als integraler Bestandteil des seit 1949 bestehenden NATO-Bündnisses. Die Verträge für die Aufnahme in das Bündnis unterzeichnete die Bundesregierung im Oktober 1954 in Paris und die offizielle Aufnahme in die NATO erfolgte schon im Mai 1955. Die Bundesrepublik Deutschland erhielt damit eine gleichberechtigte Mitgliedschaft in dieser internationalen Sicherheitsorganisation. Der Deutsche Bundestag legte bereits mit der Ersten vom 26. Februar 1954 und dann der Zweiten Wehrergänzung vom 6. März 1956 die verfassungsrechtlichen sowie gesetzlichen Grundlagen. Gleichzeitig begann ab Juli 1955 der organisatorische und personelle Aufbau der Bundeswehr.

2.2. Europäische Integration

Das konventionelle Ungleichgewicht der Streitkräfte in Europa, die verdeckte Aufrüstung in der SBZ/DDR sowie der Koreakrieg verstärkten den Druck auf die Westalliierten. Die 1949 neu gegründete Bundesrepublik Deutschland sollte daher mit eigenen Streitkräften das eigene Staatsgebietes verteidigen können. Konsens bestand sowohl auf deutscher als auch

Der Wehrbeauftragte des Deutschen Bundestages

Das Amt des Wehrbeauftragten des Deutschen Bundestages wurde 1956 im Zuge der Zweiten Wehrergänzung in das Grundgesetz eingefügt. Die Initiative zu diesem Amt war von dem SPD-Bundestagabgeordneten Ernst Paul ausgegangen, der den schwedischen »Militärbeauftragten« während seines Exils aufgrund der NS-Herrschaft kennengelernt hatte. Artikel 45b des Grundgesetzes bestimmt den Wehrbeauftragten zum Hilfsorgan des Deutschen Bundestages bei der Ausübung der parlamentarischen Kontrolle über die Bundeswehr und zum Schutz der Grundrechte der Soldaten. Damit erhielten Soldaten der Bundeswehr die Möglichkeit, sich erstmals in der deutschen Geschichte mittels einer Petition unmittelbar an die neuartige Institution des Wehrbeauftragten zu wenden und somit den Dienstweg bei einer Beschwerde zu umgehen. Damit wurde der Forderung aus der Himmeroder Denkschrift und den Diskussionen im Verteidigungsausschuss nach einem wirksamen Individualrechtschutz des Soldaten entsprochen.

Der Wehrbeauftragte verfügt über keine unmittelbaren Eingriffsmöglichkeiten in die Bundeswehr, sondern kann nur über den Jahresbericht an den Deutschen Bundestag und die Befassung im Verteidigungsausschuss auf die Streitkräfte einwirken. Die öffentlichkeitswirksame Darstellung und Kommentierung der Jahresberichte durch die Medien entfalteten aber in der bisherigen Geschichte einen beträchtlichen Handlungsdruck auf das Parlament sowie die politische Leitung und militärische Führung der Bundeswehr. Obwohl bereits 1956 im Grundgesetz verankert, konnte aufgrund langwieriger Personaldiskussionen zwischen den Fraktionen erst im Jahr 1959 mit Helmuth von Grolman (CDU) der erste Wehrbeauftragte vom Bundestag gewählt werden. Derzeit ist mit Hans-Peter Bartels (SPD) der zwölfte Wehrbeauftragte im Amt.

auf amerikanischer und britischer Seite, dass es sich im Konfliktfall um keine unabhängigen nationalen Truppenverbände handeln sollte. Westalliierte Kommandeure sollten daher den Oberbefehl im Krieg führen. Frankreich betonte seine nationalen Sicherheitsinteressen und lehnte erst einmal eine deutsche Bewaffnung kategorisch ab. Als diese aber nicht mehr zu verhindern war, verfolgte Frankreich das Ziel, den deutschen Verteidigungsbeitrag innerhalb eines europäischen Vertragswerkes unter seiner Führung einzubinden. Die Integration der Bundesrepublik in ein multinationales militärisches Bündnissystem erschien aus Sicht der Westalliierten als zweckmäßige Lösung, um zum einen die Vorbehalte gegen den neuen Partner zu zerstreuen und zum anderen das immer noch beträchtliche westdeutsche Militärpotenzial gegen die Sowjetunion nutzen zu können. Der Kräftevergleich und die Verteidigungsplanungen der USA in der ersten Hälfte der 1950er-Jahre erforderten entweder eine alliierte Truppenverstärkung oder eine westdeutsche Beteiligung an der Verteidigung. Daher forcierte die amerikanische Regierung die militärische Aufrüstung des ehemaligen Kriegsgegners – vor allem auch deshalb, weil der sinkende Verteidigungshaushalt gegen eine Erhöhung der Besatzungstruppen in Mitteleuropa sprach. Die bereits erwähnte französische Ablehnung der EVG führte schließlich zur Integration der Bundesrepublik und ihrer Streitkräfte in die NATO.

Ab Juli 1955 begann der Aufbau der Bundeswehr. Von oben aus dem Bundesministerium *für* (erst ab 1961 dann *der*) Verteidigung erfolgte bis auf die Kompanieebene hinunter die

Das Heer der Bundeswehr

Die Lehrtruppe in Andernach begann zum 2. Januar 1956 mit der Ausbildung der Ausbilder für die Lehrbataillone. Das Heer der Bundeswehr bildete mit seinen zwölf assignierten Divisionen in drei Korps das »Schild« der konventionellen Verteidigung der Bundesrepublik Deutschland innerhalb der NATO im Verteidigungsfall. Die Verbände der territorialen Verteidigung blieben dagegen auch im Kriegsfall weitgehend unter nationalem Kommando. Mit der Strategieänderung der NATO von der Massive Retaliation zur Flexible Response in den 1960er-Jahren musste sich das Heer strukturell an die Bedingungen des nuklearen Gefechtsfeldes und den sicherheitspolitischen Vorgaben anpassen.

Anfangs noch mit US-amerikanischen Waffensystemen ausgerüstet, entwickelten die europäische und deutsche Rüstungsindustrie – auch mit rüstungstechnischen Pannen wie dem Schützenpanzer HS-30 – hochmoderne Kampf- und Schützenpanzer wie die Typen »Leopard« und »Marder«, um damit das bewegliche Gefecht der verbundenen Waffen führen zu können. Das Heer konnte in den 1970er- und 1980er-Jahren ein waffentechnisch modernes und vom Ausbildungsstand der Soldaten her gesehenes schlagkräftiges Qualitätsheer werden.

Nach der deutschen Wiedervereinigung erforderten die außen- und sicherpolitischen Vorgaben eine deutliche Reduzierung der Stärke des Heeres und weitere strukturelle Veränderungen aufgrund der NATO-Strategieänderungen und der Auslandseinsätze der Bundeswehr. Derzeit ist das Heer mit rund 69 000 Soldaten und Soldatinnen die größte Teilstreitkraft. Es trägt immer noch die Hauptlast der Auslandseinsätze der Bundeswehr und weist den weitaus größten Anteil der verwundeten sowie gefallenen Soldaten auf.

Aufstellung der Streitkräfte. Neben den Streitkräften, die aus dem Heer, der Luftwaffe und der Marine bestanden, musste aufgrund des Grundgesetzes auch eine zivile Wehrverwaltung als zweite Säule der Bundeswehr aufgebaut werden. Deutsche Bundeswehrsoldaten trafen fortan auf französische, britische oder amerikanische Besatzungssoldaten in der Bundesrepublik oder in den NATO-Stäben und -Kommandos. Oftmals hatten sie noch wenige Jahre zuvor gegeneinander gekämpft. Die Pariser Verträge, der Deutschland- und Überleitungsvertrag hoben das Besatzungsstatut auf. Der Aufbau der Bundeswehr und die Integration in die NATO ermöglichten eine Souveränität der Bundesrepublik mit alliierten Vorbehaltsrechten auf deutschem Staatsgebiet. Bundeskanzler Konrad Adenauer konnte seine Ziele somit im Wesentlichen erreichen. Die Souveränitätsfrage bestimmte in den 1950er- und 1960er-Jahren die Außen- und Sicherheitspolitik. Die auf internationale Institutionen wie die NATO oder Westeuropäische Union (WEU) gerichtete Sicherheitsorientierung entwickelte sich zu einer prägenden Politik der Bundesregierungen. Damit delegierten sie auch zunehmend nationale Kompetenzen auf supranationale Institutionen, auch als Konsequenz der alliierten Vorbehaltsrechte.

Vor allem der unmittelbare Nachbar Frankreich wollte sich nach dem Zweiten Weltkrieg vor Deutschland schützen. Mit dem Élysée-Vertrag vom 22. Januar 1963 hoffte die französische Seite neben der Aussöhnung und Kooperation auch deutsche außen- und sicherheitspolitische Alleingänge in der Zukunft zu verhindern. Vor allem sollte der Élysée-Vertrag den Einfluss der Europäer gegenüber den USA stärken. Aus Sicht der Bundesregierung

Feierliches Gelöbnis auf der Theresienwiese. Im Hintergrund Bavaria und Ruhmeshalle, München. Foto vom 1.1.1964.
SZ Photo/Fritz Neuwirth

Soldaten der Ehrenformation der Bundeswehr. Im Hintergrund sieht man die im Garten des Bundeskanzleramts in Bonn stehende Henry-Moore-Plastik »Zwei große Formen«. Foto vom 1.10.1979.
SZ Photo

Der französische Staatspräsident Charles de Gaulle und Bundeskanzler Konrad Adenauer unterzeichnen im Pariser Élysée-Palast den deutsch-französischen Freundschaftsvertrag, Foto vom 22.1.1963.
SZ Photo/ap/dpa/picture alliance

Bundeskanzler Willy Brandt und der französische Staatspräsident Georges Pompidou treffen sich am 20. Januar 1973 anlässlich des 10. Jahrestages des Élysée-Vertrages. *SZ Photo/Rue des Archives/AGIP*

sollte dieses bilaterale Bündnis neben der NATO-Mitgliedschaft eine zusätzliche Sicherheit für die Bundesrepublik gegen die Staaten der Warschauer Vertragsorganisation bieten. Bundeskanzler Adenauer und der französische Staatspräsident Charles de Gaulle vereinbarten in diesem Freundschaftsvertrag für die Verteidigungspolitik konkrete Zielsetzungen. So sollten sowohl die Militärstrategien als auch die taktischen Grundsätze abgestimmt, der Personalaustausch intensiviert, die Rüstungsvorhaben abgesprochen werden und sich die Verteidigungsminister mindestens alle drei Monate treffen. Als Rüstungsprogramme konnten die Panzerabwehrraketen »MILAN« und »HOT«, das Flugabwehrsystem »Roland«, das Schulungsflugzeug Alpha-Jet sowie das Transportflugzeug Transall C-160 zusammen entwickelt und beschafft werden. Mit dem deutsch-französischen Programmbüro gründeten beide Partner 1970 eine Zentralstelle für die Rüstungskooperation. Der Élysée-Vertrag stärkte die französische Leitlinie einer Sicherheit mit Deutschland als Sicherheit vor Deutschland. Das Vertragswerk von Élysée bestätigte auch die europäische Nachkriegsordnung. Denn die deutsche Teilung und die feste Westbindung der Bundesrepublik sollten ein von Deutschland ausgehendes Machtzentrum in der Mitte Europas dauerhaft verhindern.

Trotz dieses Freundschaftsvertrages mit Frankreich setzte die Bundesrepublik Deutschland weiterhin auf die USA, die NATO und die damit verbundene Nukleare Teilhabe, während Frankreich als souveräne Atommacht auf Distanz zu den USA und der NATO gehen wollte. Die Rüstungsvorhaben mit Frankreich erforderten zwar regelmäßige Konsultationen, dennoch stagnierten in den 1970er-Jahren die Beziehungen. Gerade die politischen Treffen entfalteten lediglich eine deklaratorische Wirkung. Für die Nachfolger de Gaulles, Georges Pompidou und Valery Giscard d'Estaing, bildeten die Teilung Europas und Deutschlands eine Prämisse der deutsch-französischen Beziehungen. Die Bundeskanzler Willy Brandt und Helmut Schmidt strebten dagegen mit der neuen Ostpolitik nach einer Erosion der Ost-West-Konfrontation, gegenseitige Annährung sowie Überwindung der europäischen und deutschen Teilung.

Trotz dieses Gegensatzes im Hinblick auf die Deutschlandpolitik trieben beide Regierungen die wirtschaftliche Einigung der Europäischen Gemeinschaft (EG) voran. Mit der Regierungsübernahme Helmut Kohls und François Mitterrands in den 1980er-Jahren vertieften sich die sicherheitspolitischen Beziehungen wieder. Kohls Vorschlag zur Aufstellung einer aus deutschen und französischen Soldaten gemischten Brigade fand ebenso die französische Zustimmung wie ein gemeinsames Manöver namens »Kecker Spatz« im September 1987. Die deutsch-französische Sicherheitskooperation erfuhr ihren Höhepunkt mit der auf dem 50. Gipfeltreffen in Karlsruhe im November 1987 beschlossenen Einrichtung eines »Deutsch-Französischen Verteidigungs- und Sicherheitsrates (DFVSR)«. Kurz vor dem Ende der bipolaren Weltordnung schuf dieser Rat die Voraussetzungen, um die sicherheitspolitischen Ziele abzustimmen und die militärischen Kräfte in Europa zu bündeln. Jedoch sollten die sicherheitspolitischen und militärischen Elemente des Élysée-Vertrages auf dem Weg zu einer europäischen Integration nicht überbewertet werden. Die positive politische Wirkung des Vertragswerkes lag vornehmlich in der Symbolik begründet. Der deutsch-französische Freundschaftsvertrag mit seinen militärischen Aspekten trug vielleicht langfristig auch dazu bei, französische Vorbehalte gegen die deutsche Wiedervereinigung im Jahr 1990 abzubauen.

Die Bedeutung des bilateralen Élysée-Vertrages wurde in den 1990er-Jahren durch die weitere supranationale und multilaterale Integration in Europa überlagert. Der Vertrag von Maastricht im Jahr 1992 verwies auch auf die Sicherheitspolitik in der neu gegründeten

Die Luftwaffe der Bundeswehr

Die ersten Freiwilligen der Luftwaffe rückten bereits im Januar 1956 in Nörvenich ein. Dagegen konnten die ersten Grundwehrpflichtigen erst zum 16. Januar 1958 einberufen werden. Im Gegensatz zu den Landstreitkräften wurde die Luftwaffe in ihrer Gesamtheit auch im Frieden der NATO unterstellt. Damit blieben die Luftstreitkräfte organisatorisch, strukturell und in der Ausbildung voll in die NATO integriert. In den ersten Jahren konnte die Luftwaffe nur auf veraltete US-amerikanische Waffensysteme zurückgreifen und die Ausbildung der Piloten erfolgte in den USA. Mit den Rüstungsbeschaffungsprogrammen für die Lookheed F-104 (G) Starfighter und der C-160 Transall in den 1960er-Jahren wurde die Luftwaffe technisch modernisiert.

Im Rahmen der NATO-Strategie der »massiven totalitären Vergeltung« sollte die Luftwaffe hauptsächlich »Strike-Aufträge« erfüllen können. Mit dem Wandel zur Flexible Response mussten auch verstärkt Kampfunterstützungsaufträge des Heeres neben den »Strike«-Aufgaben geleistet werden. Wie die Heeresverbände wurden ab 1968 auch die Jagdbomber- und Flugkörpergeschwader der Luftwaffe als Atomwaffenträger für den Einsatz vorgesehen. Nach 1990 musste die Luftwaffe personell wie auch materiell erheblich reduziert werden und sich an die neuen militärischen Herausforderungen durch die Auslandseinsätze der Bundeswehr anpassen. Derzeit leisten rund 33 000 Soldatinnen und Soldaten in den Luftstreitkräften ihren Dienst und schützen den Luftraum der Bundesrepublik Deutschland und der NATO-Verbündeten.

Die Marine der Bundeswehr

Am 16. Januar 1956 wurden die ersten Marineverbände in Wilhelmshaven aufgestellt. Die Bundesmarine gliederte sich in das Kommando der Seestreitkräfte, dem Kommando der Flottenbasis und dem Kommando der Marineausbildung auf. In der NATO-Struktur nahm der Befehlshaber der Flotte auch die Funktion eines »Flag Officer Germany« (FOG) wahr. Innerhalb der NATO-Strategie schützte die Bundesmarine die Ostseeausgänge und die Nordflanke gegen die sowjetische Marine, sicherte die Küste im Rahmen der Landesverteidigung und Konvois. Dazu verfügte sie über See- und Luftstreitkräfte. Mit dem Bau moderner U-Boote und Zerstörer gelang es der Marine, ihren Einsatzraum auch über diese Aufträge hinaus erheblich zu erweitern. Aufgrund der veränderten NATO-Strategie unterstellte die Bundesmarine 1967 in der »Standing Naval Forces Atlantic« erstmals Schiffseinheiten der NATO im Frieden. Die modernen Schiffstypen und Seeluftstreitkräfte in Verbindung mit der soliden seemännischen Ausbildung auf dem Segelschulschiff »Gorch Fock« und dem Schulschiff »Deutschland« entwickelte sich die Bundesmarine zu einem wichtigen Pfeiler der Landes- und NATO-Seeverteidigung in den 1970er- und 1980er-Jahren. Seit 1990 wirkten sich die internationalen und nationalen Rahmenbedingungen auch auf die Marine aus. Mit den Auslandseinsätzen der Bundeswehr übernahm sie neben den Aufgaben in der Landes- und Bündnisverteidigung auch Schutzaufträge auf den Weltmeeren, wie beispielsweise den Kampf gegen Waffenschmuggel und Piraterie. Ungefähr 15 000 Soldatinnen und Soldaten leisten derzeit auf modernen U-Booten, Fregatten, Korvetten in der Flotte, in den Marinedienststellen an Land oder als Besatzungsmitglieder von Luftfahrzeugen ihren Dienst.

Die Wehrverwaltung der Bundeswehr

Die Bundeswehr besteht gemäß Artikel 87a und 87b des Grundgesetzes der Bundesrepublik Deutschland aus den Streitkräften und der Bundeswehrverwaltung. Als Begründer dieses »Zwei-Säulen-Konzepts« gilt der langjährige Mitarbeiter im Amt Blank und Hauptabteilungsleiter im Bundesministerium für/der Verteidigung (BMVg) Ernst Wirmer. Mit dieser Trennung der militärischen Streitkräfte von der zivilen Verwaltung wurde das »Intendantur-System« vorheriger deutscher Streitkräfte beendet. Die Verwaltung und Rüstungsgüterbeschaffung konnten somit aus der militärischen Hierarchie ausgegliedert und eine Misswirtschaft in diesen Bereichen weitgehend verhindert werden. Mit dieser Trennung sollten aber weder die Soldaten durch die Beamten noch umgekehrt bevormundet werden. Vielmehr erfuhr damit einerseits die Stellung des Bundesverteidigungsministers als Inhaber der Befehls- und Kommandogewalt (IBuK) eine wesentlich stärkere Stellung in der Spitzengliederung des Ressorts, andererseits konnten sowohl die Truppe erheblich von der Bürokratie entlastet als auch damit moderne Managementmethoden eingeführt werden.

Die Bundeswehrverwaltung untergliederte sich von den Hauptabteilungen/Abteilungen im Verteidigungsministerium über die Bundesämter und Wehrbereichsverwaltungen (Bundesverwaltungamt) bis in die Truppenverwaltungen in den militärischen Verbänden (Bundesdienstleistungszentren). Mehrfach in den 1960er-Jahren umbenannt, übernimmt sie seit 1955 die Aufgaben des Personalmanagements, der Material- und Ausrüstungsbeschaffung, der Infrastruktur, des Umweltschutzes, der Rechtspflege und der Militärseelsorge.

Europäischen Union (EU). Im Gegensatz zu den kollektiven Beistandspakten Westeuropäische Union (WEU) und NATO – in beide war die Bundesrepublik mit den Pariser Verträgen 1954 integriert worden – umfasste die aus der Europäischen Wirtschaftsgemeinschaft (EWG) hervorgegangene EU ausdrücklich mit Rücksicht auf die neutralen Staaten kein Militärbündnis. Vor allem die Balkankriege in den 1990er-Jahren zeigten dann die Handlungsschwäche der EU mehr als deutlich auf. Daher beschlossen die Partnerstaaten im Vertrag von Amsterdam 1997 die Europäische Sicherheits- und Verteidigungspolitik (ESVP). Mit der Ernennung des ehemaligen NATO-Generalsekretärs Javier Solana zum Hohen Vertreter für die Gemeinsame Außen- und Sicherheitspolitik (GASP) erhielt die EU auch ein koordinierendes Amt, das zur weiteren Stärkung der ESVP beitrug. Mit dem Vertrag von Lissabon wurde die ESVP schließlich in Gemeinsame Sicherheits- und Verteidigungspolitik (GSVP) umbenannt. Die europäischen Institutionen wirken jedoch mehr als Konsultationsgremien, um die Leitlinien innerhalb der EU abzustimmen, und weniger als Entscheidungs- und Durchsetzungsgremien wie innerhalb der NATO.

2.3. NATO und OSZE

Nach Diskussionen zwischen den Bündnismitgliedern aufgrund der ersten Entwürfe billigte der Verteidigungsausschuss der NATO am 1. Dezember 1949 das erste Strategiedokument. Es berücksichtigte als breit angelegtes Konzept die jeweilige geografische Lage, industrielle

Nukleare Teilhabe

In der NATO wurde in den 1950er- und 1960er-Jahren eine Debatte über die bündnisinterne Verteilung von Atomwaffen geführt. Zwar lag es im Interesse der Atommächte, den Zugang zu atomaren Waffen einzuschränken, allerdings verlangten Bündnispartner ohne Atomwaffen wie zum Beispiel die Bundesrepublik Deutschland, Partizipations- und Kontrollmöglichkeiten in den bündnisinternen nuklearen Planungen. Als Ausgleich erfolgte Mitte der 1960er-Jahre die Entwicklung des Konzeptes einer »Nuklearen Teilhabe«. Durch die Einrichtung der »Nuclear Planning Group« (NPG) im Dezember 1966 wurde es den europäischen nichtatomaren Bündnispartnern ermöglicht, sich an Planungsvorhaben und Diskussionen zu nukleare Strategien und Doktrinen zu beteiligen. Vor dem Hintergrund der Bedrohung durch die Sowjetunion stellte die Nukleare Teilhabe eine verstärkte Integration der europäischen Staaten in das Bündnis dar.

Faktisch war die NATO als Verteidigungsbündnis keine Atommacht, obwohl einzelne Mitglieder Atomwaffen besaßen. Allerdings gab es entsprechende Überlegungen seitens der USA, ein bündnisgemeinsames Arsenal nuklearer Waffen zu schaffen. Dabei sollte aber den Bündnismitgliedern hier nun tatsächlich eine Mitsprache gewährleistet werden. Von den Bündnispartnern wehrten sich jedoch insbesondere Frankreich und Großbritannien dagegen, da sie keine Einmischung in die eigene atomare Aufrüstung und Planung dulden wollten.

Nachdem auch Frankreich nach dem ersten erfolgreichen Atomwaffentest im Januar 1960 neben Großbritannien, den USA und der UdSSR zur vierten Atomwaffenmacht geworden war, mussten eine Lösung für eine effektive Bündniskontrolle des nuklearen NATO-Arsenals gefunden und weitere nationale Alleingänge unterbunden werden. Nicht nur befürchteten die USA weitere, schwer kontrollierbare Atomwaffenmächte in der NATO, sondern auch, dass andere mögliche Schwellenländer auf der Welt den Schritt hin zur Atomwaffenmacht wagen würden.

Zwar hatte die Bundesrepublik bei der Unterzeichnung des EVG-Vertrages im Jahre 1952 auf die Produktion von atomaren, biologischen und chemischen (ABC-)Waffen verzichtet, doch avancierte sie gegen Ende der 1950er-Jahre durch den zunehmenden technischen Fortschritt auf dem Gebiet der zivilen Nuklearforschung und der Entwicklung der Gaszentrifugentechnologie zu einer Schwellenmacht, die das Potenzial zu einer Atomwaffenmacht aufwies. Die Bundesregierung unter Konrad Adenauer strebte im Rahmen der transatlantischen Beziehungen zu den USA die Teilhabe an den amerikanischen Atomwaffen an, insbesondere mit Blick auf die drohende Möglichkeit des Einsatzes auf deutschem Boden, allerdings wurde der Wunsch nach langanhaltenden Verhandlungen in den 1950er- und 1960er-Jahren auf ein Mitspracherecht reduziert. Am 28. November 1969 unterzeichnete die Bundesregierung den Atomwaffensperrvertrag und verpflichtete sich, die Kernenergie ausschließlich friedlich und nicht militärisch zu nutzen.

Kapazität, Bevölkerungsanzahl sowie militärischen Fähigkeiten der Bündnispartner. Im Zentrum der Überlegungen stand das gemeinsame Handeln gegen bewaffnete Angriffe durch Selbsthilfe, die gegenseitige Unterstützung sowie die Ausarbeitung von Vereinbarungen für eine kollektive Selbstverteidigung. Sicherheit konnte demnach durch einen wirtschaftlichen Wiederaufbau und daraus folgende ökonomische Stabilität erreicht werden. Minimale Personal- und Materialkosten sollten in einer im Verhältnis dazu maximalen Effizienz der Streitkräfte stehen. Die europäischen Mitglieder stellten nach diesem Strategiepapier vor allem konventionelle Streitkräfte und die Vereinigten Staaten von Amerika garantierten in erster Linie die Einsatzfähigkeit von Nuklearwaffen und sicherten zusammen mit Großbritannien die Verbindungslinien zu Wasser und in der Luft. Das Prinzip der ausgeglichenen Streitkräfte (»balanced military force«) berücksichtigte die jeweilige ökonomische Situation der Mitgliedsstaaten. Im Sinne der Vorwärtsstrategie (»forward strategy«) sollte die Verteidigung soweit östlich wie möglich erfolgen. Zusätzliche Seestreitkräfte mit Flugzeugträgern und atomaren Trägergruppen unterstützten die konventionellen Landstreitkräfte, um damit den Konflikt frühzeitig ins Hinterland des potenziellen Gegners zu verlagern.

Vier Jahre später unter dem Eindruck des Koreakrieges und der weiteren Integration der beiden deutschen Staaten in die jeweiligen Machtblöcke bestätigte am 22. November 1954 der NATO-Militärausschuss die Strategie der massiven Vergeltung (»massive retaliation«). Dabei handelte es sich um ein neues Grundlagendokument für die zukünftige militärische Planung über den Einsatz von Nuklearwaffen und dieses markierte eine deutliche Verschärfung gegenüber dem ersten Strategiedokument. Die Überlegenheit der Sowjetunion bei den Land- und taktischen Luftstreitkräften in Europa glaubten die NATO-Staaten vornehmlich durch den schnellen Einsatz strategischer und taktischer Kernwaffen ausgleichen zu können:

> »für den Kriegsfall sollte die primäre Absicht der NATO-Streitkräfte nicht nur darin liegen, die ersten Angriffe zu überleben, sondern auch unverzüglich mit Atomwaffen zu vergelten.«[1]

Schnelle Entwicklungen vor allem im Bereich der Rüstungstechnologien machten eine ständige Anpassung der strategischen Dokumente notwendig. Mit der Abschreckung durch nukleare und einsatzbereite konventionelle Streitkräfte demonstrierten die Bündnispartner die feste Entschlossenheit zum schnellen Vergeltungsschlag. Auf Infiltrationen oder örtlich begrenzte Aktionen feindlicher Streitkräfte wollte die NATO zwar militärisch, aber erst einmal unterhalb des Kernwaffeneinsatzes reagieren. Aufgrund des Frühwarn- und Alarmierungssystems gelang es, den Einsatz der NATO-Streitkräfte flexibel zu planen. Die Streitkräfte untergliederten sich in Vergeltungsstreitkräfte, die hauptsächlich aus strategischen Bomberkommandos der USA und Großbritanniens bestanden, sowie den konventionellen Land-, See- und Luftstreitkräften, welche die Vorneverteidigung gewährleisten sollten.

Die Bundesregierung verpflichtete sich in den Pariser Verträgen vom 23. Oktober 1954, mit dem Beitritt am 6. Mai 1955 dem NATO-Bündnis innerhalb von nur drei Jahren zwölf einsatzfähige Divisionen des Feldheeres zu assignieren sowie mehrere Luftwaffen- und Marineverbände zur Verfügung zu stellen. Im Dezember 1956 standen knapp 67 000 und bis November 1957 über 122 000 Mann unter Waffen, 1958 dann schon mehr als 174 000, 1960 ungefähr 249 000, 1963 knapp über 400 000 und im Jahr 1965 konnte die Zielstruktur von fast 500 000 Soldaten weitgehend erreicht werden. Entgegen der Tradition wandelte der Deutsche Bundestag den Oberbefehl in eine Befehls- und Kommandogewalt um, über die im Frieden der Bundesverteidigungsminister und im Krieg sowie während eines Notstandes der Bundeskanzler verfügen sollte (siehe dazu ausführlich das Kapitel 3). Der Mauerbau in Berlin im Sommer 1961 sowie die Kubakrise 1962 forderten die Einsatzfähigkeit der

---

1 »in the event of war the primary tasks of the NATO forces would be not only to survive the enemy's initial attacks, but also to retaliate immediatly with atomic weapons«. MC 48, Ziff. 11. In: Pedlow, NATO Strategy Documents, S. 236.

Soldaten des 4. Flak-Artilleriebattaillons marschieren nach der Begrüßung durch den Bürgermeister durch Murnau in ihre neue Kaserne. Foto vom 26.11.1956. *SZ Photo/dpa*

Piloten der deutschen Luftwaffe neben britischen Kameraden auf dem RAF-Stützpunkt in Feltwell, Suffolk. Es sind v.l.n.r. Major Gerhard Friedrich Barkhorn, Major Herbert Adolf Hermann Wehnelt, Major Walter Gustav Krupinski. Foto vom 15.2.1956. *SZ Photo/UPI*

Pressevorführung des neuen Artillerieraketensystems »Honest John« der Bundeswehr in Idar-Oberstein. Foto vom 19.3.1959. *SZ Photo/ap/dpa/picture alliance*

Als Teil des gegenseitigen Hilfsprogrammes werden in einem amerikanischen Hafen modernisierte »Sherman«-Panzer nach Europa verladen. Foto vom 27.8.1950. *SZ Photo/UPI*

Bundeswehrsoldaten und ein amerikanischer Soldat auf einem für die Bundeswehr bestimmten M 47 in Andernach. Foto vom 19.1.1958. *SZ Photo/UPI*

Deutsche Soldaten beim 7. Jahrestag des Obersten Hauptquartier der Alliierten Streitkräfte in Europa (SHAPE, Supreme Headquarters Allied Powers Europe) in Rocquencourt bei Paris, 1956.
SZ Photo/UPI

Lyman L. Lemnitzer (l.) unterhält sich mit dem deutschen General Adolf Heusinger während einer Nato-Konferenz in Paris. Foto vom 29.3.1961.
SZ Photo/UPI

Der aus dem Amt scheidende Generalinspekteur der Bundeswehr Adolf Heusinger (M.) ist während seines Abschiedsempfanges in der Bad Godesberger Stadthalle im Gespräch mit dem Wehrbeauftragten Helmuth von Grolman (l.) und Bundesverteidigungsminister Franz Josef Strauß (r.). Foto vom 1.3.1961.
SZ Photo/UPI

Der Oberbefehlshaber der NATO-Streitkräfte in Europa General Lauris Norstad (M.) und Generalinspekteur Adolf Heusinger (l.) beim Abschreiten der Ehrenkompanie der Bundeswehr auf dem Flugplatz Köln-Wahn. Foto vom 20.3.1957. *SZ Photo/ap/dpa/picture alliance*

Fernmelde-Truppe der Bundeswehr, 1960er-Jahre. *SZ Photo*

Ausgefahrener Beobachtungsmast der Artillerie bei einer Geräte- und Schießvorführung der Bundeswehr-Artillerieschule vor geladenen Gästen auf dem Truppenübungsplatz Baumholder. Foto vom 5.5.1965. *SZ Photo/UPI*

US-Luftwaffenminister Donald Quarles (l.) schreitet bei einem Besuch in Bonn mit Abteilungsleiter Luftwaffe im Bundesverteidigungsministerium, Generalleutnant Josef Kammhuber, die Ehrenkompanie der Bundeswehr ab. Der Minister weilte zu Gesprächen über den Aufbau der deutschen Luftwaffe in der Bundeshauptstadt. Foto vom 10.9.1956. *SZ Photo/UPI*

Bundeswehrsoldaten auf dem Odeonsplatz in München. Im Hintergrund die Theatinerkirche, die von den Soldaten zum Gottesdienst aufgesucht wurde. Foto vom 12.5.1957. *SZ Photo/Fotoarchiv Otfried Schmidt*

Bundesverteidigungsminister Franz Josef Strauß bei einem Manöverbesuch in den Alpen bei den Gebirgsjägern. Foto vom 12.8.1960. *Bundeswehr/Siwik*

Auf der sechsten Kommandeurtagung der Bundeswehr in Mainz sind neben 200 Offizieren und Beamten der Bundeswehr Bundesverteidigungsminister Franz Josef Strauß und die Inspekteure der Bundeswehr anwesend. V.l.n.r. Josef Kammhuber (Luftwaffe), Karl-Adolf Zenker (Marine), Strauß und Generalinspekteur Friedrich Foertsch. Foto vom 29.3.1962. *SZ Photo/ap/dpa/picture alliance*

Der scheidende Bundeskanzler Konrad Adenauer inspiziert gemeinsam mit Bundesverteidigungsminister Kai-Uwe von Hassel in einem offenen Mercedes 300 die Einheiten der angetretenen Paradetruppen. Die Bundeswehr veranstaltet zu Ehren Adenauers auf dem Flugplatz Wunstorf bei Hannover am 12. Oktober 1963 eine Feldparade. Im Hintergrund sind Artillerieraketen vom Typ »Honest John« zu sehen. *SZ Photo/UPI*

Bundesverteidigungsminister Gerhard Schröder und sein Nachfolger Helmut Schmidt schreiten zur Übergabe der Amtsgeschäfte eine Ehrenformation der Bundeswehr ab. Bonn. Foto vom 23.10.1969. *SZ Photo/dpa*

Bundespräsident Theodor Heuss am 13. September 1958 bei einem Truppenbesuch nahe Neuwied am Rhein mit dem ersten Generalinspekteur der Bundeswehr, General Adolf Heusinger. Das Manöver des III. Korps der Bundeswehr übte die Gewässerüberquerung bei Umritz am Rhein, die Einweisung hielt Divisionskommandeur Generalmajor Alfred Zerbel.
Bundeswehr

Bundeskanzler Kurt Georg Kiesinger und Bundesverteidigungsminister Gerhard Schröder besuchen ein Bundeswehrmanöver.
bpk/Hanns Hubmann

Bundesversteidigungsminister Franz Josef Strauß, der von einem Schützenpanzer aus ein Manöver beobachtet, im Gespräch mit dem Inspekteur des Heeres, Generaleutnant Hans Röttiger.
picture alliance/akg-images

Ulrich de Maizière, Wolf Graf von Baudissin und Johann Graf von Kielmansegg (v.l.) erhalten den Freiherr-vom-Stein-Preis für ihre Verdienst um die »Innere Führung« der Bundeswehr in einer Feierstunden im Auditorium Maximum der Universität Hamburg. Foto vom 10.2.1965. *SZ Photo*

In einer Sitzung des Verteidigungsausschusses des Deutschen Bundestags: der Inspekteur der Luftwaffe Johannes Steinhoff, der Inspekteur des Heeres Josef Moll, der Generalinspekteur der Bundeswehr Ulrich de Maizière, Staatssekretär im Bundesverteidigungsministerium Karl Gumbel und Bundesverteidigungsminister Kai-Uwe von Hassel (v.l.n.r.). Der Verteidigungsausschuss berät über Organisationsprobleme der Bundeswehr. Foto vom 13.9.1966. *SZ Photo*

Soldaten der Bundeswehr auf einem Landungsboot während eines mit dänischen und britischen Truppen gemeinsam durchgeführten See- und Landemanövers. Foto vom 1.9.1960. *SZ Photo/Alfred Strobel*

Ein »Leopard 2« auf einem Übungsplatz. Foto vom 1.1.1983. *SZ Photo/amw*

Bundeswehrsoldaten mit einer Pershing-Rakete. Foto vom 11.8.1987. *SZ Photo/ap/dpa/picture alliance*

Der französiche Staatspräsident François Mitterrand und Bundeskanzler Helmut Kohl beim Manöver »Kecker Spatz« vom 17. bis 24. September 1987. *amw/Süddeutsche Zeitung Photo*

Helmut Kohl und François Mitterrand bei der deutsch-französischen Heeresübung »Kecker Spatz« 1987 auf der Pontonbrücke (= provisorische Schwimmbrücke). Kehlheim, 24.9.1987.

Teutopress/Süddeutsche Zeitung Photo

Vorneverteidigung 1960

Quelle: Hammerich u.a., Das Heer.

Beispiel Heer: Geplante Verteidigung NORTHAG 1988 (Ausschnitt)

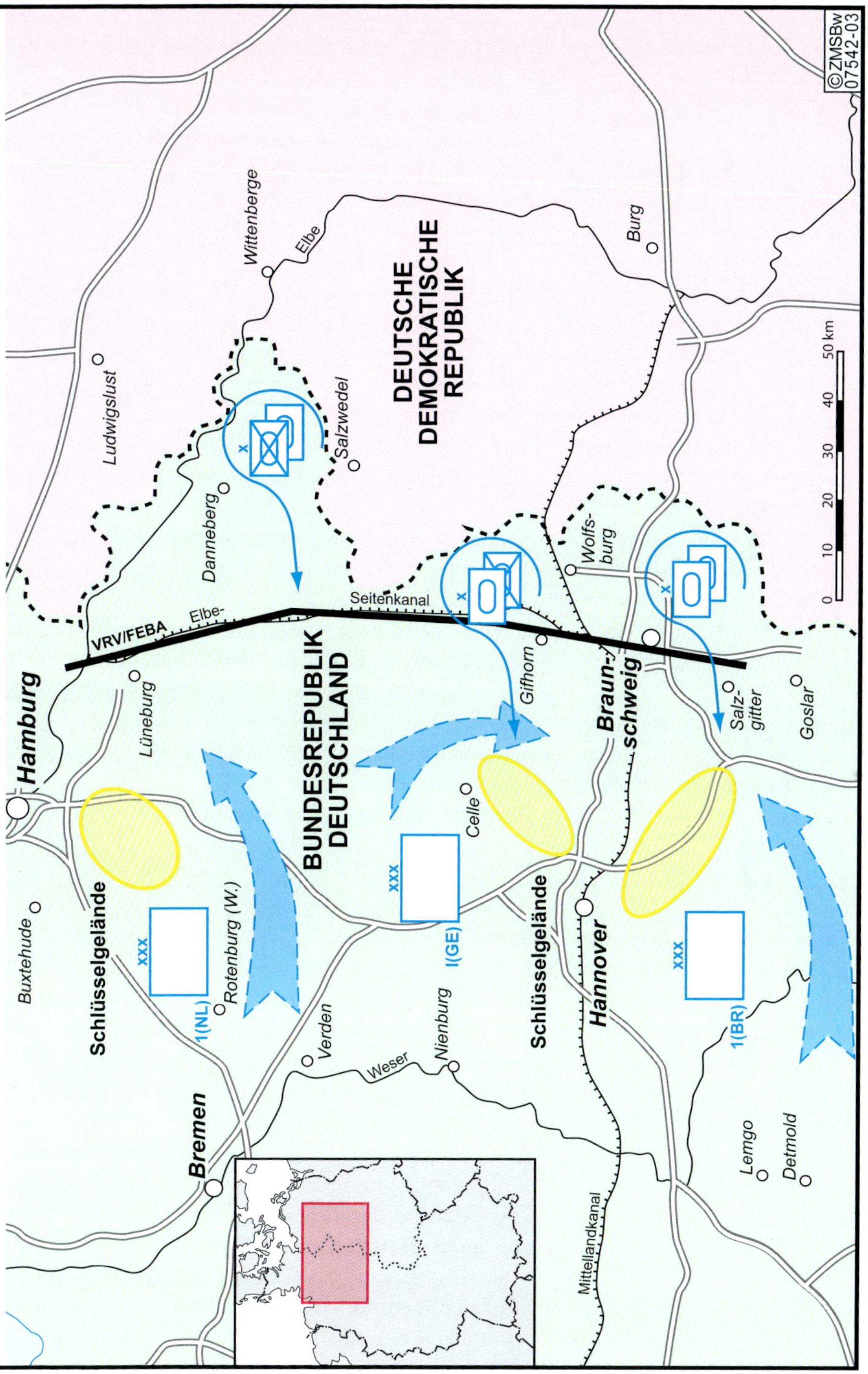

Die NATO-Stabsrahmenübungsserie »Fall Exercise« (FALLEX)

Der Begriff FALLEX beschreibt die von der NATO in den 1960er-Jahren durchgeführten Herbstübungen, welche die militärische und zivile Abwehrbereitschaft der Allianz überprüfen sollten. Bei den im Zweijahresrhythmus durchgespielten Übungen handelte es sich um ein Planspiel, das sowohl die strategische als auch die operative Führungsebene einbezog. Truppenbewegungen wurden dabei jedoch nicht geübt. Die FALLEX-Serie wurde in den 1970er-Jahren duch die WINTEX (Winter Exercise) abgelöst.

Die bekannteste FALLEX war diejenige, die vom 20. bis 28. September 1962 stattfand. FALLEX 62 basierte auf der Annahme, dass mit einem sowjetischen Großangriff auf West-Europa der dritte Weltkrieg ausbrechen würde. Dieser begann mit dem Abwurf einer Atombombe mittlerer Sprengkraft auf einen Fliegerhorst der Bundeswehr sowie mit Atomschlägen gegen Flugplätze und Raketenstellungen der NATO in der Bundesrepublik, in Großbritannien, in Italien und in der Türkei. Nach einigen Tagen waren daher erhebliche Teile Englands und der Bundesrepublik zerstört. Gegnerische Divisionen konnten im Nordwesten der Bundesrepublik große Geländegewinne erzielen. Aufgrund von fehlenden Ärzten, Hilfslazaretten und Medikamenten brach das Sanitätswesen zuerst zusammen. Bald darauf kollabierten auch die Lebensmittelversorgung, die Instandhaltung lebenswichtiger Verkehrswege und die Lenkung der Flüchtlingsströme.

FALLEX 62 verdeutlichte, dass die Vorbereitungen der Bundesrepublik für den Verteidigungsfall ungenügend waren. Die neun mobilen Bundeswehrdivisionen, die bereits unter NATO-Kommando standen, waren personell nicht aufgefüllt, ihnen fehlte es zudem an Waffen und Fahrzeugen. Die Bundeswehr erwies sich sowohl für das Heer als auch die Luftwaffe als beschränkt einsatzbereit, die Marine verfügte sogar nur über sehr begrenze Fähigkeiten. Am 10. Oktober 1962 veröffentlichte »Der Spiegel« den Artikel »Bedingt abwehrbereit«, der die Ergebnisse von FALLEX 62 an die Öffentlichkeit brachte. Dieser Beitrag löste dann die »Spiegel-Affäre« aus.

Bundeswehr im Rahmen des Bündnisses schnell heraus. Diese sicherheitspolitischen globalen Gefahrenlagen förderten auch die Akzeptanz der Streitkräfte in den anfangs eher noch skeptisch eingestellten Teilen der westdeutschen Bevölkerung. Die Fähigkeit der Bundeswehr zur vollen Auftragserfüllung in den 1960er-Jahren wurde jedoch von der NATO selbst in Frage gestellt. Öffentliche Bekanntheit erhielt die Einschätzung »Bedingt abwehrbereit«, als Oberst Alfred Martin dem Nachrichtenmagazin »Der Spiegel« den NATO-Bericht zur »FALLEX 62« aus dem Verteidigungsministerium zuspielte.

Der Austritt Frankreichs aus den militärischen, aber nicht den politischen Organisationen der NATO im Jahr 1966 (bis 2009), erfolgte vor allem aufgrund der sich abzeichnenden Veränderung in der bisherigen NATO-Strategie. Für die anderen Mitglieder sollte die flexible Erwiderung (»flexible response«) die längst überfällige Antwort der NATO auf die in den 1960er-Jahren einsetzende Erkenntnis sein, dass die »massive retaliation« bei einem Angriff der Warschauer Vertragsorganisation kaum mehr durchführbar schien. Am 16. Januar 1968 gab das Bündnis offiziell die NATO-Strategie bekannt. Die atomare Überlegenheit der USA gegenüber der Sowjetunion relativierte sich zunehmend. Die NATO-Mitglieder analysier-

Ein Soldat der Nationalen Volksarmee (NVA) beaufsichtigt einen Bauarbeiter 1961 beim Bau der Berliner Mauer. In der Nacht vom 12. zum 13. August 1961 rückten Verbände der NVA aus, um den Bau der Mauer durch Berlin zu beginnen. *SZ Photo/ap/dpa/picture alliance*

DER SPIEGEL 16/1962

DER SPIEGEL 36/1966

Die NATO-Flanken 1949–1990, Krisen und Konflikte*

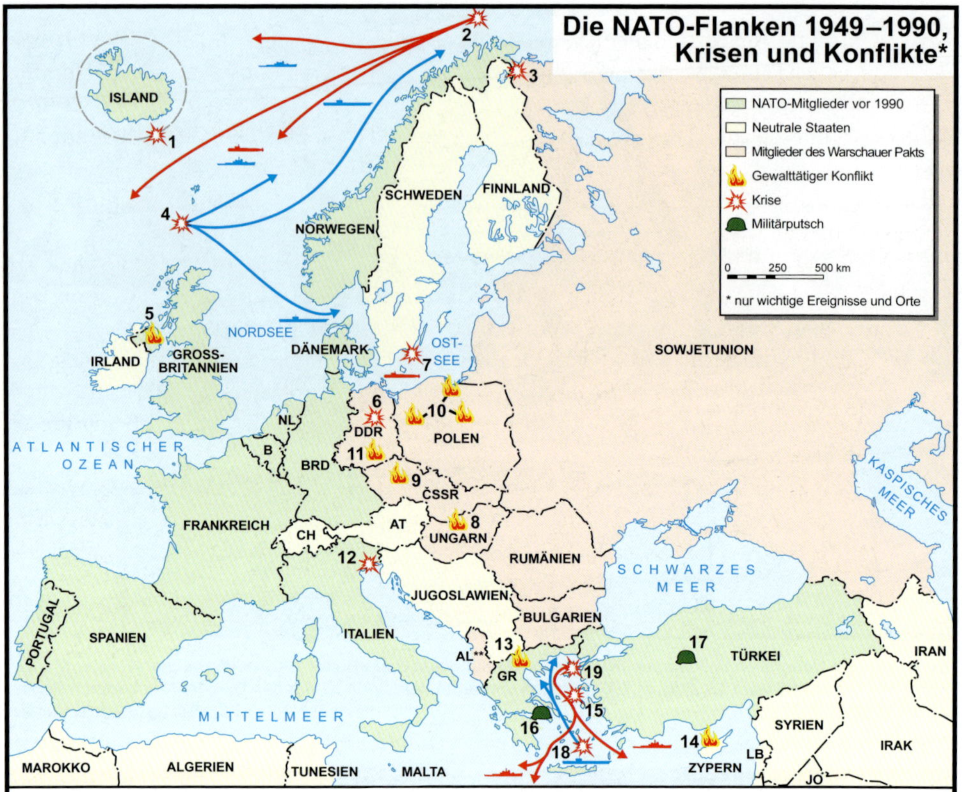

1 Kabeljaukriege zwischen Island und GB/BRD 1972–1973
2 Übungen der sowjetischen Marine »Sever«, »Okean« seit 1968
3 Sowjetische Truppenkonzentration nahe der Finnmark 1968
4 NATO-Übung »Strong Express« 1972
5 Nordirland-Konflikt 1969–1998
6 Berlin-Blockade 1948/49, Berlin-Krise 1958–1962
7 Sowjetisches U-Boot U137 strandet bei Karlskrona 1981
8 Ungarischer Volksaufstand 1956
9 Prager Frühling 1968
10 Aufstände in Polen 1956, 1970, 1976, 1980
11 Volksaufstand DDR, 17. Juni 1953
12 Konflikte und Spannungen in Triest 1947–1954
13 Griechischer Bürgerkrieg 1943–1949
14 Zypern (siehe Detailkarte)
15 Griechisch-Türkischer Konflikt 1955 bis heute
16 Griechische Militärdiktatur 1967–1974
17 Militärputsch Türkei 1960, 1971, 1980
18 Amphibische Übungen der NATO 1952 bis heute
19 Präsenz der sowjetischer Flottenverbände Eskadra, SOVMEDRON 1964–1992

** 1968 aus dem Warschauer Pakt ausgetreten

Zypern seit 1974

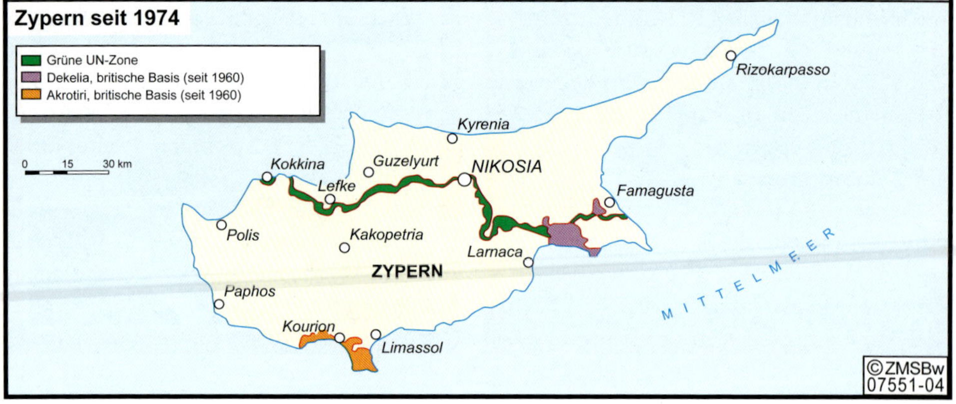

ten verschiedene Angriffsmöglichkeiten der Warschauer Vertragsorganisation (WVO) bzw. des Warschauer Paktes. Verdeckte Kampfhandlungen (»covert actions«), begrenzte (»limited agressions«) oder großangelegte Aggressionen (»major agressions«) galten weiterhin als mögliche Handlungsoptionen des Gegners. Auf diese Angriffsformen wollte die NATO mit zwei neuen Schlüsselelementen reagieren: der Flexibilität und der Eskalation.

Drei Möglichkeiten der militärischen Reaktion bei einem Angriff auf einen Bündnispartner standen dann zur Wahl:

(1) Direkte Verteidigung (»direct defence«): Der Angriff sollte auf derselben Stufe wie beim Aggressor abgewehrt werden. Diese schloss den Einsatz von Atomwaffen sowie von konventionellen Streitkräften auf dem Land, in der Luft und zur See ein.

(2) Vorbedachte Eskalation (»deliberate escalation«): Die eigenen Gefechtshandlungen gegen den Angreifer sollten kontrolliert ausgeweitet werden. Dies konnte beispielsweise durch die Eröffnung einer neuen Front geschehen oder mithilfe gezielter nuklearer Angriffe auf ausgewählte Ziele.

(3) Allgemeine nukleare Reaktion (»general nuclear response«): Ein massiver Atomwaffeneinsatz gegen militärische Ziele, urbane Ballungszentren und Industriegebiete wirkte als ultimative Abschreckung und drastische militärische Antwort auf den potenziellen Angriff.

Die Umsetzung dieser neuen Strategie bedurfte eines engen und ständigen Kontaktes zwischen den militärischen und politischen Behörden der NATO. Die Land-, See- und Luftstreitkräfte mussten mit nuklearen sowie konventionellen Fähigkeiten ausgestattet bleiben und über eine hohe taktische Mobilität verfügen. In der Tiefe gestaffelt stationierte die NATO diese Verbände an den östlichen Grenzen des Bündnisgebietes. Reserve- und strategische Kernwaffenstreitkräfte hielt die NATO in den USA und Großbritannien für den Einsatz auf dem europäischen Festland bereit. Die Staatsgebiete der Bundesrepublik Deutschland und der DDR wären bei allen drohenden Konflikten in Mitteleuropa zum Schlachtfeld geworden.

Die gemessen an der Leistungsfähigkeit der Volkswirtschaft viel zu hohen Rüstungs- und Militärausgaben verursachten besonders seit 1968 bei den Staaten der Warschauer Vertragsorganisation eine politische und gesellschaftliche Krisensituation. Trotz der im Vergleich zu den anderen sozialistischen Staaten weitaus größeren persönlichen Freiheiten geriet auch das politische System im multiethnischen Jugoslawien in den 1970er- und 1980er-Jahren immer mehr in Bedrängnis. Die Unzufriedenheit der Menschen über die politische und persönliche Bevormundung, den ständigen wirtschaftlichen Mangel sowie die ungleiche Verteilung von Industrie- und Verbrauchsgütern ließen selbst überzeugte Sozialisten am kommunistischen System zweifeln. In manchen Fällen intervenierten wie beim Prager Frühling 1968 sogar sowjetische Truppen. Gewaltregime wie in Jugoslawien oder Ungarn konnten sich nur durch einen immer größeren Sicherheitsapparat an der Macht halten.

Trotz dieser Krisen verfügte die Warschauer Vertragsorganisation bald in den 1970er-Jahren über eine militärische Überlegenheit sowohl bei den konventionellen Streitkräften als auch bei den atomaren Waffensystemen. Daher wollte die NATO die konventionelle und atomare Lücke verkleinern und aufrüsten. Mit dem NATO-Doppelbeschluss vom 12. Dezember 1979 sollte mit der Rüstungskontrolle die Begrenzung der atomaren Mittelstreckenraketen erreicht werden. Eine Verweigerung der Sowjetunion würde das westliche Bündnis mit einer eigenen Nachrüstung beantworten. Der im November 1980 gewählte US-Präsident Ronald

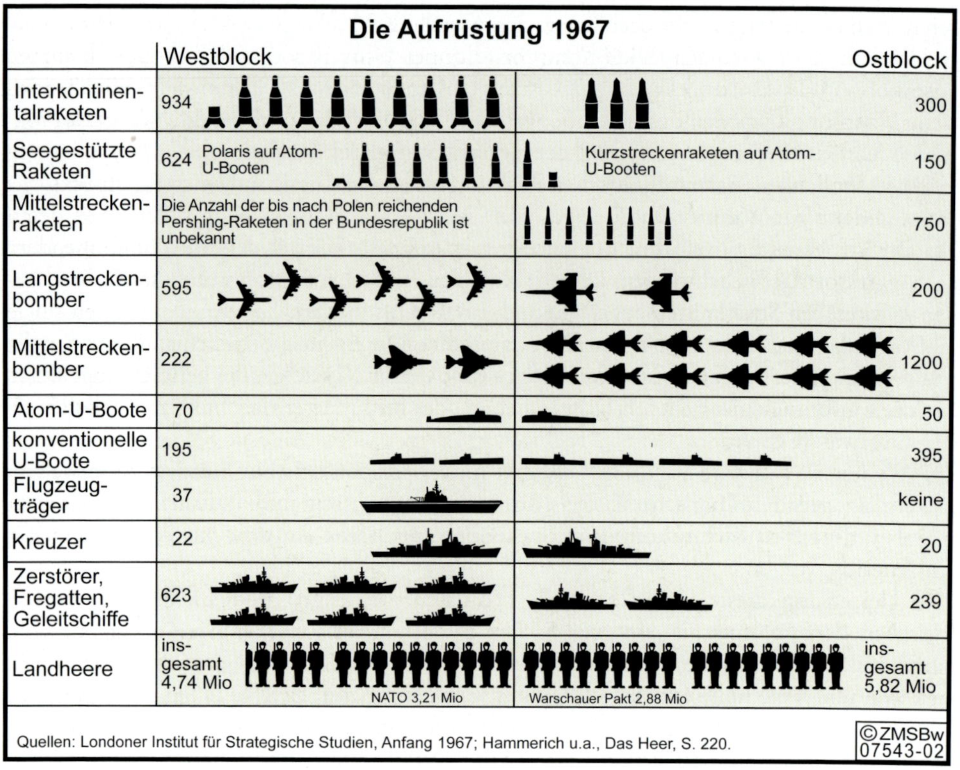

Reagan forcierte die amerikanischen Aufrüstung und technologische Modernisierung. Mit der Entscheidung der USA, die Entwicklung der Neutronenwaffe wieder aufzunehmen und die Strategic Defense Initiative (SDI) entwickeln zu wollen, sah die Sowjetunion ihre Fähigkeit zum nuklearen Zweitschlag gefährdet. Damit schien die gesamte Strategie und militärische Verteidigung der Warschauer Vertragsorganisation in Frage gestellt zu werden. Schließlich erklärte im Jahr 1982 die Sowjetunion den Verzicht auf den Ersteinsatz von Atomwaffen.

Obwohl die NATO und die Warschauer Vertragsorganisation über eine weitere Rüstungskontrolle verhandelten, rüsteten jedoch beide weiter auf. Gegen den NATO-Doppelbeschluss gründeten sich in Westeuropa, in den USA und in der DDR Friedensbewegungen, die in Großdemonstrationen gegen diese Nachrüstungspolitik protestierten. Bundeskanzler Helmut Schmidt (SPD) verlor daraufhin aufgrund der Auseinandersetzungen um den Bundeshaushalt sowie der Rüstungs- und Stationierungspolitik in der SPD das Vertrauen in der Koalition, sodass schließlich am 1. Oktober 1982 die Bundestagsabgeordneten von FDP und CDU/CSU die Regierung Schmidt in einem konstruktiven Misstrauensvotum stürzten und Helmut Kohl (CDU) zum neuen Bundeskanzler wählten.

In den 1980er-Jahren wirkte sich militärisch aus, was sich ökonomisch in den 1970er-Jahren bereits abgezeichnet hatte. Die technologische und wirtschaftliche Auseinandersetzung zwischen den beiden Machtblöcken entschied der Westen für sich. Die wirtschaftliche Misere sowie die sich immer mehr entwickelnde militärische Unterlegenheit zwangen die Sowjetunion mit dem Amtsantritt des im März 1985 eingesetzten gemäßigten und reformorientierten Generalsekretärs des Zentralkomitees der KPdSU, Michail S. Gorbatschow, eine andere Politik zu verfolgen. Die Schlagwörter seiner Öffnungs- und Umbaupolitik sollten »Glasnost« und »Perestroika« werden. Gorbatschow galt zwar als Reformkommunist, jedoch beabsichtigte er keine Auflösung der Sowjetunion und der Warschauer Vertragsorganisation. Aber auch seine Reformpolitik bewirkte aufgrund des Legitimitätsverlusts in der Bevölkerung keine Stabilisierung des sowjetischen Systems mehr. Das Auseinanderfallen des Ostblocks, vor allem seiner Hegemonialmacht Sowjetunion, griff nunmehr auch auf die DDR über, deren Machthaber keinerlei Reformwillen gezeigt hatten. Eine Wirtschaftskrise mit drohendem Staatsbankrott, der nur durch immer neue Kredite aus der Bundesrepublik aufgeschoben werden konnte, ein Staat mit einer überbordenden Staatssicherheit, Grenzbefestigungen sowie eine an Zugeständnissen an die Bevölkerung unfähige Staats- und Parteiführung lähmten die DDR. Vor allem in Leipzig demonstrierten immer mehr Menschen für Veränderungen. Ein angesichts der sich zuspitzenden Krise überfordertes Politbüro entmachtete schließlich auch den Staatsratsvorsitzenden der DDR, Erich Honecker. Seine Ablösung durch Egon Krenz im Oktober 1989 offenbarte die Machterosion der SED. Bereits vorher waren Tausende von DDR-Bürgern über Ungarn und die ČSSR in die Bundesrepublik geflohen, weil sie dem repressiven Stasi-System mit einer weitgehenden Beschränkung der individuellen Freiheit entkommen wollten.

Obgleich ausreichend Sicherheitskräfte verfügbar waren, um die friedlichen Demonstrationen niederzuschlagen, zögerte die DDR-Staatsführung, diese offen gegen das eigene Volk einzusetzen. Die fehlende Rückendeckung aus der Sowjetunion für eine repressive Politik verhinderte auch ein Eingreifen der Westgruppe der Truppen (WGT) der sowjetischen Streitkräfte in der DDR zugunsten des SED-Regimes. Schließlich befanden sich die Sowjetunion und die anderen Staaten der Warschauer Vertragsorganisation weitgehend in friedlichen Revolutionen; Ausnahmen bildeten vor allem das Baltikum und Rumänien.

Die Warschauer Vertragsorganisation löste sich folglich zum 1. Juli 1990 selbst auf. Die NATO bestand jedoch als politisch-militärisches Verteidigungs- und Beistandsbündnis weiter. Die Bundesrepublik war 1955 der NATO zum Zwecke der eigenen Sicherheit beigetreten. Sie konnte diese damals nicht selbst garantieren. Die atomaren Supermächte USA und Sowjetunion hatten einerseits von den konventionellen Fähigkeiten ihrer Bündnispartner profitiert und damit ihr Verteidigungsbudget entlastet, andererseits hatten sich die nur konventionell gerüsteten Mitgliedsstaaten unter den atomaren Schutzschirm der Atommächte begeben können. Ab 1990 änderte sich dies grundlegend. Während die europäischen NATO-Staaten, vor allem Frankreich, eine Stärkung der WEU mit dem Aufbau einer von den USA unabhängigen Europäischen Sicherheits- und Verteidigungspolitik (ESVP) anstrebten, forderten die USA einen gerechten Lastenausgleich für die weitere Stationierung von amerikanischen Streitkräften in Europa. Durch diesen Lastenausgleich wollte die US-Administration in Washington den lange vernachlässigten Interessen im pazifischen Raum mehr Aufmerksamkeit schenken. Diese unterschiedlichen nationalstaatlichen und regionalen Interessenlagen hätten eigentlich zur Auflösung der NATO führen müssen. Trotz dieses Interessenkonfliktes blieb das Bündnis jedoch bestehen. Denn es erzeugte nicht nur Sicherheit, sondern seine Mitglieder unterwarfen sich auch einem Regelwerk, Sanktionsmöglichkeiten, einem Informationstransfer und einer hohen Transparenz. Diese Mechanismen sicherten den Fortbestand der NATO.

Trotz Verbots nehmen Bundeswehrsoldaten in Uniform am 22. Oktober 1983 an der Großkundgebung im Bonner Hofgarten teil und demonstrieren mit einem Transparent und einer Pershing-II-Atrappe gegen den NATO-Nachrüstungsbeschluss. Die von der Friedensbewegung initiierte Aktionswoche endete am 21. und 22. Oktober 1983 mit Großkundgebungen in verschiedenen Städten gegen die Stationierung neuer amerikanischer Mittelstreckenraketen in Europa. *pa/dpa*

Bei einer Kundgebung in Bonn gegen atomare Rüstung stehen Soldaten in Uniform auf der Tribüne mit Schildern: »Ich bin Soldat und sage nein«. Foto vom 1.1.1983. *SZ Photo/Lothar Kucharz*

Während des Bundeskongresses der Antifaschisten demonstrieren Bundeswehrsoldaten in Frankfurt a.M. unter dem Transparent »Nie wieder Krieg – nieder wieder Faschismus«. Foto vom 10.5.1975.

SZ Photo/ap/dpa/ picture alliance

Soldatenprotest gegen den NATO-Nachrüstungsbeschluss. Anfang der 1980er-Jahre.

SZ Photo

Bundeswehrsoldaten nehmen an dem Ostermarsch von Kellenhausen (Schleswig-Holstein) nach Hamburg teil. Sie tragen eine Transparent mit der Aufschrift »Friedensinitiative Soldaten gegen Atomraketen«. Foto vom 9.4.1982.

SZ Photo/ap/dpa/ picture alliance

Vor dem Landgericht in Koblenz beginnt der Prozess gegen den Stabsarzt der Reserve der Bundeswehr Carl Christian Ebell wegen Wehrkraftzersetzung am 5. Juli 1984. Soldaten in Uniform demonstrieren unter dem Plakat »Wird mit Alarm die Marschbereitschaft für den Krieg befohlen, marschieren wir nach Bonn!«, einer Ankündigung aus dem Aufruf Ebells.

SZ Photo/ap/dpa/ picture alliance

Demonstration gegen den Einsatz der Bundeswehr in Somalia in Berlin. Foto vom 3.7.1993.

SZ Photo/ snapshot-photography/ Tobias Seeliger

Demonstrationen von Soldaten in Uniform, Bundeswehr. Duisburg. Foto vom 2.4.1983.

SZ Photo

NATO-Generalsekretär Manfred Wörner (l.) und der deutsche Vorsitzende des Militärausschusses (r.) bei den Feierlichkeiten zum 40. Jahrestag zur Gründung der NATO in Brüssel. Foto vom 4.4.1989.
SZ Photo/ap/dpa/picture alliance

KSZE-Gipfel in Paris vom 19. bis 21. November 1990. V.l.n.r. der französische Staatspräsident François Mitterrand, der sowjetische Außenminister Eduard Schewardnadse und der sowjetische Präsident Michael S. Gorbatschow bei der Unterzeichnung der Charta in Paris.
SZ Photo/ap/dpa/picture alliance

tenen konventionellen Angriffen auf das NATO-Gebiet über die Verbreitung ballistischer Flugkörper, Kernwaffen und anderen Massenvernichtungswaffen bis hin zu Terrorismus, Waffen-, Drogen- und Menschenhandel sowie verstärkten Cyber-Angriffen. In der Entwicklung seit 1990 betrachtet zwar nicht neu, betrafen diese Angriffe jedoch nun unmittelbar das Gebiet der Bündnispartner. Die Sicherheit der Mitglieder sollte daher mit drei Kernaufgaben gewährt werden können: kollektive Verteidigung, politische und militärische Krisenbewältigung sowie kooperative Sicherheitsorganisation. Die Verteidigung basierte weiterhin auf nuklearen und konventionellen Streitkräften. Die schnelle Interventionsfähigkeit konnte durch präsente mobile Truppenverbände gewährleistet werden. Die NATO kooperierte zeitweise bei der Raketenabwehr sogar mit Russland. Bei globalen Bedrohungen erwiesen sich strategische Planungen und Partnerschaften mit anderen Staaten sowie Organisationen als profitabel. Daher setzte das Bündnis weiter auf den politischen Dialog und die Zusammenarbeit mit den Vereinten Nationen. Die strategische Partnerschaft mit der Europäischen Union und die Lastenteilung mit dem »europäischen Unterbündnis unter dem Dach der Allianz«[5] entwickelten sich zu einem wichtigen Pfeiler der weltweiten militärischen Stabilisierung. Zusammen mit den politischen Konsultationen und den bis zum Ukraine-Konflikt (2014) engen Kooperationen mit Russland, aber auch den Mittelmeerländern sowie den Staaten in der Golfregion vollzog die NATO vollends den Wandel von einem regionalen zu einem globalen Instrument der Außen- und Sicherheitspolitik.

Neben der NATO entstand Anfang der 1970er-Jahre eine weitere Organisation kollektiver Sicherheit. Am 3. Juli 1973 eröffneten die Außenminister aus 35 Staaten in Helsinki die erste »Konferenz über die Sicherheit und Zusammenarbeit in Europa (KSZE)«. Mit Ausnahme von Albanien nahmen alle europäischen Staaten sowie die USA, Kanada und die Sowjetunion daran teil. Erst zwei Jahre später, am 1. August 1975, beendete die Unterzeichnung der Schlussakte von Helsinki diesen Verhandlungsprozess. Die Bestimmungen im Abschlussdokument sollten die zwischenstaatlichen Beziehungen und das Zusammenleben der Völker in einem echten sowie dauerhaften Frieden fördern.

Die Schlussakte enthielt Empfehlungen für politisch-militärische, wirtschaftlich-ökologische und menschenrechtliche Verfahrensweisen. Die politisch-militärische Dimension umfasste die souveräne Gleichheit, die territoriale Integrität der Staaten, die Achtung der Menschenrechte und der Grundfreiheiten sowie eine Ankündigung von größeren militärischen Manövern. Die unterzeichnenden Staaten verpflichteten sich ferner zu einer verstärkten wirtschaftlichen, wissenschaftlichen, ökologischen und technischen Zusammenarbeit. Was die Menschrechte betrifft, sollten insbesondere die Kontaktaufnahme auf Grundlage familiärer Bindungen über die Staatsgrenzen hinweg erleichtert, die Eheschließung zwischen Bürgern unterschiedlicher Staaten garantiert und ein Austausch in den Bereichen Kultur, Bildung und Wissenschaft ermöglicht werden.

Der KSZE-Prozess beförderte besonders die westliche Entspannungspolitik und setzte somit die kommunistischen Regime unter einen ständigen Zugzwang. Anfangs eher Konkurrentin, wandelte sich die KSZE dann zu einer regionalen Ergänzung zur NATO und galt durch die Entspannungspolitik sowie Rüstungskontrolle als wichtige Brücke für die Überwindung des Kalten Krieges.

5 Krüger, Am Abgrund?, S. 211.

Der Zerfall Jugoslawiens 1990–2008

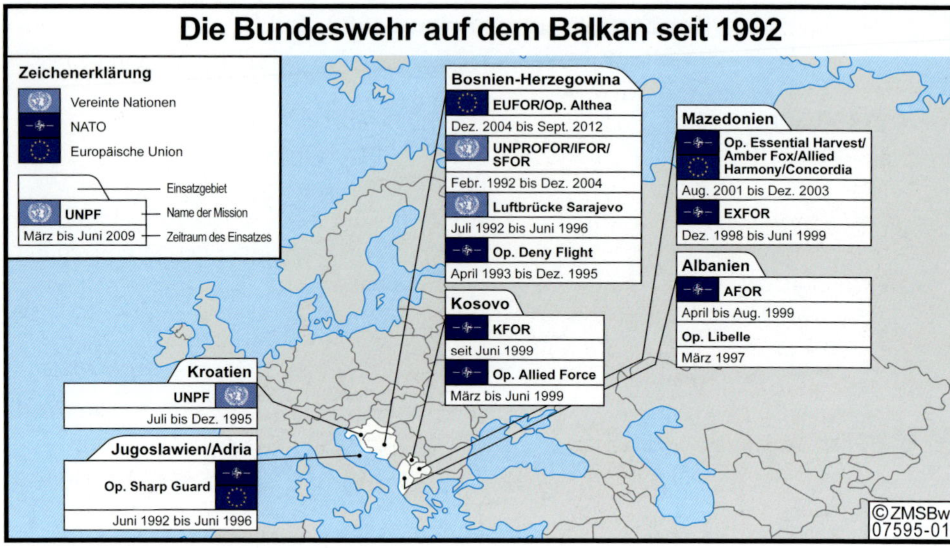

Mit dem Ende des Ost-West-Konfliktes änderte sich auch das Aufgabenfeld der KSZE. Infolge der Ratifizierung der »Charta von Paris für ein neues Europa« am 21. November 1990 wurde der KSZE-Prozess erstmals institutionalisiert. Als ständige Institutionen vereinbarten die Teilnehmerstaaten die Schaffung eines Exekutivsekretariats in Prag, eines Konfliktverhütungszentrums in Wien und eines Büros für freie Wahlen in Warschau. Am 6. Dezember 1994 wurde in Anwesenheit von 53 Staats- und Regierungschefs in Budapest die KSZE in »Organisation für Sicherheit und Zusammenarbeit in Europa (OSZE)« umbenannt. Mit ihren nunmehr 57 Mitgliedern ist die OSZE derzeit die weltweit größte regionale Sicherheitsorganisation. Die zuvor genannten drei Dimensionen aus der Schlussakte von Helsinki besitzen weiterhin ihre Gültigkeit. Die OSZE verfügt derzeit über drei unabhängige Institutionen, welche die politischen Verpflichtungen überwachen. Diese sind das Büro für Demokratische Institutionen und Menschenrechte in Warschau, die Hohe Kommissarin für Nationale Minderheiten in Den Haag und schließlich die OSZE-Beauftragte für Medienfreiheit in Wien. Völkerrechtlich betrachtet, besaß und besitzt die OSZE keinen Rechtsstatus, sodass ihre Beschlüsse auch heute noch nur politisch-deklaratorisch und rechtlich nicht bindend wirken können. Als wichtiges Instrument erwiesen sich bisher die sogenannten Feldoperationen. Sie erfolgten immer auf Einladung des jeweiligen Gastlandes und die Mandate wurden von den Teilnehmerstaaten im Konsens vereinbart. Im Jahr 2013 beispielsweise führte die OSZE 16 Feldoperationen durch, vornehmlich in Südosteuropa, Osteuropa, im Südkaukasus und in Zentralasien. Die Aufgabenbereiche reichten von Wahlbeobachtungsmissionen, Polizeiaufbau und Hilfestellungen bei der Schaffung eines gemeinsamen Forums für die Zivilgesellschaft bis hin zu der Vernichtung überschüssiger Munition sowie der Entsorgung gefährlicher chemischer Abfälle. Die Feldoperationen trugen bisher sowohl zur früheren Warnung vor und Verhütung von Konflikten als auch zur Wiederherstellung stabiler Verhältnisse sowie zur Sicherung demokratischer Übergangsprozesse bei. Soldaten der Bundeswehr nahmen an der OSZE-Militärbeobachtermission in Georgien 2008/09 teil. Solche Missionen sind für die Beteiligten keineswegs risikolos. So wurden während der Mission in der Ost-Ukraine im Jahr 2014 mehrere Mitarbeiter der OSZE, darunter auch Soldaten der Bundeswehr, von prorussischen Separatisten als Geiseln genommen.

2.4. Neue militärische Herausforderungen

Die nationalsozialistische Vergangenheit und der Ost-West-Systemkonflikt verhinderten grundsätzlich die direkte außen- und sicherheitspolitische Teilnahme der Bundesrepublik Deutschland und der Deutschen Demokratischen Republik bei militärischen Kampfeinsätzen außerhalb des jeweiligen Bündnisgebietes zwischen 1949 und 1990. Die veränderte Rolle der Bundesrepublik nach der deutschen Wiedervereinigung entfachte im In- und Ausland einen Diskurs über den weltweiten Einsatz der Bundeswehr.

Robert Kagan, ehemaliger Berater von US-Vizepräsident Richard Cheney, charakterisierte die europäischen militärischen Fähigkeiten und damit auch die Deutschen provokant:

> »Die Amerikaner sind vom Mars und die Europäer von der Venus [...] Die Europäer sind sich nicht ganz sicher, dass [...] das »deutsche Problem« wirklich gelöst worden sei [...] die Franzosen sind noch nicht überzeugt, dass sie den Deutschen vertrauen können, und die Deutschen sind sich nicht sicher, ob sie sich selbst vertrauen können.«[6]

Im Hinblick auf die Balkaneinsätze hinterfragte John Petersen die Lastenteilung in der NATO folgender Maßen: »US and EU in the Balkans: ›America Fight's the Wars, Europe does the Dishes?«[7]

Stellvertretend für andere sprachen sowohl Kagan als auch Petersen in den 2000er-Jahren das aus, was sich in den 1990er- während des Balkaneinsatzes der Bundeswehr bereits herausgestellt hatte. Ohne die USA hatten sich die Europäer politisch nicht durchsetzen und militärisch nicht wirkungsvoll intervenieren können.

Was bedeuteten die Wertungen Kagans und Petersens aber im Hinblick auf die Bundeswehr? Die Parlamentsarmee Bundeswehr blieb auf dem Balkan an ihrem Auftrag gebunden, den die Bundesregierung und der Deutsche Bundestag vorgaben. Die gesamte Organisation, Struktur und Ausbildung der Streitkräfte hatten sich bis 1990 auf den Einsatz im Verteidigungsfall und Bündnisrahmen konzentriert. Zudem mussten die Bürger der Bundesrepublik Deutschland bei dem Wandlungs- und Anpassungsprozess ab 1990 »mitgenommen« werden. Die Bundeswehr wiederum lief Gefahr, ihren Auftrag nicht mehr erfüllen zu können: »Jahrzehntelang sollte die Bundeswehr kämpfen können, um niemals kämpfen zu müssen. In Zukunft droht der Armee das Gegenteil: Kämpfen zu müssen, ohne es zu können.«[8] Daher sollte erst über den »Helfer in Uniform« auch wieder der »Kämpfer« politisch und gesell-

---

6 »Americans are from Mars and Europeans are from Venus [...] Europeans [...] are not entirely sure that [...] the ›German problem‹ really has been solved [...] the French are still not confident they can trust the Germans, and the Germans are still not sure they can trust themselves.« Robert Kagan, Power and Weakness. In: Policy Review, II (2002), 3, S. 3–28, hier S. 3 und 19.

7 »Die USA und die EU auf dem Balkan: Amerika kämpft in den Kriegen, Europa erledigt den Abwasch?« John Petersen, US and EU in the Balkans: »America Fights the Wars, Europe does the Dishes?«. In: RSCAS Working Papers, <http://hdl.dandle.net/1814/1758> (5.12.2007).

8 Jochen Bitter, Bundeswehr: »Das kann uns Blut kosten«. In: Die Zeit vom 20.10.2005, Nr. 43 (Zeit-online), <www.zeit.de/2005/43/NeueBundeswehr> (15.10.2008).

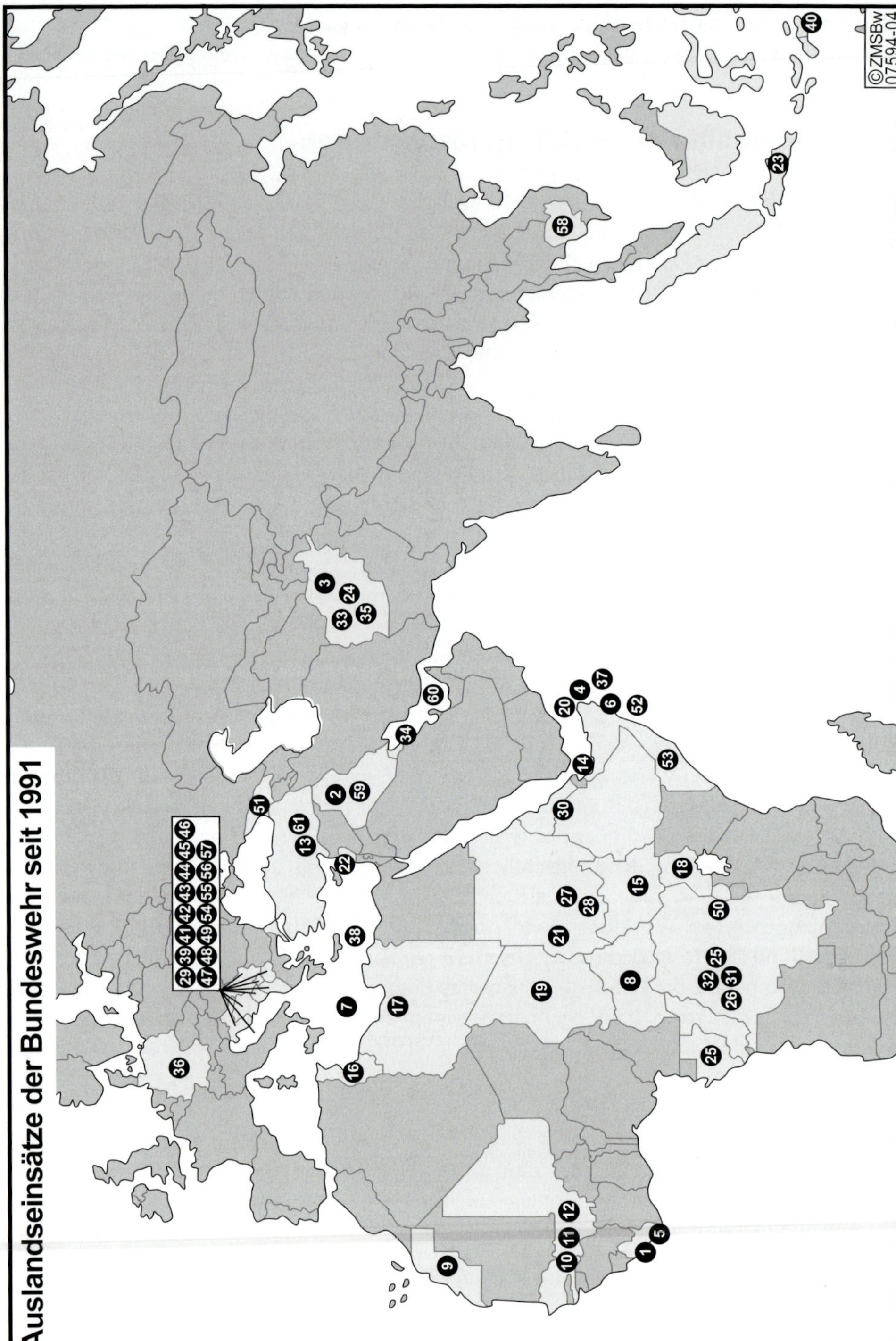
Auslandseinsätze der Bundeswehr seit 1991
©ZMSBw 07594-04

Auslandseinsätze der Bundeswehr seit 1991

Nr.	Zeitraum	Land/Region	Einsatz
1	seit Mai 2015	Liberia	UNMIL
2	seit Jan. 2015	Nordirak	Ausbildungsunterstützung Irak
3	seit Jan. 2015	Afghanistan	Resolute Support Mission (RSM) AFG
4	seit Nov. 2014	Horn von Afrika/Somalia	EUCAP Nestor
5	Nov. 2014 – März 2015	Liberia	Ebola
6	seit April 2014	Somalia	EUTM SOM
7	April – Sept. 2014	Mittelmeer	MEM OPCW
8	April 2014 – Febr. 2015	Zentralafrikanische Republik	EUFOR RCA
9	seit Okt. 2013	Westsahara	MINURSO
10	seit Juni 2013	Mali, Senegal	MINUSMA
11	seit Febr. – Juni 2013	Mali, Senegal	AFISMA
12	seit Febr. 2013	Mali	EUTM Mali
13	seit Dez. 2012	Türkei	Active Fence Turkey/AF TUR
14	Juli 2012 – Nov. 2014	Dschibuti/Somalia/Tansania	EUCAP Nestor
15	seit Juli 2011	Südsudan	UNMISS
16	seit März 2011	Tunesien	HUMHITUN
17	Febr. – März 2011	Libyen	Pegasus
18	Febr. 2010 – Dez. 2013	Uganda	EUTM SOM
19	Jan. 2008 – März 2009	Tschad	EUFOR Tchad/RCA
20	seit Dez. 2008	Horn von Afrika	NAVFOR Atalanta
21	seit Nov. 2007	Darfur	UNAMID
22	seit Sept. 2006	Libanon	UNIFIL II
23	Sept. 2005 – März 2006	Indonesien	AMM
24	Dez. 2001 – Sept. 2003, Mai 2005 – Nov. 2005	Afghanistan	Enduring Freedom (KSK)
25	Juli – Nov. 2006	DR Kongo, Gabun	EUFOR RD Congo
26	Juni 2005 – Sept. 2014	DR Kongo	EUSEC RD Congo
27	April 2005 – Juli 2011	Sudan	UNMIS
28	Dez. 2004, Okt. 2005 – Dez. 2007	Sudan	AMIS
29	Dez. 2004 – Sept. 2012	Bosnien-Herzegowina	EUFOR Althea
30	Febr. 2004 – Juli 2008	Äthiopien/Eritrea	UNMEE
31	Jan. 2004 – Juni 2004	DR Kongo	Avenir
32	Juli – Sept. 2003	DR Kongo	Artemis
33	seit März 2002	Afghanistan	UNAMA
34	Febr. 2002 – Juli 2003	Kuwait	Enduring Freedom (ABCAbwBtl.)
35	Jan. 2002 – Dez. 2014	Afghanistan	ISAF
36	seit Nov. 2001	Deutschland (Basis)	StratAirMedEvac
37	Nov. 2001 – Dez. 2010	Horn von Afrika	Enduring Freedom (maritim)
38	Nov. 2001 – Nov. 2003	Mittelmeer	Active Endeavour
39	Aug. 2001 – Dez. 2003	Mazedonien	Essential Harvest/Concordia Amber Fox/Allied Harmony/Concordia
40	Okt. 1999 – Febr. 2000	Ost-Timor	Interfet
41	seit Juni 1999	Kosovo	KFOR
42	Juni 1999 – Sept. 2000	Adria	Allied Harvest I+II
43	März – Juni 1999	Kosovo	Allied Force
44	April – Aug. 1999	Albanien	AFOR
45	Dez. 1998 – Juni 1999	Mazedonien	EXFOR
46	März 1997	Albanien	Libelle
47	Dez. 1995 – Dez. 2004	Bosnien-Herzegowina	IFOR/SFOR
48	Aug. – Sept. 1995	Bosnien-Herzegowina	Deliberate Force
49	Juli – Dez. 1995	Kroatien, Bosnien-Herzegowina	UNPF
50	Juli – Dez. 1994	Ruanda	UNAMIR
51	März 1994 – Juni 2009	Georgien	UNOMIG
52	Jan. – April. 1994	Horn von Afrika	Southern Cross
53	Aug. 1993 – März 1994	Somalia	UNOSOM II
54	April 1993 – Dez. 1995	Bosnien-Herzegowina	Deny Flight
55	Juli 1992 – Juni 1996	Bosnien-Herzegowina	Internationale Luftbrücke nach Sarajevo
56	Juni 1992 – Juni 1996	Jugoslawien/Adria	Sharp Guard
57	Febr. 1992 – Dez. 1995	Bosnien-Herzegowina	UNPROFOR
58	Okt. 1991 – Nov. 1993	Kambodscha	UNAMIC/UNTAG
59	Aug. 1991 – Sept. 1996	Irak	UNSCOM
60	Aug. 1990 – Sept. 1991	Persischer Golf	Südflanke (Minenräumoperation)
61	Jan. – März 1991	Türkei	AMF Air

Quelle: Einsatzführungskommando der Bundeswehr und ZMSBw, Potsdam, Stand: März 2015; Am Hindukusch – und weiter? Hrsg. von Rainer L. Glatz und Rolf Tophoven, Berlin 2015. Aufgenommen wurden in dieser Übersicht alle Missionen der Bundeswehr im Ausland, die keine Übungen waren/sind, vorbehaltlich noch andauender Missionen. Für die Vollständigkeit der Angaben wird keine Gewähr übernommen.

Petersberg-Prozess

Die erste internationale Afghanistan-Konferenz fand vom 27. November bis 5. Dezember 2001 auf dem Petersberg bei Bonn statt. Sie endete mit der Verabschiedung des Schlussdokuments »Übereinkommen über vorläufige Regelungen in Afghanistan bis zur Wiederherstellung dauerhafter staatlicher Institutionen«. Die afghanischen Teilnehmer setzten sich aus Vertretern der Nordallianz und vor allem Anhängern des ehemaligen Königs Mohammad Zahir Shah zusammen. In Übereinkunft mit dem Sonderbeauftragten des UN-Generalsekretärs für Afghanistan, Lakhdar Brahimi, fassten die Teilnehmer folgende Beschlüsse: Es sollte eine Interimsverwaltung eingerichtet werden, die sich aus einer Regierung mit einem Vorsitzenden, einer unabhängigen Sonderkommission für die Einberufung der außerordentlichen »Loya Jirga« und einem Obersten Gerichtshof zusammensetze. Der Entwurf einer Verfassung musste 18 Monate nach der Amtsaufnahme der Übergangsregierung durch eine verfassungsgebende »Loya Jirga« gebilligt werden. Die Ratifizierung der neuen Verfassung wurde zur Voraussetzung für die freie und faire Parlamentswahl, die spätestens zwei Jahre nach dem Tag der Zusammenkunft der »Loya Jirga« durchgeführt werden sollte. Eine internationale Schutztruppe (ISAF) wurde im Rahmen eines UN-Mandats zunächst in Kabul und den umliegenden Gebieten stationiert, um die Sicherheit der Interimsregierung zu gewährleisten. Die Regierung verpflichtete sich wie die Sonderkommission für die Einberufung der außerordentlichen »Loya Jirga« dazu, stets im Einklang mit den Menschenrechten, dem humanitären Völkerrecht und der UN-Resolution 1378 zu handeln. Die im Schlussdokument vereinbarten Maßnahmen konnten in den folgenden Jahren vollständig umgesetzt werden. Die erfolgreiche Umsetzung löste jedoch nicht das Problem der strukturellen Schwäche der afghanischen Zentralregierung. Es bildete sich eine Art Doppelregime heraus, die aus einer »nominell verantwortlichen, schwachen Zentralgewalt und einer de facto steuernden, aber nicht verantwortlichen internationalen Gemeinschaft« bestand. Aufgrund enormer finanzieller Transferleistungen durch die internationale Gebergemeinschaft entstand ein Staat, der sich mehr über auswärtige Zuwendungen anstelle von eigenen Steuereinnahmen finanzierte.

schaftlich etabliert werden. Im Zweiten Golf-Krieg im Januar 1991 hatte sich Deutschland noch nicht unmittelbar beteiligt, obwohl Bundeskanzler Helmut Kohl die Übernahme von mehr außenpolitischer Verantwortung angekündigt hatte. In dieser Zeit hatte noch der nationale Konsens bestanden, dass eine Beteiligung von Bundeswehrsoldaten außerhalb des Bündnisgebietes, noch dazu an Kampfhandlungen, nicht in Frage kam. Die Entwicklung auf dem Balkan, seit 1993 besonders in Bosnien-Herzegowina, nahm aber eine andere Richtung. Beim Kosovo-Krieg 1999 mündete dies in einen nationalen Konsens zu einer alle Optionen umfassenden bewaffneten militärischen Interventionsoperation innerhalb der NATO. Der hauptsächlich von der politischen Linken und Pazifisten in Deutschland vorgetragene Vorwurf, es handele sich beim Kosovo-Krieg um einen Verstoß gegen geltendes Völkerrecht und eine kriminelle Handlung, offenbarte einen Dissens, der im Grunde Züge einer gespaltenen Nation aufwies. Die NATO wurde nicht selten im öffentlichen Diskurs mit Westdeutschland und Jugoslawien mit der ehemaligen DDR gleichgesetzt. Der Tenor lautete: So wie die Treuhandgesellschaft die DDR zerschlagen habe, so zerschlage nun die NATO »Restjugoslawien«. Dieser Diskurs zeigte tendenziell auf, dass ein gesellschaftlicher, politischer Konsens nur über das Voranstellen humanitärer Ziele und mit dem Hinweis auf die NS-Vergangenheit mit ihren Kriegsverbrechen zu erreichen war. Erinnerungen an »Völkermord«, »Deportationen«, »Konzentrationslager«, Vertreibungen (»Hufeisenplan«) oder alte nationale Stereotypen wurden genauso aktiviert wie eine aus dem Völkerrecht ableitbare »humanitäre Rechtfertigungsebene« oder eine »humanitäre Intervention«. Die deutsche Bevölkerung sollte auf dem Einsatz im Kosovo vorbereitet werden. Denn dieses Mal waren die Deutschen ganz bestimmt auf der richtigen Seite. Solche öffentlichen und politischen Diskussionen offenbarten aber, dass sich die politisch Verantwortlichen mehr als unsicher waren, ob die deutsche Bevölkerung ihre Vorgehensweise unterstützen werde. Zugleich war jedoch die außen- und besonders die bündnispolitische Konstellation seit 1993 eindeutig auf Teilhabe in der globalen Verantwortung und an den Lasten ausgerichtet. Dem noch Anfang der 1990er-Jahre international geäußerten Verdacht des Mangels an Bündnistreue wollte sich das vereinigte Deutschland nicht mehr aussetzen. Die öffentliche Meinung zu den Einsätzen der Bundeswehr war zwar gespalten, jedoch zeigte die Berichterstattung in den Medien auch, dass sich Deutschland aus dem Bürgerkrieg auf dem Balkan nicht vollkommen heraushalten würde können. Jedoch galten die diplomatischen Möglichkeiten und militärischen Fähigkeiten der europäischen NATO-Mitglieder, ohne die USA ein Krisenszenario zu bewältigen, selbst im Bündnis als wenig aussichtreich. Dies belegte auch ein interner NATO-Bericht zur IFOR in Bosnien-Herzegowina aus dem Jahr 1996 deutlich:

> »Die Operationen Deliberate Force und Endeavor [...] haben auch deutlich aufgezeigt, dass ohne die Vereinigten Staaten die europäischen NATO-Staaten nicht über die Fähigkeiten verfügen, ähnliche Missionen zu bewältigen«.[9]

Trotz der eingeschränkten militärischen Fähigkeiten der Europäer beteiligen sie sich gemäß ihren Möglichkeiten – so wie es auch der NATO-Vertrag vorgesehen hatte. IFOR wurde noch auf zwölf Monate ausgelegt, SFOR dann schon auf 18 und immer wieder danach verlängert, um schließlich im Jahr 2004 der EU mit der Operation »Althea« die Verantwortung für Bosnien und Herzegowina zu übertragen. Die Truppenstärken konnten jährlich reduziert und im Jahr 2006 der Einsatz vollständig beendet werden. Gleiches gilt auch für das Kosovo und Afghanistan, wenn auch die Einsätze immer noch andauern. Im Vergleich betrachtet konnte nur dann nachhaltig interveniert, implementiert, stabilisiert und aufgebaut werden, wenn die »Exit-Strategie« auch langfristige Perspektiven berücksichtigte. Für den überschaubaren Einsatz im Kongo im Jahr 2006 beispielsweise galten andere Prämissen und von einer nachhaltigen Stabilisierung des Landes, die auch nicht beabsichtigt worden war, konnte auch keine Rede sein. Allein militärische Fähigkeiten garantierten bisher keine Durchhaltefähigkeit, vor allem dann nicht, wenn von der Mehrheit der Bevölkerung des Entsende-Staates, wie beispeilsweise der Niederlande, nicht bejaht wurden. Vielmehr stellte sich ein Mix aus Intervention, Stabilisierung und »train and assist« als tragfähige militärische Strategie heraus.

Für die NATO, die Bundesrepublik Deutschland und ihre Streitkräfte änderte sich die Zeit nach 1990 fundamental: von einem Beistandsbündnis im Kalten Krieg zu einer

---

9 »Operations Deliberate Force and Endeavor [...] have also made it absolutely clear that, without the United States, European NATO countries lack the capability to mount similar missions.« BArch, BW 2/34946, Ordner 17, North Atlantic Assembly, Draft Interim Report IFOR: A transatlantic coalition for peace, 4 November 1996, S. 11.

Das erste Kontingent UNOSOM II bei der Fahrt im Konvoi in Somalia. Foto vom 14.7.1993. *Bundeswehr/Kiesel*

Somalis empfangen an den von deutschen Pioniersoldaten des UNOSOM II-Kontingentes gebohrten Brunnen in Mataban frisches Trinkwasser. Foto vom 18.12.1993. *Bundeswehr/Detmar Modes*

Soldaten der Bundeswehr in Volkach, Bayern. Sie gehören zu einem Kontingent, das nach dem Beschluss des Deutschen Bundestags als Teil der SFOR in Bosnien eingesetzt werden soll. Der Soldat im Vordergrund ist mit einem G 3 bewaffnet. Foto vom 19.12.1996.

SZ Photo/photothek

SFOR-Abzeichen eines deutschen Soldaten im Hauptstandort des 3. Deutschen Heereskontingents SFOR im Feldlager Rajlovac. Foto vom 24.10.2001.

SZ Photo/photothek

Luftaufnahme des Feldlagers Prizren des deutschen Einsatzkontingents KFOR. Foto vom 5.12.2005.

SZ Photo/Marco Urban

Ein Hubschrauber der Bundeswehr landet in Prizren. Es handelt sich um einen Versorgungsflug für die Soldaten der Brigade Süd der deutschen KFOR-Truppen. Foto vom 13.1.2000.

SZ Photo/Caro

Soldaten während des Libanon-Einsatzes im Einsatzverband UNIFIL auf der Fregatte »Mecklenburg-Vorpommern« vor Larnaka, Zypern. Foto vom 4.11.2006. *SZ Photo/photothek*

Einmarsch des ersten Kuwait-Kontingents nach Beendigung des Einsatzes im Juli 2002 auf dem Marktplatz in Höxter. *Michael Robrecht*

Interventionsallianz, von Ausbildungs- und Defensivstreitkräften zu einer internationalen Eingreif- und Stabilisierungstruppe. Die Bundeswehr schaffte mit vielen Reibungen, aber dennoch erfolgreich den Sprung von der Heimatverteidigung zur globalen Sicherheitsprojektion im Bündnis. Der Bundeswehr blieb im gewandelten internationalem Umfeld auch nichts anderes übrig, weil nur die Wahl zwischen »out of area or out of business« bestand. Kagans Analyse fehlte demnach eine intensive Auseinandersetzung mit der veränderten Rolle von modernen Streitkräften. Natürlich müssten Soldaten kämpfen können, aber dies ist nur eine Seite der Medaille. Auf der anderen Seite stellte sich vielmehr die Frage, was nach dem Kampf kommen sollte. Der kleine oder asymmetrische Krieg existierte nicht erst seit 1990. Auf den Kaiser der Franzosen Napoleon Bonaparte, dessen »Grande Armée« in Spanien in einem Guerillakrieg hohe Verluste erlitten hatte, geht der Ausspruch zurück: »Krieg ist leichter angefangen als beendet.«[10] Moderne Streitkräfte mussten im Rahmen von multinationalen Militäreinsätzen genauso wie internationale Organisationen zu einer Prävention (Konfliktvorsorge), Intervention (Konfliktbewältigung) und auch Postvention (Konfliktnachsorge: Stabilisierung, Wiederaufbau, »train and assist«) fähig sein. Aus dieser Perspektive betrachtet, bildeten die US-Streitkräfte und ihre europäischen Bündnispartner, hier vor allem die Bundeswehr, symbiotische Fähigkeiten ab. Alle Verbündeten sollten aber auch fähig sein, die Rolle der anderen zumindest in Teilen übernehmen zu können. Schließlich blieb, wie bereits vor 1990, die Teilhabe an den Entscheidungen und eine gerechte sowie den Fähigkeiten entsprechende Lastenteilung immer der zentrale Bündniszweck.

Der Bürgerkrieg auf dem Balkan markierte den Beginn des Wandels der Bundeswehr zur Armee im Auslandseinsatz, der im Jahr 2014 beendete ISAF-Einsatz in Afghanistan mit der Folgemission »Resolute Support« wohl noch nicht das Ziel. Die geänderten außen- und innenpolitischen Prämissen erforderten eine neue Ausrichtung der Streitkräfte. Die Bundeswehr blieb auch in den 1990er-Jahren aufgrund der Organisation, Struktur und Ausrüstung eine Verteidigungsarmee innerhalb des NATO-Bündnisses und verfügte aufgrund des bis dahin gültigen Aufgabenspektrums nur über beschränkte militär-strategische Fähigkeiten. Um die operativen Möglichkeiten und die Durchhaltefähigkeit außerhalb der Landesgrenzen anzupassen, bedurfte es daher vor allem im Bereich der materiellen Rüstung einer Korrektur. Aus dem ersten großen Einsatz der Bundeswehr auf dem Balkan als Experimentier- und Profilierungsfeld wurden wichtige Erfahrungen gewonnen, um die bisher hauptsächlich in Deutschland operierenden Verteidigungsstreitkräfte auf »Out-of-area«-Einsätze einzustellen. Der Bundeswehrsoldat kämpfte auf dem Balkan und vor allem in Afghanistan mit einem konturlosen Gegner, gegen den eine konventionelle Kriegführung schnell an ihre Grenzen gelangen sollte. Daher entwickelte die NATO veränderte Strategien und die Bundeswehr vollzog eine Anpassung und Modernisierung ihrer Gesamtorganisation (siehe dazu ausführlich die Kapitel 3 und 5).

10 Schlaffer, Die Bedeutung des Balkan, S. 362.

3. Organisation und Spitzengliederung der Bundeswehr

3.1. Primat der Politik

Die westdeutschen Streitkräfte wurden im Amt Blank konzipiert, mit der Aufnahme der Bundesrepublik Deutschland in die NATO konnte dann zum 1. Juli 1955 das Bundesministerium für Verteidigung aufgebaut werden. Die Befehls- und Kommandogewalt des Ministers sollte sich in diesem Ministerium bündeln. Es übernahm daher die Funktionen als Hilfsorgan des Ministers in seinem Regierungsressort, als Oberste Bundesbehörde für den Chef der Wehrverwaltung und schließlich als militärisches Oberkommando für den Oberbefehlshaber der Streitkräfte im Frieden. Der Bundesverteidigungsminister gehörte der Bundesregierung an, unterlag damit der Richtlinienkompetenz des Bundeskanzlers und verantwortete seine Politik direkt vor dem Deutschen Bundestag. Somit gliederten sich die Streitkräfte vollständig in eine demokratisch-parlamentarische Rechts- und Verfassungsordnung ein.

Mit der Übertragung der Befehls- und Kommandogewalt an einen dem Deutschen Bundestag verantwortlichen Politiker und den weitgehenden Kontrollinstitutionen (Verteidigungsausschuss, Wehrbeauftragter) sollte die Bundeswehr zu einem Parlamentsheer werden. Die Organisation des Verteidigungsministeriums verknüpfte die militärische Führung der Streitkräfte zweckmäßig mit der zivilen Verwaltung sowie Rüstungsgüterbeschaffung unter einer politischen Leitung. Diese Lösung verhinderte eine Über- oder Unterordnung des Militärischen gegenüber dem Zivilen. Damit konnte sich die Ministerialbürokratie nicht isolieren und sich die militärische Führung nicht dem politischen Einfluss entziehen.

Die militärischen Führungsspitzen organisierte der erste Bundesminister für Verteidigung Theodor Blank als einfache Ministerialabteilungen nach dem Muster der bereits bestehenden zivilen Abteilungen, auch wie in anderen Ministerien. Alle Abteilungen unterstanden einem obersten Beamten als Staatssekretär und Vertreter des Ministers innerhalb der Behördenstruktur. Dies bedeutete, dass die militärischen Abteilungen immer einer zivilen Leitung untergeordnet blieben. Die Ministerialverwaltung und das Parlament kontrollierten folglich die militärische Streitkräfteführung. Der Minister als Berufspolitiker verfügte regelmäßig über wenig militärische Fachkenntnisse, weshalb er ein Beratergremium nach dem Vorbild der amerikanischen »Joint Chiefs of Staff« einberief. Mit der Konstruktion des Militärischen Führungsrates (MFR) im November 1955 verfügten die Stabschefs als Abteilungsleiter der militärischen Abteilungen über keine selbstständige Kommandogewalt, sondern übten zunächst unter dem Vorsitzenden Adolf Heusinger, der am 12. November 1955 von Blank zum Generalleutnant ernannt worden war, lediglich eine direkte Beratungsfunktion für den Bundesverteidigungsminister aus.

Das »Gesetz über die Rechtsstellung des Soldaten« vom 19. März 1956 legte fest, dass die Organisation der Verteidigung, des Ministeriums und die Spitzengliederung einer weiteren gesetzlichen Regelung unterliegen sollten. Der erste Erlass des Bundesverteidigungsministers seit der Aufstellung der Bundeswehr zur Spitzengliederung vom 8. Februar 1964 und der nur wenig später erfolgte zweite Erlass vom 29. Juli 1965 machten aber ein Organisations-

> **Gesamtverteidigung**
>
> Die Erfahrungen des Zweiten Weltkrieges und die Wirkungen neuer Waffen wie der Atombombe führten in den 1950er-Jahren zu der Erkenntnis, dass die traditionelle Unterscheidung zwischen Front und Heimat nicht mehr möglich war. Eine effektive Verteidigung erforderte militärische und zivile Vorbereitungen. Die Sicherheit der Bundesrepublik konnte im Sinne der Gesamtverteidigung nur innerhalb des Atlantischen Bündnisses mit seinem Militär- und Wirtschaftspotenzial garantiert werden. Neben der bündnisgemeinsamen Verteidigung mit den Streitkräften umfasste die zivile Verteidigung alle Maßnahmen, die zur Herstellung und Aufrechterhaltung der Verteidigungsfähigkeit einschließlich der Versorgung und des Schutzes der Zivilbevölkerung erforderlich waren. Eine zivile Verteidigung fand jedoch nicht nur auf nationaler, sondern auch auf internationaler Ebene statt. Die gemeinsamen Tätigkeiten im Rahmen einer zivilen Verteidigung der NATO erstreckten sich auf die Mitwirkung bei militärischen Planungen und die Umsetzung von Maßnahmen zum Schutz der Zivilbevölkerung.

gesetz überflüssig, weil sie aufgrund der Organisationsgewalt des Ministers unterhalb gesetzlicher Hürden das weitere Verfahren regelten. Nunmehr nannte sich die Hauptabteilung I unter dem Generalinspekteur, General Heinz Trettner, »Militärische Angelegenheiten«; sie umfasste die Abteilung Streitkräfte als Arbeitsstab des Generalsinspekteurs (Fü S), den Führungsstab des Heeres (Fü H), der Luftwaffe (Fü L) und der Marine (Fü M) sowie die Inspektion des Sanitäts- und Gesundheitswesens (In San). Die Hauptabteilung II »Angelegenheiten der Rüstung« leitete Ministerialdirektor Werner Knieper; sie bestand aus den beiden Abteilungen Wehrtechnik sowie Verteidigungswirtschaft. Die »Administrativen Angelegenheiten« unter Ministerialdirektor Ernst Wirmer (siehe Infokasten Wehrverwaltung der Bundeswehr) in der Hauptabteilung III untergliederte sich in die Abteilungen Verwaltung und Recht (VR), Unterbringung, Liegenschafts- und Bauwesen, Alarm- und Mob-Referat des Bundesverteidigungsministeriums sowie den Ministerialbürodirektor. Dem Minister und Staatssekretär unterstanden direkt die Abteilungen Personal (P), Haushalt (H), die Gruppe Organisation (Org), das Presse- und Informationszentrum (PIZ) und das Programmreferat (Progr), das für die Bearbeitung des 5-Jahresprogramms der Bundeswehr zuständig blieb. Die Haupt- und Abteilungsleiter verfügten über ein unmittelbares Vortragsrecht beim Minister und Staatssekretär. Der Minister wies zudem die Neugliederung der Abteilung Streitkräfte an. Diese regelte die Gliederung des Arbeitsstabes des Generalinspekteurs sowie die weitgehende Angleichung von Kriegs- und Friedensspitzengliederung.

Gerade die militärische Spitzengliederung musste weiterhin hierarchisch aufgebaut sowie klar gegliedert bleiben. Die Kommandostruktur gründete uneingeschränkt auf Befehl und Gehorsam. Aufgrund des fehlenden Organisationsgesetzes verfügte der Bundesverteidigungsminister über eine weitgehende Organisationsgewalt in seinem Ressort. Gleiches galt auch für die Bundesregierung, wenn es sich um die Gesamt- und Landesverteidigung handelte. Die zivile Verteidigung führte der Bundesminister des Innern, der Bundeskanzler war im Rahmen seiner Richtlinienkompetenz für die Gesamtverteidigung zuständig. Die Spitzengliederung der Bundeswehr sollte im Frieden bereits ohne wesentliche Änderungen für den Verteidigungsfall angewandt werden können. Im Krieg ging die Befehls- und Kommando-

Das Luftwaffenmusikkorps gibt ein Standkonzert auf dem Fliegerhorst Memmingen. Im Hintergrund F-104 G Starfighter. Foto vom 10.12.1968. *Bundeswehr/Siwik*

General Hans Speidel schreitet die Front deutscher Soldaten ab, die am 13. jährlichen Leclerc-Wettbewerb in Handfeuerwaffen teilgenommen haben. Die Deutschen gewannen die »General Eisenhower Trophy« im Gewehrschießen. London, 5.8.1963. *SZ Photo/UPI*

US-Verteidigungsminister Richard Cheney (r.) im Gespräch mit NATO-Generalsekretär Manfred Wörner in Brüssel am 28. Mai 1991.
SZ Photo/ap/dpa/picture alliance

Der französische Staatspräsident Charles de Gaulle trifft am 3. Juli 1964 zu einem Arbeitsbesuch auf dem Köln-Bonner Flughafen ein. Das Bild zeigt de Gaulle mit Bundeskanzler Erhard beim Abschreiten der Ehrenformation. Im Hintergrund der Generalinspekteur der Bundeswehr, General Heinz Trettner.
SZ Photo/UPI

Der Oberbefehlshaber der NATO-Landstreitkräfte, der französische Marschall Alphonse Pierre Juin (l.), und Generalleutnant Hans Speidel salutieren bei einem Besuch Juins in Bonn zum Klang der französischen Nationalhymne. Juin will Gespräche über den Aufbau der Bundeswehr führen. Foto vom 6.7.1956.
SZ Photo/ap/dpa/picture alliance

Kampfpanzer M 48 auf einem Übungsplatz in Wales. Foto vom 4.6.1964.

SZ Photo

Abschuss einer Panzerrakete vom Schützenpanzer HS 30.

SZ Photo

Im Beisein des Inspekteurs des Heeres, General Ulrich de Maizière, und Bundesverteidigungsminister Kai-Uwe von Hassel rollt der erste Panzer »Leopard« in München vom Band. Foto vom 9.9.1965.

Bundeswehr

Flugabwehrraketen HAWK auf dem Transportfahrzeug. FlaRakBtl 35, Wachendorf bei Delmenhorst, 1970.
SZ Photo/Alfred Strobel

FlaRak-Gruppe während einer Ausbildung unter ABC-Bedingungen, Wachendorf bei Delmenhorst, 1970
SZ Photo/Alfred Strobel

Pershing II (MGM-31B) auf einer Abschussrampe. Pressepräsentation im Pershing II-Lager Mutlangen. Als Folge des NATO-Doppelbeschlusses wurden ab 1983 insgesamt 120 Pershing-II-Raketen in der Bundesrepublik Deutschland stationiert. Die Pershing II war eine zweistufige feststoffangetriebene Boden-Boden-Rakete mit einem atomaren Gefechtskopf vom Typ W85. Dieser Gefechtskopf verfügte über eine variable Sprengkraft von 0.3 bis 80 Kilotonnen. Als Ergebnis des 1987 abgeschlossenen INF-Vertrages wurden alle Pershing-II-Raketen aus Europa abgezogen und bis Mai 1991 zerstört.

Bundeswehr/Matthias Zins

Übergabe der RF-4E Phantom II in Bremgarten an den Inspekteur der Luftwaffe Generalleutnant Günther Rall. Die ersten vier Maschinen treffen nach einem Non-Stop-Flug über den Atlantik beim Aufklärungsgeschwader 51 »Immelmann« in Bremgarten ein. Foto vom 20.1.1971.

Bundeswehr/Günther Oed

gewalt auf den Bundeskanzler über. Die Bundesrepublik unterstellte den Hauptanteil der Streitkräfte der NATO für den Bündnisverteidigungsfall. Ein nationaler Verteidigungsfall außerhalb des Bündnisses schien abwegig zu sein. Ein alliiertes Oberkommando führte im NATO-Verteidigungsfall die zugeordneten deutschen Streitkräfte. Die nationale Führung umfasste nur noch die Territorialstreitkräfte, die jedoch wiederum in enger Abstimmung mit den NATO-Verbänden operieren mussten. Eine Befehls- und Kommandogewalt über alle deutschen Verbände ergab sich für den Bundeskanzler für den Fall eines Angriffs auf die Bundesrepublik Deutschland ohne Feststellung des Bündnisfalles gemäß dem Art. 5 des NATO-Vertrages. In der Zeit des Kalten Krieges und der Entspannung bis 1990 war diese Option unwahrscheinlich.

Ab 1990 erhielt die Kommandofrage mit den Auslandseinsätzen der Bundeswehr eine neue Bedeutung. Die IFOR, SFOR oder KFOR-Operationen der NATO auf dem Balkan erfolgten ohne Bezug zum Art. 5. Besondere Relevanz erhielt die Feststellung des Bündnisfalles erst nach dem 11. September 2001 und den darauf folgenden »ISAF- und Enduring Freedom«-Missionen der NATO. Diese bezeichnete die NATO dann entweder als »nicht Art. 5 NATO-Operation« (ISAF) oder »Art. 5 NATO-Operation« (»Enduring Freedom«).

Die organisatorische Neuordnung unter Bundesverteidigungsminister Kai-Uwe von Hassel 1965 brachte vor allem den Generalinspekteur der Bundeswehr, General Heinz Trettner, mit Ministerialdirektor Ernst Wirmer in Konflikt. Trettner forderte seine dienstliche Gleichstellung mit dem Staatssekretär Karl Gumbel und damit eine übergeordnete Stellung gegenüber den zivilen Hauptabteilungsleitern. In seinem Vorschlag vom 8. März 1965 platzierte sich der Generalinspekteur hierarchisch als militärischer Staatssekretär neben den für Verwaltung und Rüstung. Gerade Wirmer, der wie der Generalinspekteur 1963 zum Hauptabteilungsleiter im Ministerium aufgestiegen war, wollte dies nicht akzeptieren. Er verwies auf die Geschäftsordnung, nach der ein aktiver Soldat im Dienstrang einem Staatssekretär nicht gleichstehen durfte. Trettner und die vorherigen Generalinspekteure sahen die rangmäßige Gleichstellung als Abteilungs- oder Hauptabteilungsleiter mit den Beamten als Herabwürdigung an. Bei der Abwesenheit der politischen Leitung fungierte der dienstälteste Beamte sogar als Vorgesetzter für den Generalinspekteur. Ein ziviler Abteilungsleiter und Beamter, dazu noch einer organisatorisch und personell viel kleineren Abteilung, machte den höchsten Soldaten der Bundeswehr in der Bundesrepublik nur zur Nummer vier in der Spitzenhierarchie. Für machtbewusste ehemalige Generale der Wehrmacht war dies nur schwer zu ertragen. Mit den Überlegungen zur Neuordnung des Ministeriums ab 1961 sowie der Einrichtung einer Kommission sahen die Generalinspekteure dann auch die Chance und den Zeitpunkt gekommen, sich der lästigen Unterordnung unter die Beamten zu entledigen.

Bis 1945 waren die Wehrverwaltung und Rüstung in die Streitkräfte eingeordnet gewesen. Die Verwaltungsfachleute hatten Uniform getragen und waren an der Spitze immer einem militärischen Befehlshaber unterstellt worden. Im Hinblick auf die Befehls- und Kommandogewalt galt in der Bundeswehr das gleiche Prinzip wie bei der Vertretung eines jeden anderen Bundesministers. Als Regierungsmitglied vertrat den Verteidigungsminister ein dazu bestimmter anderer Bundesminister, als Behördenchef der zivile Staatssekretär. Nur wenn der Minister über einen längeren Zeitraum seine Aufgaben nicht erfüllen konnte, musste der Bundeskanzler einen Kabinettsbeschluss herbeiführen, sodass ein Regierungsmitglied mit der Wahrnehmung der Amtsgeschäfte gemäß Art. 65 und 65a des Grundgesetzes beauftragt werden konnte. Der Generalinspekteur bekleidete aber eine Stellung »sui generis«. Daher wurde er als ranghöchster nationaler Soldat der Bundeswehr auch in die Besoldungsgruppe eines Unterstaatssekretärs eingruppiert. Im Auftrag des Ministers konnte er Weisungen auf den Gebieten der Führung, Organisation, Ausbildung, Versorgung und Ausrüstung erteilen. Ausdrücklich betonten die Bundesverteidigungsminister immer wieder, dass es weder einen Primat der Beamten vor den Soldaten noch umgekehrt gebe.

3.2. Blankeneser Erlass

Nach dem Ende der ersten Großen Koalition in der Bundesrepublik Deutschland übernahm Helmut Schmidt (SPD) von Gerhard Schröder (CDU) als erster Sozialdemokrat das Bundesministerium der Verteidigung. Die Organisationsprobleme innerhalb des größten Bundesressorts hatte auch der letzte Spitzengliederungserlass nicht hinreichend gelöst. Schmidt änderte bald nach seiner Amtsübernahme im Jahr 1969 die Spitzenorganisation. Die Führungsstäbe der Teilstreitkräfte (TSK) verblieben weiterhin innerhalb des Ministeriums, damit keine Ausnahmen von der »Gemeinsamen Geschäftsordnung der Bundesministerien (GGO)« geschaffen werden mussten. Die GGO regelte die Grundsätze für die Organisation der Bundesministerien, die Zusammenarbeit der Bundesministerien untereinander und mit den weiteren Verfassungsorganen sowie die Vertretung des Geschäftsbereichs nach außen. Sie galt für alle Bundesministerien und regelte auch die Mitwirkung bei der Rechtsetzung. Probleme sah Schmidt jedoch in der Stellung des Führungsstabes der Bundeswehr. Dieser musste zum einen Weisungen als militärischer Führungsstab nach unten geben, anderseits auch als Ministerialabteilung nach den Prinzipien der GGO federführend administrieren können.

Der Hamburger Helmut Schmidt hatte sich schon in den 1950er- und 1960er-Jahren als einer der schärfsten Kritiker des Aufbaus und der Spitzenorganisation der Bundeswehr profiliert. Sein persönliches Interesse galt der Spitzengliederung der deutschen Streitkräfte sowohl in ihrer historischen als auch aktuellen politischen Bedeutung. Als vorheriger SPD-Fraktionsvorsitzender im Deutschen Bundestag ließ er sich von den historischen Erfahrungen sowie den Entwicklungen beim Aufbau der Bundeswehr und deren Konsolidierung leiten. Schmidt verfolgte seit Längerem das Ziel, bei einer Ressortübernahme durch einen SPD-Minister, die Bundeswehr zu reformieren. Aufgrund seiner umfangreichen Vorarbeiten und Überlegungen konnte Schmidt bereits nach wenigen Monaten im Ministeramt am 21. März 1970 in seiner Heimatstadt Hamburg an der Führungsakademie der Bundeswehr im Stadtteil Blankenese die »Umgliederung des militärischen Bereichs im BMVtdg« mit Wirkung zum 1. April 1970 erlassen, der seither auch als »Blankeneser Erlass« bekannt ist. Schmidt schrieb einleitend, dass »die bisherige Organisation des Ministeriums sich als nicht klar und eindeutig herausgestellt [hat]. Vor allem die Verantwortung des Generalinspekteurs für die Gesamtaufgaben der Streitkräfte und die Verantwortung der Inspekteure für die Einsatzbereitschaft ihrer Teilstreitkraft treten zu wenig hervor. Die Neuregelung hat davon auszugehen, dass eine umfassende Ordnung der Spitzengliederung der Bundeswehr dem Gesetzgeber vorzubehalten ist und dass das Verhältnis der Bundeswehr zu den Truppen und

Bundesverteidigungsminister Helmut Schmidt spricht auf der Wehrpolitischen Tagung der SPD in Koblenz. Foto vom 6.6.1971. *SZ Photo/dpa*

Bundesverteidigungsminister Georg Leber spricht zu den Teilnehmern der 18. Kommandeurtagung in Bad Kissingen (30./31.10.1973). *SZ Photo*

Blankeneser Erlass (21. März 1970)

Der Erlass des Bundesministers der Verteidigung präzisierte und stärkte die Stellung des Generalinspekteurs und der Inspekteure der Teilstreitkräfte.

»Die bisherige Organisation des Ministeriums hat sich als nicht klar und eindeutig genug herausgestellt. Vor allem die Verantwortung der Generalinspekteure für die Gesamtaufgaben der Streitkräfte und die Verantwortung der Inspekteure für die Einsatzbereitschaft ihrer Teilstreitkraft treten zu wenig hervor.

Die Neuregelung hat davon auszugehen, daß eine umfassende Ordnung der Spitzengliederung der Bundeswehr dem Gesetzgeber vorzubehalten ist und daß das Verhältnis der Bundeswehr zu den Truppen und Stäben der NATO im Sinne unserer Bündnisverpflichtungen unberührt bleiben muß.

In diesem Sinne ordne ich folgende Teilregelung mit Wirkung vom 6. April 1970 an:

1. Truppendienstliche Befugnisse üben aus:

a) die Inspekteure der Teilstreitkräfte gegenüber ihrer nachgeordneten Teilstreitkraft;

b) der Stellvertreter des Generalinspekteurs gegenüber den Zentralen Militärischen Dienststellen der Bundeswehr;

c) der Inspekteur des Sanitäts- und Gesundheitswesens gegenüber dem Sanitätsamt der Bundeswehr mit nachgeordnetem Bereich.

Die entsprechenden Abteilungen und der Organisationsstab sind zu beteiligen [...]

7. Die Personalabteilung weist zum 6.4.1970 – zunächst im Abordnungswege – den Inspekteuren der Teilstreitkräfte und dem Stellvertreter des Generalinspekteurs – diesem zugleich für den Inspekteur des Sanitäts- und Gesundheitswesens – je einen Rechtsberater zu.«

Quelle: Grundkurs deutsche Militärgeschichte, Bd 3, S. 243.

Stäben der NATO im Sinne ihrer Bündnisverpflichtungen unberührt bleiben muss«[11] (siehe Infokasten mit Auszug aus dem Erlass).

Die entscheidende Neuregelung bestand darin, dass nunmehr die Inspekteure der Teilstreitkräfte, der Stellvertreter des Generalinspekteurs und der Inspekteur des Sanitäts- und Gesundheitsdienstes über truppendienstliche Befugnisse verfügten und damit Disziplinargewalt erhielten.

Das Kommando Territoriale Verteidigung (KTV) löste Schmidt zum 31. März 1970 auf und gliederte es in das Heer ein. Das Heer unterteilte sich fortan in das der NATO assignierte Feldheer und dem auch im Kriegsfall unter deutschem Kommando bleibenden Territorialheer. In der Heeresstruktur 4 konnte diese Gliederung eingenommen werden. Mit der Zusammenlegung entfiel auch der Sitz des Kommandeurs der Territorialen Verteidigung im Militärischen Führungsrat (MFR). Der Stellvertreter des Generalinspekteurs nahm zwar

11 ZMSBw, Archiv FB IV, Spitzengliederung, Der Bundesminister der Verteidigung vom 21.3.1970 betreffend »Umgliederung des militärischen Bereichs im BMVtdg«, 5 Seiten nebst 47 Seiten Anlagen, hier: S. 1.

an den Sitzungen des MFR teil, galt aber nicht als Mitglied im Sinne des Erlasses und auch nicht als eigene Instanz innerhalb des Ministeriums.

Der Ministererlass entband den Generalinspekteur der Bundeswehr (GI) zudem von seiner Aufgabe als Abteilungsleiter des Führungsstabes der Streitkräfte (Fü S). Mit der Disziplinargewalt erhielten die Inspekteure über ihre Teilstreitkräfte und der Stellvertreter des Generalinspekteurs über die Zentralen Militärischen Dienststellen (ZMD) die Befugnis, dass sie den nachgeordneten Soldaten ihrer jeweiligen Teilstreitkraft oder Organisationsbereiche unterhalb des Ministeriums unmittelbar Befehle erteilen konnten. Sie verfügten damit über die Kommandogewalt in ihren Verantwortungsbereichen. Bis dahin galten sie, wie der Generalinspekteur bisher und auch weiterhin, als ministerielle militärische Abteilungsleiter im Auftrag des Inhabers der Befehls- und Kommandogewalt.

Der Generalinspekteur verblieb auf der Stufe einer ministeriellen Instanz und verantwortete maßgeblich die »Entwicklung und Realisierung der Gesamtkonzeption der militärischen Verteidigung«[12]. Sein Inspektionsrecht erfüllte er weiterhin im Auftrag des Ministers gegenüber den Streitkräften, das ministerielle Weisungsrecht als Hauptabteilungsleiter beließ ihn als militärischen Vorgesetzten gegenüber den Inspekteuren auf der Grundlagenzuständigkeit über die Gesamtstreitkräfte. Die Inspekteure verfügten zu ihren nunmehrigen truppendienstlichen Befugnissen auch über die Stellung als ministerielle Abteilungsleiter. Ihre Führungsstäbe arbeiteten zugleich als ministerielle Abteilungen und militärische Kommandobehörden. Schließlich gewährte Bundesverteidigungsminister Schmidt den Inspekteuren das unmittelbare Vortragsrecht beim Minister für ihre Verantwortungsbereiche.

Mit dem Weißbuch vom 20. Mai 1970 sollte die Zersplitterung der Zuständigkeiten im gesamten Ministerium beseitigt werden. Moderne Managementmethoden setzten organisatorische sowie verfahrenstechnische Änderungen um. Die behördliche Verantwortungspyramide wich dem »System konzentrischer Kreise«. Damit sollten sowohl der militärische als auch der zivile Bereich geordnet werden. Es entstand ein unübersichtliches Organisationssystem. Neben der Umorganisation des gesamten Ministeriums und der militärischen Spitzengliederung richtete Schmidt zudem ein kollegiales Leitungsgremium ein.

Nach der Ernennung Schmidts zum Bundeskanzler und der Übergabe des Amtes des Verteidigungsministers an Georg Leber (SPD) wurde die konzentrische Gliederung noch bis zum April 1973 beibehalten. Dann übernahm Leber wieder die behördliche Verantwortungspyramide. Dies änderten auch seine Nachfolger nicht mehr. Sowohl Minister Hans Apel (SPD) als auch die CDU-Minister der Regierung des Bundeskanzlers Helmut Kohl wie Manfred Wörner, Rupert Scholz und Gerhard Stoltenberg hielten weiter daran fest. Die Rüstungsabteilung wertete Wörner ab 1982 wieder zu einer Hauptabteilung vergleichbar dem Generalinspekteur der Bundeswehr auf. Die Komplexität der Rüstungsbeschaffung sowie die ständige Gefahr der Korruption und der Interessenkollision zwischen Beschaffung und Industrie erforderten neue Zuständigkeiten und leichte organisatorische Anpassungen.

12 Ebd.

3.3. Dresdner Erlass

Die internationalen und deutschen Entwicklungen ab 1990 und besonders die damit im Zusammenhang stehenden Auslandseinsätze setzten bei der Bundeswehr einen Wandlungsprozess in Gang. Nach 1989 entwickelte sich die Bundeswehr zu einer noch weiter in internationale Organisationen und Bündnisse integrierten Armee, als dies ohnehin schon der Fall gewesen war. Die Zahl der Soldaten mit Verwendungen in den Stäben der NATO hatte sich bis 1990 auf Dienstposten in den bisherigen NATO-Kommandostäben beschränkt, mit den neuen Auslandseinsätzen erhöhte sich deren Zahl durch die temporären Kommandostäbe in den Einsatzgebieten beträchtlich. Inzwischen sind Dienstzeiten im Ausland und in internationalen Stäben ein zusätzliches Qualifikationsmerkmal für die Soldaten geworden. Dieser Prozess setzte bereits im Jahr 1955 ein und erfuhr in den nunmehr 60 Jahren eine grundlegende Veränderung. Während in der Aufbauphase der Bundeswehr bis 1970 die vorgeblich fähigen Offiziere eher in den nationalen Stäben Verwendung fanden, so war dies ab 1970 immer weniger der Fall, schließlich kehrte sich ab 1990 das Verhältnis völlig in das Gegenteil um.

Erstaunlicherweise beeinflussten die sicherheitspolitischen Veränderungen nach 1989 erst einmal nicht die Spitzengliederung der Bundeswehr. Das Grundgesetz musste durch die Aufnahme der ehemaligen DDR in seinen Geltungsbereich kaum geändert werden. Die Nationale Volksarmee (NVA) als Institution wurde aufgelöst und ihre Soldaten wurden zunächst in die Bundeswehr übernommen. Danach konnten schrittweise nur Teile des Personals sowie Materials der NVA in die Bundeswehr integriert werden. Die Bundeswehr existierte uneingeschränkt in der bisherigen Rechts- und Organisationsform weiter. Somit erforderte die Wiedervereinigung keine Änderung der Spitzengliederung. Zwar dachten die Organisationsexperten im Bundesverteidigungsministerium weiterhin über eine Neufassung der militärischen Spitzengliederung nach, jedoch erließ Bundesverteidigungsminister Gerhard Stoltenberg (CDU) lediglich die »Gesamtkonzeption der militärischen Verteidigung vom 8. Januar 1990«. Die Integration der ehemaligen NVA-Angehörigen bei gleichzeitiger personeller und materieller Reduzierung der Bundeswehr, die neuen NATO-Strategien, die vielfältigen Auslandseinsätze sowie die Veränderungen in der Struktur der Truppenverbände galten als wichtiger. Die vom ehemaligen Bundespräsidenten Richard von Weizsäcker (CDU) geleitete Kommission »Gemeinsame Sicherheit und Zukunft der Bundeswehr« legte am 23. Mai 2000 ihren Bericht vor, in dem sie Vorschläge zur Leitung, Führung und Gliederung

Urteil des Bundesverfassungsgerichts vom 12. Juli 1994

Leitsatz

1. Die Ermächtigung des Art 24 Abs 2 GG berechtigt den Bund nicht nur zum Eintritt in ein System gegenseitiger kollektiver Sicherheit und zur Einwilligung in damit verbundene Beschränkungen seiner Hoheitsrechte. Sie bietet vielmehr auch die verfassungsrechtliche Grundlage für die Übernahme der mit der Zugehörigkeit zu einem solchen System typischerweise verbundenen Aufgaben und damit auch für eine Verwendung der Bundeswehr zu Einsätzen, die im Rahmen und nach den Regeln dieses Systems stattfinden.

2. Art 87a GG steht der Anwendung des Art 24 Abs 2 GG als verfassungsrechtliche Grundlage für den Einsatz bewaffneter Streitkräfte im Rahmen eines Systems gegenseitiger kollektiver Sicherheit nicht entgegen.
3. a) Das Grundgesetz verpflichtet die Bundesregierung, für einen Einsatz bewaffneter Streitkräfte die grundsätzlich vorherige konstitutive Zustimmung des Deutschen Bundestages einzuholen.
   b) Es ist Sache des Gesetzgebers, jenseits der im Urteil dargelegten Mindestanforderungen und Grenzen des Parlamentsvorbehalts für den Einsatz bewaffneter Streitkräfte die Form und das Ausmaß der parlamentarischen Mitwirkung näher auszugestalten.
4. Zur Friedenswahrung darf die Bundesrepublik Deutschland gemäß Art 24 Abs 2 GG in eine »Beschränkung« ihrer Hoheitsrechte einwilligen, indem sie sich an Entscheidungen einer internationalen Organisation bindet, ohne dieser damit schon im Sinne des Art 24 Abs 1 GG Hoheitsrechte zu übertragen.
5 a) Ein System gegenseitiger kollektiver Sicherheit im Sinne des Art 24 Abs 2 GG ist dadurch gekennzeichnet, daß es durch ein friedensicherndes Regelwerk und den Aufbau einer eigenen Organisation für jedes Mitglied einen Status völkerrechtlicher Gebundenheit begründet, der wechselseitig zur Wahrung des Friedens verpflichtet und Sicherheit gewährt. Ob das System dabei ausschließlich oder vornehmlich unter den Mitgliedstaaten Frieden garantieren oder bei Angriffen von außen zum kollektiven Beistand verpflichten soll, ist unerheblich.
   b) Auch Bündnisse kollektiver Selbstverteidigung können Systeme gegenseitiger kollektiver Sicherheit im Sinne von Art 24 Abs 2 GG sein, wenn und soweit sie strikt auf die Friedenswahrung verpflichtet sind.
6. Hat der Gesetzgeber der Einordnung in ein System gegenseitiger kollektiver Sicherheit zugestimmt, so ergreift diese Zustimmung auch die Eingliederung von Streitkräften in integrierte Verbände des Systems oder eine Beteiligung von Soldaten an militärischen Aktionen des Systems unter dessen militärischem Kommando, soweit Eingliederung oder Beteiligung in Gründungsvertrag oder Satzung, die der Zustimmung unterlegen haben, bereits angelegt sind. Die darin liegende Einwilligung in die Beschränkung von Hoheitsrechten umfaßt auch die Beteiligung deutscher Soldaten an militärischen Unternehmungen auf der Grundlage des Zusammenwirkens von Sicherheitssystemen in deren jeweiligem Rahmen, wenn sich Deutschland mit gesetzlicher Zustimmung diesen Systemen eingeordnet hat.
7. a) Akte der auswärtigen Gewalt, die vom Tatbestand des Art 59 Abs 2 Satz 1 GG nicht erfaßt werden, sind grundsätzlich dem Kompetenzbereich der Regierung zugeordnet. Art 59 Abs 2 Satz 1 GG kann nicht entnommen werden, daß immer dann, wenn ein Handeln der Bundesregierung im völkerrechtlichen Verkehr die politischen Beziehungen der Bundesrepublik Deutschland regelt oder Gegenstände der Bundesgesetzgebung betrifft, die Form eines der gesetzgeberischen Zustimmung bedürftigen Vertrages gewählt werden muß. Auch insoweit kommt eine analoge oder erweiternde Auslegung dieser Vorschrift nicht in Betracht (im Anschluß an BVerfG, 1984-12-18, 2 BvE 13/83, BVerfGE 68, 1 <84 f.>).

[...]

Quelle: juris GmbH.

Streitkräftebasis, Sanitätsdienst, Einsatzführungskommando

Der Aufbau der Streitkräftebasis (SKB) begann im Oktober 2001 als Resultat der »Reform der Bundeswehr von Grund auf«, wie sie durch den Bericht der Kommission für »Gemeinsame Sicherheit und Zukunft der Bundeswehr« unter der Leitung des ehemaligen Bundespräsidenten Richard von Weizsäcker (CDU) am 23. Mai 2000 angeregt worden war. In der SKB wurde die gesamte Führungsunterstützung, die logistische Versorgung für die drei Teilstreitkräfte und den Zentralen Sanitätsdienst gebündelt und sie wird von einem Inspekteur geführt.

Der Sanitätsdienst der Bundeswehr wurde seit 1957 zwar von einem Inspekteur des Sanitäts- und Gesundheitswesens der Bundeswehr fachlich geführt, jedoch gliederten sich die Sanitätsverbände in die jeweiligen drei Teilstreitkräfte truppendienstlich ein.

Die Auslandseinsätze der Bundeswehr erforderten aber nicht nur eine zentrale Basisversorgung durch die SKB sowie die Konzentration der Kräfte und Mittel des Sanitätsdienstes, sondern auch die Führung der Einsätze konnte ab April 2002 die Teilstreitkräfte übergreifend durch das Einsatzführungskommando in Potsdam geleistet werden.

Derzeit dienen in der SKB 47 000 und im Zentralen Sanitätsdienst knapp 20 000 Soldaten und Soldatinnen.

des Ministeriums sowie zur Einführung eines Einsatz- und Rüstungsrats anmahnte. Die Notwendigkeit einer Veränderung der Spitzengliederung auf der Leitungsebene galt weiterhin als unnötig, lediglich die militärische Spitzengliederung straffte Bundesverteidigungsminister Peter Struck (SPD) schließlich nach mehreren Auslandseinsätzen im Jahr 2005 auf dem Erlassweg.

Der »Berliner Erlass vom 21. Januar 2005« war daher die längst fällige Konsequenz aus der Entscheidung des Bundesverfassungsgerichtes aus dem Jahr 1994, den Verteidigungspolitischen Richtlinien vom Mai 2003 und der Konzeption der Bundeswehr vom August 2004. Aufgrund der internationalen Verpflichtungen und der Auslandseinsätze musste das streitkräftegemeinsame Denken und Handeln gestärkt werden. Diese gemeinsame Aufgabe hatte seit 1955 der Generalinspekteur der Bundeswehr im Auftrag des Verteidigungsministers wahrgenommen. Mit dem »Berliner Erlass« übertrug Struck 2005 weiterhin die Verantwortung für die Gesamtkonzeption der militärischen Verteidigung dem Generalinspekteur, General Wolfgang Schneiderhan. Als neuen Auftrag erhielt der Generalsinspekteur fortan die Übertragung des ausdrücklichen Weisungsrechts für die Auslandseinsätze. Kernpunkte des Dokuments sollten die nachhaltige Stärkung der Stellung des Generalinspekteurs der Bundeswehr sowie die Hervorhebung der Stellung der Inspekteure als Führer ihrer nachgeordneten Bereiche bilden. Neben dem Militärischen Führungsrat (MFR) richtete Struck den bereits von der »Weizsäcker-Kommission« vorgeschlagenen Rüstungs- und Einsatzrat unter dem Vorsitz des Generalinspekteurs der Bundeswehr ein. Die Spitzengliederung blieb weiterhin in die Leitung und den militärischen Bereich unterteilt. Die Leitung bildeten der Minister und die Staatssekretäre. Der militärische Bereich umfasste als herausgehobene zentrale Instanz den Generalinspekteur, die Inspekteure des Heeres, der Luftwaffe, der Marine sowie des Sanitätsdienstes und den im Jahr 2000 neu hinzugekommenen Inspekteur der

Streitkräftebasis (SKB). Mit der Schaffung eines gemeinsamen (»joint«) Organisationsbereiches SKB und mit dem »Berliner Erlass« konnte nur eine leichte Modernisierung der Organisation erreicht werden. Die Inspekteure verfügten auch im Jahr 2005 noch über das unmittelbare Vortragsrecht beim Minister sowie die truppendienstlichen Befugnisse über ihre Teilstreitkräfte. Wie im »Blankeneser Erlass vom 21. März 1970« blieb der Generalinspekteur auch im »Berliner Erlass« hierarchisch unterhalb des Ministers und der Staatssekretäre angesiedelt. Der Generalinspekteur übernahm die Verantwortung in den Beratungsgremien des Einsatz- und Rüstungsrates. Diese neuen Gremien sollten den national ranghöchsten General Wolfgang Schneiderhan bei der Willensbildung und Entscheidungsfindung auf diesen komplexen Gebieten beraten.

Der Nachfolger Strucks, Bundesverteidigungsminister Franz Josef Jung (CDU), bestätigte ausdrücklich den Erlass mit der Führungsweisung vom 30. Mai 2008. Der Generalinspekteur verblieb somit weiter auf der Stufe eines Hauptabteilungsleiters im Ministerium. Die Strukturkommission vom 12. April 2010, die sogenannte Weise-Kommission, empfahl besonders die Straffung und Verkleinerung der Ministeriumsorganisation.

Die von Bundesverteidigungsminister Karl Theodor zu Guttenberg (CSU) angestoßene Reform musste sein Nachfolger Thomas de Maizière (CDU) als »Neuausrichtung« fortführen. Am 21. März 2012 erließ de Maizière im Militärhistorischen Museum der Bundeswehr in Dresden neue »Grundsätze für die Spitzengliederung, Unterstellungsverhältnisse und Führungsorganisation im Bundesministerium der Verteidigung und der Bundeswehr«. Der »Dresdner Erlass« unterschied sich von den bisherigen schon in der Bezeichnung. Während alle anderen Erlasse sich explizit auf die »militärische Spitzengliederung« bezogen hatten, tauchte diese Einschränkung 2012 nicht mehr auf. Die Spitzengliederung betraf damit die gesamte Bundeswehr, das Ministerium und die militärische Führung. Den Militärischen Führungsrat (MFR) nannte de Maizière als Gremium weiterhin, den Einsatz- und Rüstungsrat jedoch nicht mehr.

Die Stellung des Generalinspekteurs, nunmehr General Volker Wieker, erhielt mit Wirkung zum 1. April 2012 eine erhebliche Aufwertung, wenngleich der Erlass ihn nicht, wie bereits mehrfach in der Bundeswehrgeschichte und zuletzt von der »Weise-Kommission« gefordert, auf eine Ebene mit den Staatssekretären stellte. Erstmals in der 57-jährigen Geschichte der Bundeswehr bestimmte der Bundesminister der Verteidigung den Generalinspekteur zum truppendienstlichen Vorgesetzten aller Soldaten, einschließlich der Inspekteure der Teilstreitkräfte und Organisationsbereiche. Den national ranghöchsten deutschen Soldaten rechnete er fortan zum Teil der Leitung des Ministeriums unterhalb der beamteten und Parlamentarischen Staatssekretäre. Die Funktion als erster militärischer Berater der Bundesregierung und höchster militärischer Repräsentant der Bundeswehr blieb weiterhin in unveränderter Weise bestehen. Die Inspekteure verloren dagegen ihre Doppelfunktion als militärische Abteilungsleiter im Ministerium und als Führer ihrer Organisationsbereiche. Trotz dieser wesentlichen Veränderung in der Stellung des Generalinspekteurs hinsichtlich der Kommandogewalt über die Streitkräfte, erhielt er damit freilich keine Befehlsbefugnis innerhalb des Ministeriums. Dem Generalinspekteur der Bundeswehr wurden mit dem »Dresdner Erlass« auch das Einsatzführungskommando und damit alle Soldaten im Auslandseinsatz unterstellt. Das bisherige unmittelbare Vortragsrecht der Inspekteure beim Minister entfiel im »Dresdner Erlass«. Der Generalinspekteur besitzt seit 2012 die Kommandogewalt über alle deutschen Soldaten im In- und Ausland und kann im eigenen Namen Befehle an die Streitkräfte erteilen. Seine Stellung innerhalb der Streitkräfte, nicht in der Bundeswehr, ist mit dem Erlass dem des Inhabers der Befehls- und Kommandogewalt (IBuK) sehr nahegekommen. Allerdings blieben Einschränkungen für diejenigen Soldaten bestehen, die in internationalen Stäben der NATO, EU sowie in den zivilen Bereichen des Ministeriums oder in deren untergeordneten Bereich verwendet wurden.

Der Generalinspekteur erhielt eine substanzielle Stärkung innerhalb der Spitzengliederung, aber die Stellung des Ministers und damit das Primat der Politik blieben weiterhin unangetastet. Der Minister blieb höchster truppendienstlicher sowie Disziplinarvorgesetzter sämtlicher Soldaten der Bundeswehr. Zudem unterstanden ihm als Dienstherrn weiterhin alle Beamten und zivilen Mitarbeiter des Ministeriums und der Wehrverwaltung. Als Vertreter innerhalb des Ministeriums übernahm diese Funktionen in seinen Aufgabenbereichen der jeweils zuständige Staatssekretär. Im Verteidigungsfall übt die Befehls- und Kommandogewalt der Bundeskanzler gemäß Art. 115b des Grundgesetzes aus.

Mit der Amtsübernahme der ersten Bundesministerin der Verteidigung in der deutschen Militärgeschichte, Ursula von der Leyen (CDU), behielt der »Dresdner Erlass« seine Gültigkeit, allein die Weisung »Ergänzende Festlegungen zu den Grundsätzen für die Spitzengliederung, Unterstellungsverhältnisse und Führungsorganisation« vom 21. März 2012 hob sie auf. Mit der »Vorläufigen Festlegung der Zuständigkeiten der Leitung des Bundesministeriums der Verteidigung« vom 20. Dezember 2013 regelte die Ministerin die Zuständigkeiten der Parlamentarischen und der beamteten Staatssekretäre. Im Dezember 2013 ernannte sie den Staatssekretär im Bundesminsiterium für Arbeit und Soziales, Gerd Hoofe, und im August 2014 die bisherige Direktorin bei der Unternehmensberatung McKinsey, Katrin Suder, zu beamteten Staatsekretären im Bundesministerium der Verteidigung.

Alle Erlasse zur (militärischen) Spitzengliederung haben das Verhältnis zwischen dem Generalsinspekteur, dem Minister und den Staatssekretären nicht substanziell verändert. Allein das Verhältnis innerhalb der militärischen Führung hat sich aber grundlegend gewandelt. Eine weitere Aufwertung des ranghöchsten Generals zu einem militärischen Staatssekretär hätte dagegen auch Auswirkungen auf das Primat der Politik gehabt. Denn bei Abwesenheit des Ministers wäre einem aktiven Soldaten die Rolle des faktischen Stellvertreters als Inhaber der Befehls- und Kommandogewalt (IBuK) sowohl für die Streitkräfte als auch im und außerhalb des Ministeriums zugefallen. Eine Aufwertung auf die Ebene der Staatssekretäre hätte wiederum die »Gemeinsame Geschäftsordnung der Bundesministerien (GGO)« gemäß Par. 6 ausgehebelt, weil dort ausschließlich die Staatsekretäre genannt werden. Ein aktiver Soldat konnte auch aufgrund der für Soldaten geltenden Gesetze wie der Soldatenlaufbahnverordnung nicht auf die Ebene eines beamteten Staatssekretärs befördert werden. Dies hatte auch bereits für den Inspekteur des Heeres, Generalleutnant Jörg Schönbohm, gegolten. Erst nach seiner Pensionierung als Soldat im Jahr 1992 war er zum beamteten Staatssekretär bei Bundesverteidigungsminister Volker Rühe (CDU) ernannt worden. Eine Anhebung des ranghöchsten Soldaten auf die politische Leitungsebene und die Stufe eines Staatsekretärs sollte auch weiterhin aufgrund der negativen historischen Erfahrungen in der Weimarer Republik und im nationalsozialistischen Deutschland unterbleiben.

4. Gesellschaftliche Integration und Innere Führung

4.1. Schwedisches Modell

Aufgrund der negativen Erfahrungen über das Verhalten von Vorgesetzten in den vorherigen deutschen Armeen dachten die militärischen Experten im Amt Blank zu Beginn der 1950er-Jahre intensiv nach, neue westdeutsche Streitkräfte im inneren Gefüge so zu organisieren, dass schikanöses Führungsverhalten weitgehend ausgeschlossen werden konnte. In der Wehrmacht hatte beispielsweise in einigen Ausbildungseinheiten die Praxis geherrscht, den einzelnen Rekruten seiner Würde zu berauben. So schilderte ein ehemaliger Wehrmachtsrekrut folgende Erlebnisse:

> »Und da hieß es noch – ganz kleines Beispiel –, sonnabends morgens antreten: ›Wer kann Rad fahren?‹ Dann dachten natürlich alle, jetzt geht's [los], ›Vortreten! So, Sie putzen mal die Latrine mit der Zahnbürste heute morgen‹, nicht wahr; und so weiter. Also das waren *ausgesprochene* Schikanen. Oder sie marschieren raus und kamen mittags wieder, dann sah ihre Stube aus! *Alles* war überm Haufen geworfen, weil irgendeiner sein Bett nicht genau im rechten Winkel gemacht hatte.«[13]

In der Wehrmacht hatte auch ein Beschwerderecht gegolten, in der Realität hatte das freilich anders ausgesehen. Das negative Menschenbild gegenüber den eigenen Soldaten war von demjenigen gegenüber den erklärten Feinden des Nationalsozialismus wie den Sowjetbürgern oder Juden noch weit übertroffen worden. Das Beispiel der Wehrmacht im Dritten Reich hatte im Ergebnis zu drastisch belegt, dass der militärische Befehl über allen sittlichen und moralischen Werten rangiert hatte. Viele Soldaten waren deshalb zu Verbrechern geworden und die Kriegführung hatte sich nicht mehr an den zuvor mühsam etablierten völkerrechtlichen Verträgen (z.B. die Haager Landkriegsordnung von 1907, Genfer Konvention über die Behandlung von Kriegsgefangenen von 1929) orientiert. Der Krieg war zu einem ideologisierten Rassenkampf geworden.

Diese militärische und moralische Negativfolie galt beim Aufbau der Bundeswehr als Maßstab. Solche Verbrechen wie in der Wehrmacht durften nicht mehr geschehen. Daraus ergaben sich Forderungen an den künftigen westdeutschen Soldaten in der Demokratie. Im Amt Blank orientierten sich die Beamten und militärischen Experten an bereits bestehenden Vorbildern. Eine Studienkommission des »Ausschusses für Fragen der europäischen Sicherheit« des Deutschen Bundestages (siehe Infokasten Der Verteidigungsausschuss des Deutschen Bundestages), besuchte 1954 die Institution des Militärbeauftragten in Schweden (siehe Infokasten Der Wehrbeauftragte des Deutschen Bundestages) und beobachtete »die Gestaltung der Inneren Führung in der schwedischen Wehrmacht«.[14] Im Verteidigungsstab (Oberkommando) der schwedischen Armee überwachte eine eigene Abteilung (Personalpflege)

---

13 Schröder, »Man kam sich da vor wie ein Stück Dreck«, S. 183–198, Zitat S. 195.

14 BArch, BW 9/33, Bericht der Studienkommission des Ausschusses für Fragen der europäischen Sicherheit über die Gestaltung der Inneren Führung in der schwedischen Wehrmacht vom 11.2.1954.

die menschlichen und sozialen Belange der Soldaten. Ungewöhnlich für diese Zeit leitete ein ziviler Direktor diese Abteilung, in der überwiegend auch zivile Beschäftigte arbeiteten. Diese Mischung aus zivilen und militärischen Fachkräften reichte bis in die Truppenverbände hinein. Auch in den Regimentsstäben blieb ein haupt- oder nebenberuflicher Assistent für das Personal zuständig. Jedes Regiment richtete zusätzlich einen Personalausschuss, den Personalvertrauensausschuss, und einen Bildungsrat ein. Alle Laufbahnen – Offiziere, Unteroffiziere und Mannschaften – verfügten über eigene gewerkschaftsähnliche Verbindungen. So gehörten beispielsweise ca. 98 Prozent der Offiziere dem Offiziersbund an. Das Militärstrafgesetzbuch und die Militärstraftaten wurden abgeschafft. Problematisch gestaltete sich jedoch die Zusammenarbeit zwischen den militärischen Stellen und der Justiz. Die zivilen Gerichte brauchten, nach Ansicht der Streitkräfte, viel zu lange, um die Verfahren abzuschließen. Gerade im militärischen Dienstbetrieb kam es aber vor allem im Interesse der Aufrechterhaltung der Disziplin darauf an, schnell und unmittelbar Strafen zu verhängen – ein Problem, das sich auch bei der praktischen Anwendung der Wehrstrafgesetze (WStG) gegen Bundeswehrsoldaten durch zivile Gerichte bald ergeben sollte.

Die schwedische Regierung reformierte die Streitkräfte seit 1940 konsequent zu einer Armee in der Demokratie. Jedoch praktizierte sie keine »demokratische Ordnung«. Auch eine 1952 im Amt Blank erstellte Studie bezeichnete »demokratische Streitkräfte« aufgrund des Befehls- und Gehorsamsprinzips als Utopie.[15] Streitkräfte in der Demokratie mussten die freiheitlich-demokratische Grundordnung des politischen Systems auch im inneren Gefüge verwirklichen, aber dennoch in militärischer Hinsicht funktionieren. Eine Armee in der Diktatur konnte somit nicht mehr als Maßstab gelten. Die westdeutschen Streitkräfte sollten ihre Kampfkraft aus der Moral der einzelnen Soldaten und kleinen Teams und nicht mehr aus der »Volksgemeinschaft« gewinnen. Sie brauchten den harten, gut ausgebildeten und selbstständig handelnden Einzelkämpfer.

Bei allen Unterschieden im Politik-, Gesellschafts- und Wirtschaftssystem zwischen Schweden und der Bundesrepublik Deutschland existierten doch einige Parallelen. Beide Demokratien benötigten einen Soldaten, der vor allem als Persönlichkeit überzeugen musste. Aus ihm sollte dann der Einzelkämpfer geformt werden, der sich aus Überzeugung unterordnete und genau wusste, wofür er Soldat geworden war und wofür er kämpfen sollte. Der »Staatsbürger in Uniform« nahm daher diese Härten, Entbehrungen und notwendigen Einschränkungen seiner persönlichen Freiheit auf sich, um die freiheitliche Lebensordnung zu schützen. Solch ein Soldat konnte als Spezialist seinen Auftrag nur erfüllen, wenn er ohne persönliche Schikane in einer hoch technisierten Armee den Krieg im Atomzeitalter führen konnte. Daher sollte der Soldat keine über die Disziplin, Kameradschaft und das Ansehen in der Öffentlichkeit einschränkenden Freiheiten mehr hinnehmen müssen.

Eine rechtstaatliche Militärgerichtsbarkeit mit einer in der Ziviljustiz üblichen Trennung zwischen Strafverfolgungsbehörde und Rechtsprechung bildeten daher eine wesentliche Grundlage. Die Bestrafung im Affekt schloss die Innere Führung durch eine Verhängungsfrist genauso aus wie ein Beschwerderecht eingeführt wurde sowie ein Vertrauensmann gewählt werden konnte. Über Beschwerden oder disziplinargerichtliche Verfahren entschied in der Bundeswehr der Wehrdienstsenat am Bundesdisziplinarhof. Dem Soldaten der Bundeswehr

15 BArch, BW 9/764, Studie »Das ›Innere Gefüge‹ der Streitkräfte« der Abteilung I Pl/W/G1/3 vom 30.6.1952, S. 2.

stand wie den Beamten der Weg zur Überprüfung von Disziplinarmaßnahmen durch die unabhängige Verwaltungsgerichtsbarkeit offen. Kein Richter im Offiziersrang entschied mehr in Militärverfahren.

Die Verrechtlichung des militärischen Systems erhoben der Deutsche Bundestag und die Bundesregierung fortan zur Handlungsmaxime. Dieses Konzept stellte aber an den militärischen Vorgesetzten hohe intellektuelle Anforderungen und erforderte sowohl eine solide schulische als auch militärische Ausbildung. Streitkräfte in der Demokratie brauchten besonders die Berücksichtigung der persönlichen Freiheit, die Mitverantwortung des einzelnen Soldaten und die Fürsorge des Vorgesetzten. Der »Staatsbürger in Uniform« war und ist eine gleichwertige Kombination aus freiem Menschen, gutem Staatsbürger und tapferem Soldaten. Das schwedische Modell wurde für die Bundeswehr zu einer deutschen Variante weiterentwickelt. Als »geistiger Vater« gilt insbesondere der spätere Generalleutnant Wolf Graf von Baudissin, aber auch die Generale Johann Adolf Graf von Kielmansegg und Ulrich de Maizière beteiligten sich bis 1972 maßgeblich an der Umsetzung der Inneren Führung.

4.2. Tradition

Die Tradition beschäftigte die Abgeordneten des Deutschen Bundestages und die militärischen Experten seit der Himmeroder Denkschrift schon während der Konzeptionsphase der neuen westdeutschen Streitkräfte (1950 bis 1955). Generalleutnant a.D. der Wehrmacht Adolf Heusinger stellte als Mitarbeiter des Amtes Blank im Juli 1953 vor dem Sicherheitsausschuss des Bundestages fest, dass der Aufbau einer militärischen Organisation von einem »Nullpunkt« beginne. Ein »Nullpunkt« bedeutete demnach auch die Unterbrechung der Traditionen. Bisherige militärische Traditionen sollten freilich beachtet werden, bedurften aber einer strengen Überprüfung, um nicht wieder zu einer geistigen Exklusivität der Armee zu führen. Die Vorstellungswelt der Soldaten musste nunmehr mit den Wertvorstellungen einer demokratischen Gesellschaft übereinstimmen. Dafür trugen der Staat und damit das Parlament die Verantwortung. Den Soldaten sollte daher eine Deutung angeboten werden. Ein geistiges Credo konnte aber nicht nur durch die Vorgabe von Werten entwickelt werden, es war auch das Ergebnis einer durchdachten und sorgsam geführten Personalpolitik. Die Bewertung des »Nullpunktes« durch Heusinger war zwar mit Blick auf die Organisation richtig, aber nicht für die Bereiche Personal und Tradition, denn ein Aufbau der Bundeswehr ohne personelle Kontinuitäten und militärtraditionelle Bezüge zu den früheren deutschen Armeen war schlichtweg unmöglich.

Die Bundeswehr war einerseits ein »grundlegender Neuanfang«, stand anderseits auch in der Nachfolge vorheriger deutscher Streitkräfte. Sie konnte genauso wenig wie die weniger später in der DDR aufgestellte Nationale Volksarmee (NVA) auf personelle Kontinuitäten verzichten. Jedoch unterschied sich das geistig-wertorientierte Konzept der Bundeswehr ganz fundamental von dem der Wehrmacht. Die Tradition der Bundeswehr fußte auf drei grundlegende Säulen: (1) den preußischen Reformern während der Befreiungskriegen gegen Napoleon, (2) dem militärischen Widerstand gegen Hitler um den 20. Juli 1944 und (3) den schrittweise erbrachten eigenen Leistungen der Bundeswehrsoldaten. Jedoch wurden diese Säulen im Erlass des Bundesverteidigungsministers Kai-Uwe von Hassel (CDU) vom Juli 1965 mit dem Namen »Bundeswehr und Tradition« nicht deutlich genug beschrieben und

Verabschiedung in Höxter zum KFOR-Einsatz, 2012.

Michael Robrecht

Die 1. Kompanie des ABC-Abwehrbataillons 7 in Höxter, 2012.

Michael Robrecht

Waffendrill auf einer Wiese im hinteren Teil der General-Weber-Kaserne in Höxter. Foto von 2014.

Michael Robrecht

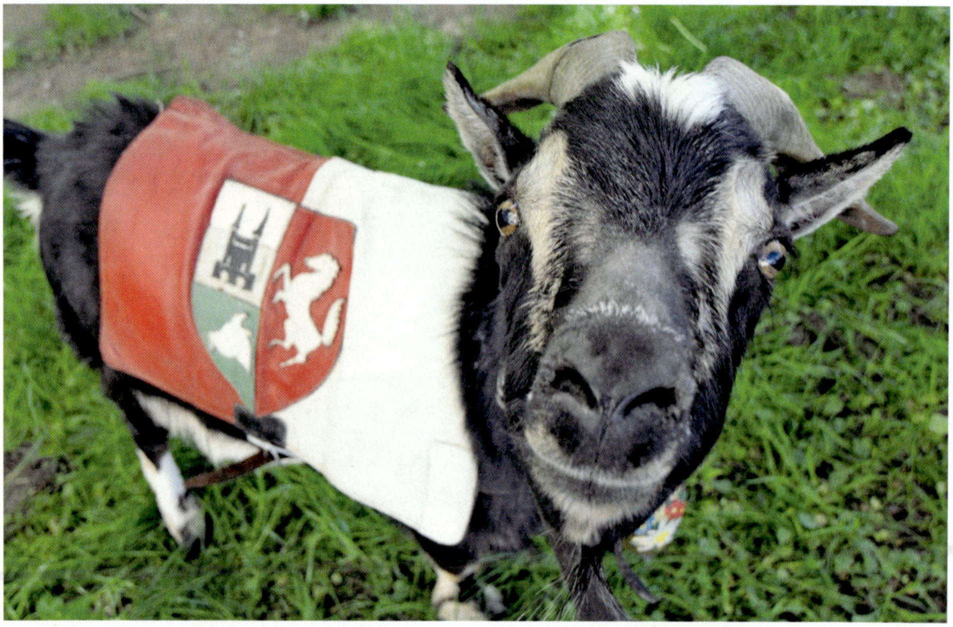

Der Ziegenbock »Erwin«, zuletzt im ABC-Abwehrbataillon 7 in Höxter, war das einzige lebendige Maskottchen einer Einheit der Bundeswehr – deutschlandweit. Er steht jetzt ausgestopft im MHM in Dresden.

Michael Robrecht

unterlagen daher weiten Interpretationen, die dann immer wieder zu Unklarheiten führen sollten.

Genährt wurde eine negative öffentliche Wahrnehmung in der Traditionsfrage vor allem durch Vorfälle wie beispielsweise das rechtsradikale Verhalten mehrerer Leutnante an der Universität der Bundeswehr in München 1977. Gerade der Vorfall mit den studierenden Offizieren erforderte eine tiefere Auseinandersetzung mit der Tradition der Bundeswehr und eine verstärkte Wertevermittlung. Im selben Jahr erhielt auch die »Krupinski-Franke-Affäre« öffentliche Relevanz. In dieser Affäre um ein Traditionstreffen des Aufklärungsgeschwaders 52 »Immelmann« der Bundeswehr mit dem ehemaligen StuKa-Geschwader 2 »Immelmann« der Reichsluftwaffe unter Beisein des ehemaligen Oberst der Wehrmacht Hans-Ulrich Rudel im Oktober 1976 entzündete sich erneut die Traditionsfrage der Bundeswehr. In der Konsequenz daraus wurden der Kommandierende General der Luftflotte, Generalleutnant Walter Krupinski, und sein Stellvertreter, Generalmajor Karl-Heinz Franke, entlassen.

Die Traditionspflege wurde vom Wehrbeauftragten des Deutschen Bundestages in seinen Berichten (beispielsweise 1965, 1966, 1967, 1970) immer wieder kritisch bewertet. Die im Verteidigungsministerium zuständigen Abteilungen dagegen betrachteten den Erlass »Bundeswehr und Tradition« vom Juli 1965 und die dazu erarbeiteten Unterrichtsbeispiele vom Oktober des Jahres als völlig ausreichend. Der Wehrbeauftragte verwies jedoch immer wieder auf die Notwendigkeit, die Tradition der Bundeswehr zu überprüfen, und forderte die Traditionswürdigkeit der Bundeswehr selbst ein. Diese sollte sich schließlich auch als dritte Traditionssäule etablieren.

Aufgrund der ständigen Kritik am bisherigen Traditionsverständnis erließ der Bundesminister der Verteidigung Hans Apel (SPD) am 20. September 1982 als eine seiner letzten Amtshandlungen die »Richtlinien zum Traditionsverständnis und der Traditionspflege in der Bundeswehr«. Diese besitzen bis heute Gültigkeit. Darin wird die Tradition als eine »Überlieferung von Werten und Normen« beschrieben, die einen »Prozess der wertorientierten Auseinandersetzung mit der Vergangenheit« bildet. Historische Bezüge müssen kompatibel mit der Geschichte der Bundeswehr in der Demokratie und Freiheit bleiben. Das Grundgesetz ist der Maßstab bei der Wertorientierung. Ein Unrechtsregime wie das »Dritte Reich« kann keine Tradition der Bundeswehr begründen und setzt damit auch enge Schranken im Umgang mit der Tradition der Wehrmacht. Diese Streitkräfte waren »teils schuldhaft verstrickt, teils wurden sie schuldhaft mißbraucht«.

Wenn auch die Wehrmacht oder ihre Führungsorganisationen wie der Generalstab oder das Oberkommando der Wehrmacht (OKW) nicht wie die SS als verbrecherische Organisationen im Nürnberger Prozess gegen die Hauptkriegsverbrecher 1945/46 eingestuft wurden, so waren sie doch eng in das nationalsozialistische System eingebunden gewesen. Daher konnten sie kein Teil der Tradition der Bundeswehr in der Demokratie sein. Das gilt infolgedessen auch für militärische Leistungen aus der Vergangenheit, die im Kontext eines Unrechtsregimes erbracht worden waren. Bundesverteidigungsminister Volker Rühe (CDU) stellte auf der 35. Kommandeurtagung der Bundeswehr am 17. November 1995 unmissverständlich fest, dass die Wehrmacht als Organisation des »Dritten Reiches« sowohl in ihrer Spitze als auch mit ihren Truppenteilen und mit ihren Soldaten in die Verbrechen des Nationalsozialismus verstrickt gewesen sei und somit als Institution keine Tradition für die Bundeswehr begründen könne. Gerade mit den Namensgebern für Bundeswehrkasernen wie dem Generaloberst der Gebirgstruppe der Wehrmacht Eduard Dietl oder dem Oberst der Luftwaffe der Wehrmacht Werner Mölders als Namensgeber eines Geschwaders der Bundesluftwaffe sollte es deswegen immer wieder Probleme geben. Diese führten schließlich zur Umbenennung der Kaserne oder dazu, den Namen für das Geschwader abzulegen. In den 2000er-Jahren existierten Überlegungen, den sogenannten Bürgersoldaten aus dem Vormärz und der Revolution von 1848/49 als vierte Traditionssäule zu schaffen. Jedoch ist diese Absicht nicht weiter verfolgt worden, sodass sich in der Traditionsbildung bisher kein neuer Weg etablieren sollte.

4.3. Krisenbewährung

Die Bundesrepublik Deutschland und die Bundeswehr konsolidierten sich in den 1950er- und bis zur Mitte der 1960er-Jahre. Die Entnazifizierung, die »Vergangenheitsbewältigung«, die vor allem auch eine Aufarbeitung der NS-Verbrechen durch Gerichtsverfahren bedeutete, die gesellschaftlichen Verdrängungsmechanismen, die deutsche Teilung und die außenpolitisch-militärischen Konfrontationen des Kalten Krieges bildeten den Rahmen für den Aufbau der Bundeswehr bis dahin. Die daraus folgenden Auswirkungen wirkten ab Ende der 1960er- über die 1970er- und 1980er-Jahre bis zur deutschen Wiedervereinigung 1990 und beeinflussten auch den Alltag in den Bundeswehrkasernen.

Der Zweite Weltkrieg prägte noch viele Jahre nach seinem Ende das Leben der meisten Deutschen. Viele hatten Verluste in der Familie und die Zerstörung oder gar den Verlust ihrer Heimat erfahren. Eine Kriegsmüdigkeit war weit verbreitet. Der Koreakrieg ab 1950 schürte einerseits die Angst vor einem gleichen Schicksal, andererseits offenbarte er das Gefühl der totalen Machtlosigkeit. Ein ausgeprägter militärischer Widerstandswille herrschte in der deutschen Bevölkerung nicht mehr vor, denn nicht wenige Deutsche stellten das politische mit dem militärischen Versagen im Zweiten Weltkrieg gleich. Vornehmlich Adolf Hitler und den Soldaten wurde die Verantwortung für die militärische Prägung der Gesellschaft und die Niederlage im Krieg aufgebürdet. Kritiker hinterfragten die Soldatentugenden und bezeichneten sie als verbrecherisch. Die Vorbehalte gegenüber der westdeutschen Wiederbewaffnung verdeutlichte der Slogan »Ohne mich« und die Angst vor der nuklearen Vernichtung hieß »Kampf dem Atomtod«. Gerade die von dem zweiten Verteidigungsminister Franz Josef Strauß (CSU) forcierte Ausrüstung der Bundeswehr mit atomaren Trägerwaffen traf auf eine teils heftige ablehnende Haltung in Teilen der Gesellschaft (siehe Infokasten Nukleare Teilhabe). Als prominente Repräsentanten der »Ohne-mich«-Bewegung etablierten sich der Kirchenpräsident der Evangelischen Kirche in Hessen und Nassau, Martin Niemöller, und der Politiker Gustav Heinemann, der wegen der Wiederbewaffnungspolitik Adenauers vom Amt des Bundesinnenministers 1950 zurücktrat und 1952 die Gesamtdeutsche Volkspartei gründete. Aufgrund der fehlenden organisatorischen Basis und politischen Wirkungsstrukturen blieb die Bewegung nur eine kurzzeitige Erscheinung mit ausschließlich moralischer Bedeutung. Vergleichbar erging es auch der Anti-Atom-Initiative. Eine breite Wirkungsmacht der Bewegungen entfaltete sich erst, als sich die SPD und die Gewerkschaften dem Protest anschlossen. Er verebbte aber rasch nach der programmatischen Änderung in der SPD mit einer nachträglichen Zustimmung zum bereits erfolgten Aufbau der Bundeswehr ab dem Stuttgarter Parteitag von 1958.

Die traditionell eher den Sozialdemokraten als den bürgerlichen Parteien zugeneigten Gewerkschaften standen der Wehrfrage distanziert bis grundsätzlich ablehnend gegenüber. Die großen Amtskirchen wiederum verhielten sich abwartend auf katholischer Seite bis demonstrativ ablehnend auf protestantisch-reformierter Seite. Als der Aufbau der Bundeswehr politisch entschieden war, bekannten sich die beiden Amtskirchen zu ihrer Verantwortung für den »Staatsbürger in Uniform« und zur Bundeswehr. Seither ist die Militärseelsorge zu einem wichtigen Element der Inneren Führung geworden. Diese gesellschaftlichen Rahmenbedingungen wirkten auch auf die Soldaten, die sich wiederum in einem individuellen Entwicklungsprozess zwischen den politisch-gesellschaftlichen Forderungen an den Soldaten und der inneren eigenen Überzeugung befanden. Diese Reibungen werden seit der Ernennung des ersten Wehrbeauftragten des Deutschen Bundestages 1959 in den Jahresberichten immer wieder erkennbar (siehe Infokasten Der Wehrbeauftragte des Deutschen Bundestages).

Das Jahr 1968 stellte sowohl für die parlamentarische Demokratie der Bundesrepublik Deutschland als auch für das innere Gefüge der Bundeswehr einen wichtigen Einschnitt dar. Die Große Koalition aus CDU/CSU und SPD mit einer Marginalisierung der parlamentarischen Opposition führte zur Herausbildung einer Außerparlamentarischen Opposition (APO). Der politische Streit entzündete sich vor allem an der Notstandsgesetzgebung, die den Einsatz der Bundeswehr in speziellen Fällen auch im Inneren erlauben sollte. Diese Grundgesetznovelle resultierte noch aus der Wehrergänzung im Jahr 1955. Sie war damals von den Abgeordneten des Deutschen Bundestages aus Zeitgründen auf einen späteren Zeitpunkt vertagt worden. Das Jahr 1968 sollte aber für die Ergänzung des Grundgesetzes um eine Notstandsverfassung zu einem denkbar schlechten Zeitpunkt werden. In dieser von einer Aufarbeitung der NS-Vergangenheit, einem Streben nach mehr politischer Partizipation sowie einer pazifistischen Haltung aufgrund des Vietnamkrieges geprägten politischen Umbruchphase sah die APO die parlamentarische Diskussion um den möglichen Einsatz

Notstandsgesetzgebung

Bei der Gründung der Bundesrepublik Deutschland und Verabschiedung des Grundgesetzes 1949 wurde zunächst keine rechtliche Regelung über die »äußere Gefahr für den Bestand der Bundesrepublik in der Verfassung« getroffen. Der »Vertrag über die Beziehungen zwischen der Bundesrepublik Deutschland und den Drei Mächten« entließ die Bundesrepublik 1955 formell in die Souveränität. Die Truppen der westlichen Besatzungsmächte blieben als NATO-Verbündete weiter auf dem Staatsgebiet der Bundesrepublik stationiert. Den ehemaligen Besatzungsmächten gewährte die Bundesregierung solange Notstandsrechte, bis die Bundesrepublik einen entsprechenden nationalen Gesetzestext erlassen würde. Eine Synthese bisheriger Entwürfe schaffte es erst 1968, von Bundestag und Bundesrat unter der Bezeichnung »Siebzehntes Gesetz zur Ergänzung des Grundgesetzes« mit verfassungsändernder Zweidrittelmehrheit angenommen zu werden und so den Einsatz der Streitkräfte bei einem inneren Notstand verfassungsrechtlich und gesetzlich zu regeln.

Quelle: Scheuner, Einleitung. In: Lenz, Notstandsverfassung des Grundgesetzes. Kommentar, S. 11.

der Bundeswehr im Inneren als Bedrohung. Die Gefahr eines Einsatzes der Streitkräfte im Inneren war daher für etliche 68er-Aktivisten wahrscheinlich. Die Bundeswehr repräsentierte aus ihrer Sicht die ultimative Gewalt des Staates und wurde so für die Aktivisten ein Hauptgegner in der politischen Auseinandersetzung.

In der Truppe wirkten sich die Diskussionen über Notstandsgesetzgebung, Sicherheitspolitik und Atomwaffeneinsatz unmittelbar im Dienstbetrieb wenig aus, bestimmten aber dennoch den Alltag der Soldaten. Denn der Grundwehrdienst wurde grundsätzlich in Frage gestellt. Die Probleme mit der Kriegsdienstverweigerung gemäß dem Grundgesetz, mit der politischen Betätigung der Soldaten, der Infragestellung der Weitergeltung des Eides für Zeit- und Berufssoldaten und des Feierlichen Gelöbnisses der Grundwehrpflichtigen durch einige Soldaten nach der Verabschiedung der Notstandsgesetze wirkten sich zunehmend in den Kasernen aus. Aber auch die Wahlerfolge der rechtsradikalen Nationaldemokratischen Partei Deutschlands (NPD) in mehreren Landtagen griffen auf die Truppe über. Zusätzlich forderte die Gewerkschaft Öffentliche Dienste, Transport und Verkehr (ÖTV) als Interessenvertretung für die Soldaten die Gleichberechtigung mit dem Deutschen Bundeswehr-Verband ein.

Die Truppe sah sich fortan mit Organisationen vom äußerst rechten bis linken Spektrum konfrontiert; sie sollte pazifistische Einstellungen tolerieren, dabei aber die Einsatz- und Funktionsfähigkeit aufrechterhalten. Dieser Spagat wirkte sich zwangsläufig auf die Innere Führung aus. Zu dem Gegensatz von Traditionalisten und Reformern traten nun die APO oder eine rechte Radikalisierung durch die NPD dazu. Die APO, der Vietnamkrieg, aber besonders der eng damit zusammenhängende gesamtgesellschaftliche Wertewandel ließen auch die Zahl der Kriegsdienstverweigerer seit 1967 immer mehr ansteigen. Die militärische Führung der Bundeswehr beobachtete mit zunehmender Sorge, dass immer mehr Grundwehrpflichtige, aber auch Zeitsoldaten den Dienst verweigerten oder seine Rechtmäßigkeit in Frage stellten. Für die Vorgesetzten brachte diese Entwicklung Schwierigkeiten in der Anwendung der Disziplinargewalt mit sich. Zwar entschied der Bundesgerichtshof in seinem Urteil vom 21. Mai 1968, dass ein Soldat bis zur unanfechtbaren Anerkennung als Kriegsdienstverweigerer den Dienst mit der Waffe zu leisten habe. Doch gegen dieses Urteil wandten sich einige Soldaten mit einer Verfassungsbeschwerde an das Bundesverfassungsgericht. Auch gegen den Beschluss des Wehrdienstsenates des Bundesverwaltungsgerichtes vom 3. Dezember 1968, wonach ein Soldat wegen seiner Weigerung, Dienst mit der Waffe zu leisten, mehrfach disziplinar bestraft werden könne, legten die betroffenen Soldaten weitere Rechtsmittel ein. Solche Unsicherheiten im Disziplinarrecht, zusammen mit der verstärkten öffentlichen Agitation gegen die Streitkräfte bedeuteten aus der Sicht der militärischen Führung eine Gefährdung der Einsatzbereitschaft der Truppe. Die Offiziere und Unteroffiziere in der Truppe sahen sich mit den wehrunwilligen Soldaten direkt konfrontiert. Einige Verweigerungsorganisationen stilisierten nicht anerkannte Verweigerer nach der Einberufung zum Grundwehrdienst publizistisch zu Märtyrern. Die militärische Führung reagierte auf solche Agitationen, vor allem aus dem Verband der Kriegsdienstverweigerer, mit zahlreichen Erlassen an die Truppe. Diese schreckten jedoch weder die renitenten Soldaten noch die Agitatoren von außen ab.

Mit den Wehrpflichtigen gelangten zunehmend politisch extreme Anschauungen sowohl des rechten als auch des linken Spektrums in die Bundeswehr. Sanktionen dagegen erwiesen sich als ungeeignet, weil sich etliche Soldaten, trotz des Verbots an parteipolitischen Veranstaltungen in Uniform teilzunehmen, nicht davon abhalten ließen. Die Verweigerungsorganisationen förderten diesen Ungehorsam sogar, um ihn dann für die eigenen

Interessenvertretung von Soldaten

Das im Grundgesetz verbürgte Koalitionsrecht erlaubt auch den Soldaten, sich zur Wahrung ihrer Interessen Parteien, Berufsverbänden und Gewerkschaften anzuschließen. Neben den gewählten Vertrauensleuten für die einzelnen Dienstgradgruppen, die von Anfang an Einfluss auf das soziale Leben im Truppenalltag nahmen, gründeten Offiziere, Unteroffiziere und Mannschaften dazu bereits im Sommer 1956 mit dem Deutschen Bundeswehr-Verband e.V. eine eigene Berufsorganisation.

Der Deutsche Bundeswehr-Verband stellte den Versuch dar, Einfluss auf die Vorbereitung von Gesetzen und Bestimmungen über Laufbahnen, Besoldung und Versorgung zu nehmen. Außerdem sollten keine Mitglieder durch Rechtsberatung und Rechtsschutz unterstützt werden. Als Selbsthilfeeinrichtung zur Unterstützung von Soldaten, Beamten und Arbeitnehmer bei sozialen Schwierigkeiten gründete der Verband 1960 zusätzlich das Bundeswehr-Sozialwerk. Derzeitiger Bundesvorsitzender des Deutschen Bundeswehr-Verbandes ist Oberstleutnant André Wüstner.

Seit 1957 vertritt auch die Gewerkschaft Öffentliche Dienste, Transport und Verkehr (ÖTV) die Belange von Bundeswehrangehörigen. Gegen Widerstände aus Teilen der militärischen Führung öffnete Bundesverteidigungsminister Kai-Uwe von Hassel mit dem sogenannten Gewerkschaftserlass von 1966 auch für die Gewerkschaften den Zugang zu den Kasernen. Ein Streikrecht für Soldaten blieb aber weiterhin ausgeschlossen. Die Entscheidung von Hassels löste eine Führungskrise aus, in deren Verlauf der Generalinspekteur und zwei weitere Generale ihren Abschied nahmen. Eine Neuregelung von 1971 stellte den Bundeswehr-Verband und die ÖTV endgültig gleich und gestattete ihnen, auf militärischem Gelände Versammlungen abzuhalten.

Zwecke zu instrumentalisieren. Im Jahr 1971 beteiligten sich beispielsweise im Zeitraum bis September allein 87 Soldaten in Uniform an 16 Veranstaltungen der Deutschen Kommunistischen Partei (DKP) oder ihrer Unterorganisationen. Sie ließen sich weder von der Gesetzeslage, den Hinweisen oder Belehrungen, noch durch Disziplinarmaßnahmen beeindrucken. Angesichts dieser Entwicklung und der Wirkungslosigkeit der bisherigen Präventions- und Sanktionsmaßnahmen fühlten sich die politische Leitung und die militärische Führung ohnmächtig. Die Soldaten nahmen die Sanktionen bewusst und ohne Rücksicht auf Konsequenzen in Kauf. Jeder Skandal um die Bundeswehr und jeder weitere Mängelbericht des Wehrbeauftragten arbeitete den Gegnern zu. Diese Krisen entwickelten sich zum eigentlichen Prüfstein für die Innere Führung. Gerade mit dieser Herausforderung konnte die Organisations- und Führungsphilosophie ihre Funktionsfähigkeit in Krisensituationen und ihre Alltagstauglichkeit unter Beweis stellen. Die Ereignisse in Nagold sowie die »Heye-Affäre« in den 1960er-Jahren galten als Krisen *in* der Inneren Führung, dagegen war in den 1970er- und 1980er-Jahren eine Krise *der* Inneren Führung zu erkennen.

Selbst der Regierungswechsel 1969 und die eingeleiteten Reformmaßnahmen durch die Bundeswehrführung am Anfang der 1970er-Jahre änderten nichts an der Situation. Zu diesen aus Teilen der Gesellschaft gegen die Bundeswehr gerichteten Aktionen kamen noch innere Probleme hinzu. Seit Inkrafttreten der Notstandsverfassung wurde immer wieder

QUICK Nr. 27 vom 5. Juli 1964.

DER SPIEGEL 25/1971.

von etlichen Soldaten die Weitergeltung von Eid und Feierlichem Gelöbnis bestritten. Das Thema »Wehrgerechtigkeit« stand nicht erst mit der Notstandsgesetzgebung und der damit verbundenen Diskussion um die Eidesbindung der Soldaten auf der Tagesordnung. Aufgrund der Einberufungspraxis und des Anstiegs der Zahl von Wehrdienstverweigerern von knapp 5500 im Jahr 1960 auf dann über 27 000 im Jahr 1971 gehörte die »Wehrgerechtigkeit« schon seit Anfang der 1960er-Jahre zu den Kernproblemen der Bundeswehr. Dieses Thema sollte auch für die 1970er- und 1980er-Jahre aktuell und brisant bleiben. Die auch aufgrund der Einberufungspraxis immer mehr zunehmende Bürokratisierung im militärischen Dienstbetrieb stand immer mehr im Gegensatz zu den persönlichen Lebensbezügen der Soldaten. Dies äußerte sich vor allem im Fürsorgeverhalten der Bundeswehrführung. Diese solle, so die Forderung der Soldaten, wieder mehr Verständnis für die Probleme in der Truppe entwickeln und ihren Schwerpunkt nicht wie bisher auf die Einhaltung formaler Abläufe legen.

Auch streitkräfteinterne Diskussionen beunruhigten die militärische Führung. Der Inspekteur des Heeres, Generalleutnant Albert Schnez, ließ 1969 eine Studie (siehe Infokasten Die Schnez-Studie) verfassen, in der die militärischen Notwendigkeiten für eine erfolgversprechende Landesverteidigung untersucht werden sollten. In dieser Studie wurden mehrere Änderungen des Grundgesetzes und der Ausführungsgesetze wie beispielsweise des »Gesetzes über den Wehrbeauftragten« gefordert, um so Einflussnahmen von außen zu beschränken. Damit sollte das Vertrauensklima innerhalb der Armee gestärkt werden. Die Reaktionen auf diese Studie in der Öffentlichkeit reichten von totaler Ablehnung bis zu trotziger Zustimmung. Noch im Dezember 1969 formulierten acht Leutnante an der Heeresoffizierschule II in Hamburg neun provokante Thesen, die unter dem Schlagwort »Leutnant 70« öffentliche Bekanntheit erhielten (siehe Infokasten Leutnant 70). Darin lehnten sie »offiziermäßige Rollenerwartung« ab, formulierten die Pflicht zur Infragestellung eines Vorgesetzten und eine Aufkündigung von personaler Loyalität. Dem folgte ein Jahr später die Gegenreaktion der »Hauptleute von Unna«, die während einer Arbeitstagung in einer Heeresdivision zu kritischen Ergebnissen über die Zustände in der Truppe gelangten.

Die Schnez-Studie, die neun Thesen der Leutnante, die wiederholte Kritik am Wehrbeauftragten und an der Inneren Führung durch die Traditionalisten sowie die Forderungen der Hauptleute offenbarten eine Kluft zwischen der Wahrnehmung der politischen und militärischen Führung einerseits und der Realität im Truppenalltag andererseits. Besonders offensichtlich sollte diese Diskrepanz bei den Hauptleuten hervortreten. Befehlsgemäß hielten die Kompaniechefs der 7. Panzergrenadierdivision im Dezember 1970 eine Arbeitstagung in Unna ab, deren Arbeitsgruppenergebnisse in Form einer Denkschrift erschienen (siehe Infokasten Thesenpapier der Hauptleute von Unna). Ihr Divisionskommandeur hatte sie vorher zu dieser Niederschrift ermutigt und sie anschließend innerhalb sowie außerhalb der Bundeswehr verteilen lassen. Die darin geschilderten Probleme wie die daraus abgeleiteten Forderungen ließen ein tiefes Misstrauen gegenüber der politischen und militärischen Führung erkennen. Die Einheitsführer fühlten sich überfordert und von ihren Vorgesetzten im Stich gelassen. Sie unterstellten den Zwischenvorgesetzten politischen Opportunismus, weil sie die katastrophale Lage in der Truppe nicht erkennen und vor allem aus Eigennutz nicht weiter nach oben melden wollten. Die Kritik wandte sich vornehmlich gegen die schlechte Personal- und Nachwuchslage, die fehlenden Ausbildungs- und Erziehungsrichtlinien, den Verfall der Disziplin bei gleichzeitigem Übermaß an Verwaltungs- und Dienstvorschriften, aber

Die Schnez-Studie. Gedanken des Inspekteurs des Heeres zur Verbesserung der Inneren Ordnung des Heeres vom Dezember 1969

Der Auftrag und seine Erfordernisse

I. Auftrag

1. Der Auftrag der Bundeswehr ist Ausgangspunkt aller Überlegungen, die Umfang, Struktur, innere Ordnung, Kampfkraft sowie die Einordnung in das Staatswesen betreffen.
2. Auf Grund dieses Auftrages muß der Soldat von dem verantwortlichen Politiker die Voraussetzungen zur Erfüllung seiner Aufgaben fordern.
3. Die militärische Führung darf nicht von sich aus auf notwendige Forderungen verzichten, deren Durchführbarkeit ihr aus politischen Gründen oder zum gegebenen Zeitpunkt zweifelhaft erscheint.
4. Die Grundpflicht des Soldaten, »der Bundesrepublik Deutschland treu zu dienen und das Recht und die Freiheit des deutschen Volkes tapfer zu verteidigen«, ist Kernstück des Auftrags und bildet zugleich die wesentliche Grundlage für den inneren Aufbau der Bundeswehr innerhalb der Nation, wie auch als Partner im Bündnissystem der NATO.
5. »Der Krieg bedroht Leben und Bestand der Völker. Aufgabe der politischen Führung ist es daher, ihn mit allen geistigen, politischen und militärischen Mitteln zu verhindern.« »Streitkräfte sind ein Machtmittel des Staates zu seiner Selbstbehauptung. Hierfür müssen sie stets schlagbereit und so stark sein, daß der Feind den bewaffneten Angriff nicht wagt. Greift der Feind dennoch an, so ist es Aufgabe der Streitkräfte, den Kampf erfolgreich zu führen.«
6. Diese Aufgabe muß jedem Soldaten vor Augen stehen. Er ist nicht nur zum Abschrecken da, sondern zum Kämpfen, falls die Abschreckung versagt. Nur durch den Kampfwert, den er erreicht, trägt er zur Abschreckung bei. Soldat sein ist somit eine Aufgabe sui generis und nicht ein »Beruf wie jeder andere«.
7. Eine Armee ist erst dann in ihrem Abschreckungswert glaubwürdig, wenn sie bereits im Frieden einen hohen Grad an Einsatzwillen besitzt, zur Disziplin erzogen und zur Ausdauer und Härte ausgebildet worden ist. Der Auftrag, der von der politischen Führung erteilt wird, sowie der potentielle Gegner, an dem sich – nach Scharnhorst – »die Armee zu orientieren hat«, setzen hierfür die Maßstäbe.
8. Die Forderung nach dem psychisch und physisch harten Kämpfer ist unerläßlich, da vom Soldaten die Bundeswehr gefordert werden muß, notfalls einen Verteidigungskampf tapfer und erfolgreich zu bestehen.
9. Wichtig für die Abschreckung ist darüber hinaus die Kampfkraft des Heeres, die nur bei voller Auffüllung der präsenten Verbände und Einheiten erreicht werden kann. Dies setzt einen Umfang voraus, der flexibel genug ist, um allen Friedensaufgaben und Anforderungen gerecht zu werden.
10. Die allgemeine Wehrpflicht trägt zur Integration der Bundeswehr in Staat und Gesellschaft entscheidend bei. Diese Integration hat aber zur Voraussetzung, daß sich der Bürger als der geborene Verteidiger seines Landes fühlt und bekennt.

II. Voraussetzungen

12. Um den Auftrag der Bundeswehr erfüllen zu können, müssen von allen politischen Führungsgremien folgende allgemeingültige Voraussetzungen anerkannt und erfüllt sein:
- das Bekenntnis der Mehrheit des Volkes, des Bundespräsidenten, des Parlaments und der Regierung zur Verteidigung dieses Staates gegen jede Art von Angriff;
- die Einsicht der Bürger, daß vor dem Anspruch auf Rechte die Erfüllung von Pflichten zu stehen hat und daß das Recht der Gesamtheit Vorrang vor dem Recht des einzelnen besitzt;
- die Erziehung der Jugend zum Staatsbürger durch die Familie sowie durch Schulen, Universitäten und sonstige Bildungsstätten; – die Entschlossenheit der Bürger, der Sicherung der Freiheit und der Erhaltung des Friedens den gebührenden Rang einzuräumen, und die Bereitschaft, hierfür im Rahmen der Landesverteidigung – jeder an seinem Platz – Opfer zu bringen;
- die Bereitschaft, den Dienst des Soldaten als notwendige Aufgabe für das Gemeinwesen anzuerkennen;
- das Vertrauen in die Bundeswehr.

13. Das Ziel, eine hohe Kampfkraft zu erreichen, setzt für die Streitkräfte voraus, daß
- Auftrag und Mittel in einem angemessenen Verhältnis zueinander stehen;
- ein gesundes Personalgefüge in Verbindung mit weitreichender Personalplanung existiert;
- das Führerkorps physisch, geistig und fachlich der Aufgabe gewachsen ist;
- Verantwortung und Zuständigkeit in jeder Ebene der militärischen Hierarchie in ein und derselben Hand liegen;
- Ausbildung und Erziehung, Organisation und Ausrüstung auf ein in allen Ebenen verständliches Kriegsbild ausgerichtet sind;
- Selbstvertrauen, Vertrauen zwischen Vorgesetzten und Untergebenen und die Überzeugung von der Erfüllbarkeit des Auftrages die Grundlage des Gehorsams bilden;
- Wahrhaftigkeit und Gelassenheit, Selbständigkeit und Verantwortungsfreude die Führer wie die Führergehilfen aller Ebenen auszeichnen;
- das Verhalten und Handeln auch der jüngsten Soldaten eindeutig und einfach geregelt und vorrangig nach den soldatischen Maximen ausgerichtet sind;
- das vom Kampfgeschehen her gebotene Maß an innerer und äußerer Disziplin eindeutig gefordert und durchgesetzt wird;
- die in jeder Lage eines möglichen Krieges abverlangte Härte durch Ausbildung und Gewöhnung anerzogen wird;
- Soldat und Truppe in der Öffentlichkeit selbstverständlich sind und anerkannt werden;
- Führungswille und Gehorsam, Vorbild und Kameradschaft, Gerechtigkeit und Fürsorge die innere Ordnung bestimmen.

[...]

Quellen: Grundzüge der deutschen Militärgeschichte, Bd 2, S. 405 f.; BArch, BH 1/1686, Studie FüH betreffend »Gedanken zur Verbesserung der inneren Ordnung des Heeres« vom Juni 1969.

Leutnant 70. Die 9 Thesen

These 1
Ich will ein Offizier der Bundeswehr sein, der eine Sache nicht um ihrer selbst willen tut.
These 2
Ich will ein Offizier der Bundeswehr sein, der es ablehnt, ein Verhalten zu praktizieren, das »offizierlike« sein soll. Vielmehr will ich eine spezifisch offiziersmäßige Rollenerwartung nicht erfüllen.
These 3
Ich will ein Offizier der Bundeswehr sein, der eine Tradition ablehnt, die lediglich aus epigonaler Reproduktion besteht und auf Neuschöpfung verzichtet.
These 4
Ich will ein Offizier der Bundeswehr sein, der das Verhalten (= dienstliche Anordnungen) eines Vorgesetzten in Frage stellen darf und sein eigenes Verhalten von Untergebenen bzw. von jedermann in Frage stellen lässt; ich möchte ein Offizier sein, der nichts selbstverständlich findet.
These 5
Ich will ein Offizier der Bundeswehr sein, der weder Personen noch Dienststellen, sondern nur dem verfassungsmäßigen Auftrag Loyalität entgegenbringt.
These 6
Ich will ein Offizier der Bundeswehr sein, der jeden Verstoß gegen ein Wehrkonzept im Rahmen der Gesamtverfassung bestraft sehen will.
These 7
Ich will ein Offizier der Bundeswehr sein, der nicht nur den Frieden erhalten, sondern auch gestalten will
These 8
Ich will ein Offizier der Bundeswehr sein, der eine scharfe Trennung zwischen Dienst und Freizeit beansprucht, weil ich meinen Beruf als verantwortungsvollen und strapaziösen Job sehe.
These 9
Ich will ein Offizier der Bundeswehr sein, der die erforderliche Disziplinierung in einem Heranführen an die Mündigkeit und der aus ihr entspringenden Selbstdisziplin sieht.

Quelle: Grundzüge der deutschen Militärgeschichte, Bd 2, S. 407.

auch gegen eine zu weitgehende Politisierung der Streitkräfte. Bundesverteidigungsminister Helmut Schmidt erkannte dagegen vor allem die Vertrauenslücke zwischen den verschiedenen Hierarchieebenen und die ständigen Indiskretionen als Probleme. Die personellen und strukturellen Unzulänglichkeiten waren aber bereits seit Längerem bekannt. Nach Ansicht Schmidts könnten diese auch intern mittelfristig behoben werden, jedoch gehe der eingeschlagene Weg der Konfliktkennung und -bewältigung ernsthaft an die Substanz der Bundeswehr.

Wie konnte es aber immer wieder geschehen, dass offenbar Zwischenvorgesetzte einen beschönigten Zustand des Truppenalltags meldeten? Die untergeordnete Führungsebene verschleierte und die übergeordnete Führung ließ es zu oder wollte nur Erfolge hören. Die politische und militärische Führung der Bundeswehr entfernte sich zu weit von der Truppe.

Thesenpapier der Hauptleute von Unna (Dezember 1970)

In Anknüpfung an die Debatte um die Thesen der acht Leutnante, erarbeiteten dreißig Kompaniechefs der 7. Panzergrenadierdivision in Unna einen Mängelkatalog.

»Geleitet von der Überzeugung, daß unter den gegenwärtigen Bedingungen der Auftrag nicht mehr durchgeführt werden kann, fordern die Hauptleute nachdrücklich die Beseitigung der in dieser Niederschrift aufgezählten Mängel. Sie lehnen es ab, auf der einen Seite für die Erziehung und Ausbildung eines voll einsatzbereiten Soldaten verantwortlich zu sein, auf der anderen Seite jedoch in zunehmenden Maße durch Experimente und sachfremde Einflüsse behindert zu werden und die Folgen einer verfehlten Personalpolitik zu tragen [...]

Die Hauptleute fordern die politische und militärische Führung auf, endlich die Voraussetzungen für die Durchführbarkeit ihres Auftrages zu schaffen. Hierzu gehören vor allem:

- eine nüchterne Bewertung des militärischen Potentials des Ostblocks und der sich daraus ergebenden Bedrohung,
- ein klares Bekenntnis aller für den Staat Verantwortlichen zur Notwendigkeit der Verteidigung,
- ein ausgewogenes Verhältnis zwischen Anforderungen und Mitteln,
- vom Sachzweck bestimmte Erziehungs- und Ausbildungsgrundlagen,
- Beseitigung der Rechtsunsicherheit im disziplinaren Betrieb,
- eine auf die Erfordernisse der militärischen Einsatzbereitschaft und Schlagkraft abgestimmte Wehrgesetzgebung.«

Quelle: Grundkurs deutsche Militärgeschichte, Bd 3, S. 217.

Sie erkannte inzwischen zwar die funktionalen und strukturellen Schwierigkeiten, verkannte aber die Auswirkungen auf die Motivation der Soldaten. Die ständige Überforderung von Offizieren und Unteroffizieren führte bei ihnen zur Resignation. Schmidt sah dies ein, denn er reagierte moderat auf diese Provokation der Hauptleute. Er erteilte weder Redeverbote noch ließ er die Hauptleute disziplinarisch zur Verantwortung ziehen.

Die neue Ostpolitik des Bundeskanzlers Willy Brandt (SPD) spaltete sowohl die Gesellschaft als auch die Bundeswehr. Die einen begrüßten sie, die anderen lehnten sie ebenso strikt ab. Den Soldaten sollte im Unterricht ein Überblick über die Deutschlandpolitik der Bundesregierung gegeben werden. Dies empfanden einige Soldaten als politische Beeinflussung zugunsten einer Partei und sahen ihn daher als unrechtmäßig an. Die Gefahr einer zu starken politischen Einflussnahme auf die Soldaten durch eine Richtung, und zwar von oben durch die Regierungsparteien, schwebte immer wie ein Damoklesschwert über der Bundeswehr. Als besonders problematisch erwies sich die politische Bildung als wesentlicher Bestanteil der Inneren Führung. Die Gefahr einer einseitigen Politisierung im täglichen Dienst schien stets damit verbunden zu sein. Jedoch gelang es gerade damit, in der Armee unterschiedliche Meinungen und politische Einstellungen aus der Gesellschaft gegenseitig zu kontrollieren und so ein Ungleichgewicht zu vermeiden.

Die außen- und innenpolitischen Bedingungen des Krieges in Vietnam, die Diskussion über die Abschaffung der Wehrpflicht in den USA, die Ostpolitik, das Problem der »Wehrgerechtigkeit«, das stetige Ansteigen der Anträge auf Kriegsdienstverweigerung (KDV)

Kriegsdienstverweigerer – Ziviler Ersatzdienst in der Heilanstalt Bethel. Foto vom 11.4.1961.

SZ Photo/UPI

Der am 4. November 1964 zurückgetretene Wehrbeauftragte Heye nimmt am folgenden Tag an einer Sitzung des Verteidigungsausschusses teil, um zu Vorwürfen gegen ihn Stellung zu nehmen. V.l.n.r. Bundesverteidigungsminister Kai-Uwe von Hassel, der Vorsitzende des Verteidigungsausschusses Richard Jäger (CDU). Ganz rechts der ehemalige Wehrbeauftragte Hellmuth Heye. Foto vom 5.11.1964. *SZ Photo/ap/dpa/picture alliance*

und die daraus resultierende Lücke zwischen zu hohem »Soll« an Divisionen und zu kleinem »Ist« an Soldaten führten zu einer Überforderung der Truppe und einer angespannten psychologischen Gesamtsituation in der Bundeswehr, so Minister Schmidt zu seinen Kommandeuren im März 1971. Er beendete seine Rede deshalb mit der ernüchternden Prognose: »Ich wiederhole: Die Zeiten werden für die Bundeswehr, insbesondere, wenn die friedliche Stimmung in Europa anhalten sollte, was wir wünschen, im Laufe der nächsten Jahre noch schwieriger werden als sie heute sind; insbesondere dann, wenn die Vereinigten Staaten die Wehrpflicht abschaffen sollten.«[16] Die Vorhersage sollte sich bewahrheiten und die Probleme vergrößerten sich weiter. Die Kluft zwischen einer von militärischen Überlegungen geleiteten sinnvollen Verteidigung und ihrer politischen Begründbarkeit in einer Demokratie wurde immer breiter. Die Forderung der Soldaten nach einer von allen Seiten getragenen gesellschaftlichen und politischen Anerkennung war zwar verständlich, aber unter den in den 1970er- und 1980er-Jahren geltenden außen- und innenpolitischen Rahmenbedingungen nicht realisierbar. Die Bundesrepublik Deutschland befand sich seit 1968 in einer gesellschaftlichen Umbruchphase, die weit mehr von pazifistischen Ideen als von militärischen Erfordernissen dominiert wurde.

Die Initiativen der Bundeswehroffiziere der unteren Führungsebene und die Reaktionen der politischen sowie militärischen Führung machten eines ziemlich deutlich: Die Bundeswehr bedurfte einer Reform, am dringendsten im Bereich von Ausbildung und Erziehung, denn nur so könnte das Nachwuchsproblem gelöst werden. Laut einer Umfrage begründeten hauptsächlich materielle Erwägungen den Personalmangel. Neben dem schlechten Verdienst (42 Prozent der Befragten), der schlechten Atmosphäre (36 Prozent) und dem Vorrang einer zivilen Berufsausbildung vor einer militärischen Karriere (12 Prozent) waren auch negative Stereotypen über die Bundeswehr geläufige Begründungen. Auf diese Problemlage hatte der Wehrbeauftragte bereits in seinen Jahresberichten 1967 und 1968 hingewiesen und deshalb weitgehende Strukturreformen, gerade im Hinblick auf eine wissenschaftliche Ausbildung der Offiziere, angemahnt. In einer vom Bundesverteidigungsminister eingesetzten Bildungskommission erarbeiteten seit 1970 Fachleute ein umfassendes Ausbildungskonzept für die Streitkräfte. Die Kommission aus zivilen und militärischen Fachleuten lieferte Vorschläge für die Neuordnung des Ausbildungssystems in den Streitkräften. Im Juli 1970 legte die Bildungskommission ein umfassendes Gutachten zur Neuordnung der Ausbildung und Bildung in den Streitkräften vor. Schmidt betonte daraufhin im Weißbuch 1971/72 die Notwendigkeit der Neuordnung, um damit einen höheren Kampfwert der Truppe erreichen zu können. Zudem erwartete er günstige Auswirkungen für die Nachwuchssituation der Streitkräfte.

Durch diese Ausbildungsreformen wurden sowohl die Unteroffizier- als auch die Offizierausbildung den gesellschaftlichen Gegebenheiten und den zivilen Neuerungen angepasst. Die Hochschulen der Bundeswehr in Hamburg und München nahmen 1973 ihren Lehrbetrieb auf. Die Forderung nach einer wissenschaftlichen Ausbildung der Offiziere konnte damit erfüllt werden. Bis zum März 1979 studierten dort 7429 Offiziere/Offizieranwärter, von denen sich 4233 noch im Studium befanden. Bereits 1650 hatten ihr Studium erfolgreich und 1546 ohne Erfolg beendet. Dies entsprach einer Erfolgsquote von ungefähr 65 Prozent.

---

16 BArch, BW 2/10790, Rede des Bundesministers der Verteidigung am 29.3.1971 vor den Kommandeuren der Bundeswehr.

Vor allem Zeitsoldaten erhielten damit nach der aktiven Laufbahn eine zivile Perspektive. Durch eine Steigerung der Attraktivität des Soldatenberufes sollte die Nachwuchsgewinnung verbessert werden.

Seit Anfang der 1970er-Jahre griffen neben der Bildungsreform auch die Neuordnung der Truppenausbildung und eine Verkürzung der Wehrpflicht auf 15 Monate tief in die Strukturen der Streitkräfte ein. Damit wurden die Bundeswehr und vor allem das Heer in ein völlig neues Strukturmodell 3 gegliedert. Die Verkürzung der Wehrdienstzeit von 18 auf 15 Monate zum 1. Januar 1973 verlangte nun eine quartalsweise Auffüllung mit Rekruten, weil ansonsten die Präsenzstärke des Heeres erheblich reduziert worden wäre. Und so hätten Verpflichtungen innerhalb der NATO nicht mehr erfüllt werden können. Mit den Reformen konnte die Bundeswehr zum einen auf dem Arbeitsmarkt konkurrenzfähig werden, zum anderen die Binnenstruktur an die Verkürzung der Wehrpflicht angleichen. Allerdings ging dieses neue Strukturmodel auf Kosten der soldatischen Gemeinschaft und bedeutete eine erhebliche dienstliche Mehrbelastung für die Ausbilder und Vorgesetzten. Die Reichweite der Strukturmodelle erwies sich zudem als sehr begrenzt. Die Bundeswehr befand sich 1977 bereits im Strukturmodell 4. Die Notwendigkeit einer erneuten Strukturänderung begründete sich wiederum in der veränderten sicherheitspolitischen Lage und den daraus resultierenden NATO-Vorgaben.

Die Disziplin und innere Ordnung ließen in der Bundeswehr seit 1968 spürbar nach. In einer Umfrage nach der Einsatzfähigkeit, Kampfkraft und dem Abschreckungswert der Streitkräfte sahen immerhin 31 Prozent der Befragten diese als schlecht an. Insgesamt zeigte sich eine klare Tendenz zur schlechteren Beurteilung in den Großstädten. Die Wehrpflichtigen drängten nach Selbstverwirklichung und nutzten ihre Soldatenrechte mehr aus. Durch eine Beschwerde konnte ein Delinquent die Vollstreckung seiner Disziplinarstrafe erst einmal aufschieben, weshalb oftmals die Ahndung einer Tat nicht mehr im zeitlichen Zusammenhang mit ihrer Begehung stand. Auch die Berichterstattung der Medien, die sich oftmals noch auf ungeschickte öffentliche Kommentare von höheren militärischen Vorgesetzten und Politikern abstützen konnte, verschärfte dieses negative öffentliche Bild der Bundeswehr zusätzlich. Die Gründe dafür suchte die Führung aber weniger im eigenen Bereich, sondern vermutete sie außerhalb der Bundeswehr. Denn im Ministerium herrschte die Meinung vor, dass die Bundeswehr nach Beurteilung der NATO ihren Auftrag trotzdem erfüllen konnte.

Die Disziplinprobleme resultierten auch in der immer höher ansteigenden Zahl von Kriegsdienstverweigerern. Im Kern ließ sich dies aber nicht auf eine gesellschaftliche Abwehrhaltung gegen den Wehrdienst zurückführen, vielmehr war sie strukturell bedingt. Die Gerechtigkeitslücke zwischen der Stärke eines Rekrutenjahrgangs und den tatsächlich einberufenen jungen Männern konnte einfach nicht geschlossen werden. Der Soldat verlor gegenüber dem Ungedienten wertvolle Zeit bei der beruflichen Aus- oder Weiterbildung. Besonders negativ wirkte sich dies auf die Truppe aus, wenn der Antrag auf Kriegsdienstverweigerung erst während des Wehrdienstes und von Soldaten mit Vorgesetzteneigenschaft gestellt wurde. Diese erhielten dann regelmäßig bis zur Entscheidung ihres Antrages eine Freistellung vom Dienst an der Waffe. Diese Praxis wirkte sich genauso negativ auf die Motivation aus wie die Tatsache, dass abgelehnte Offizieranwärter in die Laufbahn der Unteroffiziere überführt wurden. Für die Funktionsfähigkeit der Einheiten und Bataillone bedeutete dies eine erhebliche Belastung, denn die untere Führungsebene in der Truppe und weniger die mittleren und

Auf einem Feld bei Lechfeld in der Nähe von Landsberg bewacht ein Soldat das Wrack eines abgestürzten Starfighters. Es ist der 32. durch einen Absturz verlorene Starfighter. Der Pilot Harry Thiedemann kam dabei ums Leben. Foto vom 22.8.1966. *SZ Photo/UPI*

Das Bild zeigt das am 14. Mai 1966 in der Nordsee gesunkene deutsche U-Boot »Hai« nach der Bergung. Foto vom 23.9.1966. *SZ Photo/ap/dpa/picture alliance*

Wrack einer abgestürzten F-104 G Starfighter. Ein achtjähriger Junge, Thomas Fackler, wurde schwer verletzt. Foto vom 1.1.1971.
SZ Photo/Franz Hug/Munichpress

Rekruten des Luftlandejägerbataillons 19 sind beim Überqueren der Iller ertrunken. Soldaten an der Unglücksstelle. Foto vom 3.6.1957 *SZ Photo*

Die Luftwaffe der Bundeswehr verlor am 13. Oktober 1969 bei Memmingen ihren 100. Starfighter, der bei einem Werkstattflug abstürzte. Das Foto zeigt die Trümmer der Maschine. Foto vom 14.10.1969.
ap/dpa/picture alliance

Meinungsumfrage zur Bundeswehr »Haben Sie im großen und ganzen eine gute Meinung oder keine gute Meiung über die Bundeswehr?«

	1964	1969	1971	1980
Gute Meinung	36 %	33 %	34 %	47 %
Keine gute Meinung	22 %	24 %	28 %	16 %
Teils, teils	26 %	31 %	23 %	27 %
Unentschieden	16 %	12 %	10 %	10 %

Quelle: Grundzüge der deutschen Militärgeschichte, Bd 2, S. 422.

höheren Kommandobehörden bzw. die militärische oder politische Führungsspitze mussten damit umgehen können.

Die Armee in der Demokratie tolerierte gesellschaftliche Strömungen, individuelle und kollektive Verhaltens- und Denkweisen sowie Lebensstile. Die Anwendung und Einhaltung von rechtstaatlichen Verfahrensweisen galten als Kennzeichen der Inneren Führung. Die Bindung von Befehl und Gehorsam an die Leitsätze der Inneren Führung machte eine willkürliche Ausübung ziemlich unmöglich. In der Praxis konnten Willkür und Schikane zwar nicht immer ausgeschlossen werden, aber umfangreiche Rechte schützten den Soldaten. Die militärischen Vorgesetzten blieben immer an Recht und Gesetz gebunden. Solche Bezüge entsprachen der freiheitlich-demokratischen und rechtstaatlichen Grundordnung der Bundesrepublik.

Allerdings schuf die damit verbundene Bürokratisierung einen bald unübersichtlichen Wust an Gesetzen, Vorschriften, Erlassen und Dienstvorschriften. Deshalb mussten sich viele militärische Vorgesetzte auch als »Bürokraten« oder »Technokraten« abwerten lassen. Eine Wirkungsanalyse der vielen Anordnungen auf die Truppe wurde in den 1970er- und 1980er-Jahren nicht in Auftrag gegeben. Daher empfanden sich viele Vorgesetzte mit den Problemen alleine gelassen. Die Bundeswehrführung stand im Hinblick auf die militärische Effektivität in einem ständigen Dilemma zwischen militärischem Erfordernis und gesellschaftlicher Machbarkeit. Das Denken in militärischen Kategorien konnte einer demokratischen Öffentlichkeit immer weniger vermittelt werden.

Die Bindung an Recht und Gesetz für alle Handlungen der Soldaten galt insbesondere für die Wehr- und Disziplinarordnung. Die Wehrgesetze orientierten sich am Grundgesetz und entsprachen einer modernen Wehrverfassung. Die strikte Bindung an die Rechtsnormen bildete folglich den Kernbereich der Inneren Führung. Rechtstaatliche Verfahrensweisen und die Anwendung einer zeitgemäßen Menschenführung garantierten einen würdevollen, aber auch ergebnisorientierten Umgang mit dem Soldaten. Das »Führen mit Auftrag« entsprach der Forderung nach einem mitdenkenden Soldaten. Die Innere Führung der Bundeswehr als Organisations- und Führungsphilosophie stellte unter der technischen, sozialen und politischen Realität der Bundesrepublik Deutschland die optimale Führungsform dar. Sie berücksichtigte als auf Befehl und Gehorsam basierende Innenverfassung voll die demokratische Staatsordnung. Der Wehrbeauftragte des Deutschen Bundestages kontrollierte ihre Einhaltung in der Bundeswehr und wurde damit selbst zum Element dieser Organisations- und Führungsphilosophie.

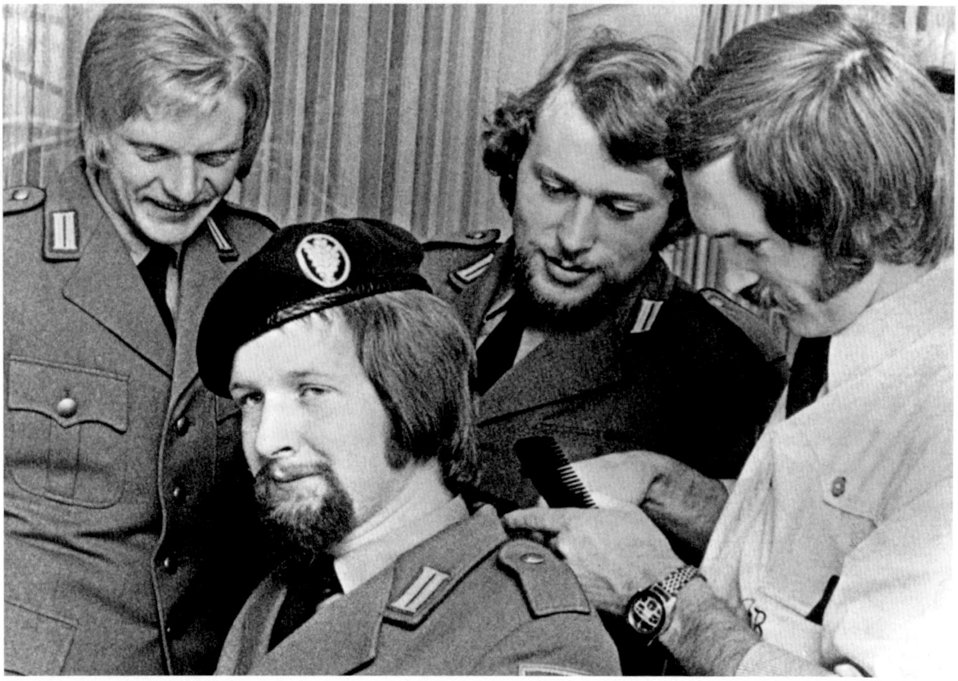

Ein Friseur schneidet einem Soldaten der 7. Panzergrenadierdivision in Unna die Haare. Zwar konnte nach dem sog. Haarnetz-Erlass auch längeres Kopfhaar mit einem Haarnetz gebändigt werde. Hier werden aber die Haare so geschnitten, dass sie den Kragen der Uniform nicht berühren und damit im Einklang mit den strengeren Vorschriften stehen, 1971. *SZ Photo/ap/dpa/picture alliance*

Reservisten der Bundeswehr bei einer Übung der Territorialreserve. Foto vom 1.9.1988. *SZ Photo/Sven Simon*

Die Realisierung der militärischen und bündnispolitischen Forderungen musste mit den gesellschaftlichen und politischen Verhältnissen in Übereinklang gebracht werden. Mit dem Wandel der innenpolitischen (68er-Bewegung, Zivilgesellschaft, Pazifismus) und außenpolitischen (Entspannungspolitik, NATO-Strategie, Antikriegsbewegung, Vietnamkriegstrauma) Rahmenbedingungen gewann auch die Innere Führung an Akzeptanz bei den Soldaten. Die organisatorische und personelle Konsolidierung der Bundeswehr ab dem Jahr 1968 bedeutete zugleich die Durchsetzung der Inneren Führung. Damit verbanden sich für die Bundeswehr weniger ein Prestige- oder Bedeutungsverlust als vielmehr ihre Modernisierung, Demokratisierung, Konsolidierung und schließlich sogar die Erhöhung ihrer Einsatzfähigkeit. Der »Staatsbürger in Uniform« übernahm damit immer mehr das Denken und den Lebensstil aus der zivilen Gesellschaft. Die Bundeswehr bewegte sich zwischen zu starker gesellschaftlicher Anpassung und militärischer Exklusivität. Die für den militärischen Auftrag eher unwichtige Episode mit der Haar- und Barttracht offenbarte die enormen Probleme für die Truppe. Vorschriften galten für alle Soldaten – auch für die mit langen und ungepflegten Haaren und Bärten. Eine laxe und uneinheitliche Auslegung des »Haar- und Barterlasses« wirkte sich dann wieder nachteilig auf die Disziplin aus. Das Erscheinungsbild der langhaarigen Soldaten verstärkte die öffentliche Wahrnehmung der Bundeswehr als kaum einsatzbereite, disziplinlose »Gammelarmee«. Der »Haar- und Barterlass« oder die Praxis, dass auch aktive Offiziere erfolgreich einen Antrag auf Kriegsdienstverweigerung stellen konnten, gefährdeten aber zu keiner Zeit den Bestand oder die Einsatzfähigkeit der Bundeswehr. Solche Erscheinungen konnte die Innere Führung erfolgreich bewältigen. Eine autoritär geführte Armee wie beispielsweise die Wehrmacht im Nationalsozialismus wäre vermutlich an solchen gesellschaftlichen Rahmenbedingungen gescheitert.

4.4. Frauen in der Bundeswehr

Hilfsdienste in den deutschen Streitkräften von Frauen waren in den beiden Weltkriegen zwar angewachsen, aber auf Einsätze in der Kriegswirtschaft, als Flakhelfer, Wehrmachthelferinnen und im Sanitätsdienst beschränkt geblieben. Die Bundeswehr besteht gemäß den Art. 87a und b des Grundgesetzes seit ihrem Aufbau im Jahr 1955 aus den Streitkräften und der Bundeswehrverwaltung. Jedoch blieb der Zugang von Frauen aufgrund der verfassungsrechtlichen und gesetzlichen Grundlagen auf die Wehrverwaltung beschränkt. Somit gehören seither Frauen als Mitarbeiterinnen und Beamtinnen zum festen Bestandteil in diesem Bereich und erreichen nunmehr einen Anteil von nahezu 40 Prozent des Gesamtpersonalbestandes. Für die Streitkräfte verhielt sich dies dagegen vollkommen anders. Staatlich zugelassene Apothekerinnen und Ärztinnen traten als erste weibliche Sanitätsoffiziere zum 1. Oktober 1975 in die Streitkräfte ein, nachdem zuvor das Soldatengesetz geändert worden war. Bundesverteidigungsmister Georg Leber (SPD) versuchte mit dieser Ausnahme, dem eklatanten Personalmangel im Sanitätsdienst entgegenzuwirken. Begründet wurde die Ausnahmeregelung mit dem Humanitären Kriegsvölkerrecht, wonach Sanitätssoldaten mit ausschließlich militärischer Grundausbildung und keiner weiteren militärischen Zusatzqualifikation keinen Kombattantenstatus erhielten und nur im Rahmen der Notwehr den Dienst an der Waffe leisten durften. Die Verwendung von Frauen blieb daher auf den Sanitätsdienst beschränkt. Zwar konnten ab dem Jahr 1989 aufgrund der Entscheidung von Bundesver-

Bundesverteidigungsminister Georg Leber mit uniformierten Ärztinnen, den ersten Frauen in der Bundeswehr. V.l.n.r. Stabsärztin Eva Neuland, Oberstabsärztin Dr. Sigrid Fuchs, Stabsärztin Dr. Doris von Rottker, Stabärztin Dr. Angela von Porthan und Stabsärztin Dr. Eva Seifert. Foto vom 30.9.1975. *dpa/Süddeutsche Zeitung Photo*

teidigungsminister Rupert Scholz (CDU) weibliche Sanitätssoldaten auch während ihrer Dienstzeit studieren oder Frauen in den Militärmusikdienst der Bundeswehr eintreten, jedoch stellte der militärische Dienst auch in den 1990er-Jahren fast ausschließlich eine Berufswelt der Männer dar. Am 1. April 1994 wurde mit Verena von Weymarn die erste Soldatin zur Generalärztin befördert. Während der Einsätze der Bundeswehr in den 1990er-Jahren dienten viele Frauen in den Sanitätseinheiten auf dem Balkan, in Kambodscha oder Somalia sowie bei den Katastropheneinsätzen im In- und Ausland.

Nach einem Urteil des Europäischen Gerichtshofs im Jahr 2000 wurden die Beschränkungen aufgehoben, da die bisherigen gesetzlichen Regelungen gegen den gemeinschaftsrechtlichen Grundsatz der Gleichheit von Männern und Frauen verstießen. Daraufhin wurden die gesetzlichen Grundlagen geändert, sodass Frauen ab 2001 für alle Organisationsbereiche und Teilstreitkräfte zugelassen werden konnten. Seither dienen weibliche Soldaten unter anderem auch in den Kampftruppen des Heeres, auf Fregatten, Korvetten der Marine und als Kampfjetpiloten der Luftwaffe. Bei ihrer Eingliederung in die Truppenverbände mussten jedoch immer wieder erhebliche Probleme der Akzeptanz, Gleichstellung und Unterbringung gelöst werden. Mit dem erhöhten Anteil von Frauen in allen Bereichen der Streitkräfte hat sich auch die Innere Führung gewandelt. Der Einfluss wirkte sich beispielsweise auf den Umgangston, die Familienfreundlichkeit und die sozialen Kompetenzen positiv aus. Zudem bilden Frauen seither einen wichtigen Bestandteil der Nachwuchsrekrutierung. Bis 2014 stieg der Anteil der Frauen am Personalbestand der Soldaten auf immerhin gut 10 Prozent. Den größten Anteil von Frauen stellt mit fast 40 Prozent immer noch der Sanitätsdienst der Bundeswehr.

Eine Anti-Kriegs- und Rüstungsschlange zieht am 1. September 1988 durch Kassel. Die Kundgebung wurde anlässlich des Anti-Kriegstages vom Deutschen Gewerkschaftsbund DGB veranstaltet.

dpa/ Christiane Zschetzschingck

Die Uniformen für die ersten Sanitätsoffizier-Anwärterinnen werden am 2. Juni 1989 in München vorgestellt (v.l.n.r.): Marine, Kampfanzug, Heer mit Rock, Heer mit Hose, Luftwaffe und ganz rechts die einheitliche alte Uniform für alle Gattungen.

dpa/ Frank Leonhardt

Die ersten Sanitätssoldatinnen bei der Grundausbildung in München. Foto vom 11.7.1989. *Bundeswehr*

Truppführerinnen des ABC-Abwehrbataillons 7 vor der General-Weber-Kaserne in Höxter. Foto vom 19.9.2011. *Michael Robrecht*

»Warum nicht?« (2001)

Die Untersuchung zeigte, dass viele Soldaten der Öffnung der Bundeswehr für Frauen skeptisch gegenüberstanden.

»Der Studie zufolge ergibt sich ein Bild, wonach eine deutliche Mehrheit der befragten Soldaten die weitere Öffnung der Bundeswehr für Frauen begrüßt, gleichzeitig aber eine nicht unbedeutende Minderheit in dieser Frage skeptisch bis strikt ablehnend eingestellt ist [...] Die Vorbehalte können auf zwei analytisch zu trennende Deutungsmuster zurückgeführt werden. Es handelt sich zum einen um eine Form von Vorbehalten gegenüber Frauen, die aus einem stark traditionalen Bild von Militär (und Mann) erwächst. Zum anderen ist es eine Form von Vorbehalten gegenüber dem weiblichen Geschlecht, die sehr stark auf die Faktoren Konkurrenz von Frauen im eigenen Berufsfeld und Gleichbehandlung im Umgang mit Soldaten beiderlei Geschlechts zurückgeht [...]

- Im Heer finden sich stärkere Vorbehalte gegen die weitere Öffnung der Bundeswehr für Frauen, die überwiegend auf traditionelle Bilder von Militär und entsprechende traditionale Vorstellungen vom Geschlechterverhältnis zurückgeführt werden können.
- Soldaten auf Zeit, und insbesondere diejenigen mit kürzerer Verpflichtungszeit, äußern ebenfalls stärkere Vorbehalte, was vornehmlich mit der Konkurrenz von Frauen im Berufsfeld Bundeswehr erklärt werden kann.
- Soldaten, die bereits über konkrete Erfahrungen mit Frauen als weibliche Soldaten in ihrem unmittelbaren beruflichen Umfeld verfügen (Sanitätsdienst), hegen stärkere Vorbehalte, die neben den tatsächlichen Eindrücken der Konkurrenz von Frauen in der Bundeswehr auch auf empfundene Ungleichbehandlung zurückgehen können.«

Quelle: Gerhard Kümmel und Heiko Biehl, Warum nicht? – Die ambivalente Sicht männlicher Soldaten auf die weitere Öffnung der Bundeswehr für Frauen. Strausberg 2001 (= SOWI-Bericht, 71), S. 6 f. und 99 f.

5. Zäsur 1990: Bundeswehr der Einheit

5.1. Armee der Einheit

Die Maueröffnung vom 9. November 1989, Bundeskanzler Helmut Kohls 10-Punkte-Programm vom 28. November 1989, die ersten freien Volkskammerwahlen in der DDR vom 18. März 1990 sowie die Währungs-, Wirtschafts- und Sozialunion am 1. Juli 1990 stellten entscheidende innenpolitische Wegmarken zur deutschen Einheit dar. Aber auch außenpolitisch mussten einige Hürden genommen werden. Die Bundesregierung wollte den Kreis der Staaten, die bei einem bevorstehenden Einigungsprozess mitentscheiden sollten, möglichst klein halten. Die vier Hauptsiegermächte des Zweiten Weltkrieges einigten sich mit den beiden deutschen Staaten darauf, dass sie die Verhandlungen führen sollten. Die USA, UdSSR, Großbritannien, Frankreich, die Bundesrepublik Deutschland und die DDR legten den internationalen Weg im »Zwei-plus-Vier-Vertrag« fest. Der Einigungsvertrag

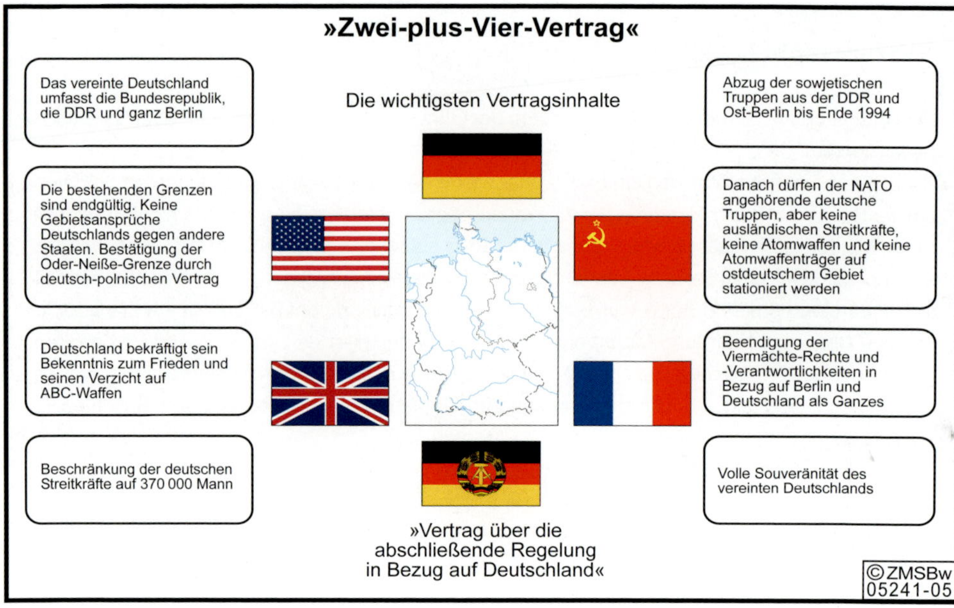

zwischen der Bundesrepublik und der DDR regelte die innenpolitische Vereinigung. Am 23. August 1990 beschloss die Volkskammer den Beitritt der DDR zum Geltungsbereich des Grundgesetzes der Bundesrepublik Deutschland zum 3. Oktober 1990. Dieses Datum sollte fortan gesetzlich bestimmt als »Tag der Deutschen Einheit« gelten und damit zum deutschen Nationalfeiertag werden. Der 3. Oktober 1990 markierte somit die Rückkehr zur staatlichen Einheit Deutschlands, die nach der NS-Herrschaft 1945 ihr Ende gefunden hatte. Die Besatzungs- und Nachkriegszeit, die Gründung zweier deutscher Staaten im Jahr 1949, die Ost-West-Konfrontation mit dem Kalten Krieg, das Gleichgewicht des Schreckens mit der gegenseitigen atomaren Vernichtungsdrohung sowie die Existenz der Bundeswehr und der NVA banden die Bundesrepublik und die DDR so stark in ihre jeweiligen Bündnisse ein, dass sie nur eingeschränkt außenpolitisch agieren konnten. Die deutsche Wiedervereinigung konnte daher nur im internationalen Rahmen durch eine deutsche militärische Zurückhaltung und eine diplomatisch verantwortungsvolle sowie verlässliche Politik erreicht werden.

Der Beitritt der DDR zur Bundesrepublik Deutschland hatte die Auflösung der NVA zur Folge. Es musste nun ein Weg gefunden werden, um Personal und Material der ehemaligen NVA in die Bundeswehr zu überführen. Zugleich mussten die Bundeswehr verkleinert und die Bündnis- und Einsatzfähigkeit garantiert werden. Die schließlich erfolgreiche Integration von Teilen der NVA in die Bundeswehr lässt es zu, von der »Armee der Einheit« zu sprechen. So schrieb Bundesverteidigungsminister Franz Josef Jung (CDU) in seinem Vorwort zum Weißbuch aus dem Jahr 2006, dass die Bundeswehr »als Armee der Einheit maßgeblich zum Zusammenwachsen des wiedervereinigten Deutschlands«[17] bereits beigetragen habe und dies auch in der Zukunft noch tun werde. Allerdings ließ sich 2006 im Vergleich zum Weißbuch

17 Weißbuch 2006, S. 4.

V.l.n.r. US-Außenminister James Baker, der britische Außenminister Douglas Hurd, der sowjetische Außenminister Eduard Schewardnadse, der französische Außenminister Roland Dumas, der Ministerpräsident der DDR Lothar de Maizière und Bundesaußenminister Hans-Dietrich Genscher bei der Unterzeichnung des Zwei-plus-Vier-Vertrags in Moskau am 12. September 1990. *SZ Photo/ap/dpa/picture alliance*

aus dem Jahr 1994 feststellen, dass die Bundeswehr mittlerweile eher als »Armee im Einsatz« denn als »Armee der Einheit« wahrgenommen wurde. Damit setzte sich eine öffentliche und bundeswehrinterne Wahrnehmungsänderung aufgrund des sicherheitspolitischen Wandels und der damit verbundenen Einsätze der Bundeswehr durch. Die »Armee der Einheit« beschreibt eben nicht das Selbstverständnis einer geeinten Armee, die durch die gleichberechtigte Synthese zweier deutscher Streitkräfte entstanden ist. Die Bundesehr integrierte vielmehr DDR-Bürger – anteilig auch ehemalige NVA-Soldaten – in ein bereits bestehendes System. Im ersten Weißbuch nach der Wiedervereinigung aus dem Jahre 1994 garantierte die Bundeswehr »den Schutz des vereinten demokratischen Deutschland und seiner Bündnispartner«.[18] Der Schutzbereich der Bundeswehr erweiterte sich lediglich, wodurch sie zur »Armee der Einheit« wurde. Der Begriff »Armee der Einheit« umschreibt als Terminus somit die ersten gesamtdeutschen Streitkräfte seit dem Zweiten Weltkrieg. Der Aufbau der Bundeswehr in den neuen Bundesländern und die Einberufung von (Grund-)Wehrdienstleistenden aus diesen Regionen wirkten auf den gesellschaftlichen wie auch militärischen Vereinigungsprozess und wurden somit auch zu einem Katalysator der inneren Einheit.

Der »Zwei-plus-Vier-Vertrag« von 1990/91 gab die nummerische Höchstgrenze von 370 000 Soldaten für die Bundeswehr vor. Dies bedeutete eine Reduzierung der Streitkräfte um fast 130 000 Angehörige und die gleichzeitige Abwicklung sowie teilweise Integration des bisherigen NVA-Personals. Die NVA wies intern wie das gesamte DDR-System einen beträchtlichen Reformstau auf. Die politischen, wirtschaftlichen und militä-

18 Weißbuch 1994, S. 15.

rischen Teilsysteme stimmten nicht mehr mit den internationalen und gesellschaftlichen Wandlungsprozessen überein. Nachhaltige Veränderungen verhinderten vor allem die überalterten Spitzenfunktionäre des DDR-Verteidigungsministeriums. Nachfolger des 69-jährigen Verteidigungsministers Armeegeneral Heinz Kessler wurde im November 1989 der vorsichtige Reformer Admiral Theodor Hoffmann. Die neue NVA-Führung glaubte, dass sie einige Jahre Zeit hätte, um die Streitkräfte auf einen westlichen Standard zu bringen. Damit wären aber weiterhin zwei deutsche Armeen mit zwei Spitzengliederungen und zwei Ministerien zementiert worden. Die Option von zwei Armeen in einem Staat erhielt vor allem außenpolitisch eine Relevanz, weil Polen die Stationierung von Bundeswehrtruppen direkt an seiner Grenze aus politischen und historischen Gründen erst einmal nicht zulassen wollte. Schließlich willigte die polnische Regierung auch aufgrund der endgültigen Anerkennung der deutsch-polnischen Grenze durch die Bundesrepublik Deutschland ein – nicht zuletzt auch deshalb, weil ansonsten unmittelbar an der Grenze deutsche Streitkräfte weitgehend ohne internationale Kontrolle und mit einer eigenständigen NVA-Führung außerhalb der Bundeswehr, aber innerhalb des vereinigten Deutschland gestanden hätten.

Das »Zwei-Armeen-Modell« stellte eine Option dar, die für die Regierung der Bundesrepublik und die Führung der Bundeswehr indiskutabel waren. Um dieser Erwartung gerecht zu werden, rüstete die DDR-Regierung unter Ministerpräsident Lothar de Maizière schneller ab, als von den NVA-Soldaten erwartet worden war. Bis zum Oktober 1990 wurde die NVA von etwa 173 000 zu Beginn des Jahres 1989 auf unter 90 000 Soldaten verkleinert. Deutlich weniger Grundwehrdienstleistende wurden einberufen, sodass etwa 50 000 dieser 90 000 verbliebenen Soldaten statusrechtlich Freiwillige und Berufssoldaten blieben. Am 20. Juli 1990, dem Jahrestag des gescheiterten Attentats auf Adolf Hitler, ließ der neue DDR-Minister für Abrüstung und Verteidigung Rainer Eppelmann die NVA-Soldaten einen neuen Eid schwören, in dem weder auf den Sozialismus noch auf die Sowjetunion verwiesen wurde. Der sowjetische Staatschef Michail S. Gorbatschow stimmte indes einer gesamtdeutschen Mitgliedschaft in der NATO zu. Damit konnten alle Spekulationen über die weitere Existenz einer ostdeutschen Armee beendet werden. Letztlich musste die Zahl der offiziell 495 000 west- und 173 000 ostdeutschen Soldaten um die Hälfte reduziert werden. Hinzu kamen die Beamten und zivilen Mitarbeiter beider Armeen.

Die NVA-Offiziere mussten sich spätestens ab dem Sommer 1990 mit dem Gedanken an ein künftiges ziviles Berufsleben auseinandersetzen. Politische Unterstützung für ihre Lage erhielten sie kaum, wurde die DDR doch nun von ehemaligen Oppositionellen regiert. Diese sahen die NVA als einen wichtigen Teil des Unterdrückungsstaates an. Die ehemalige Sozialistische Einheitspartei (SED) sicherte sich eine Rolle im vereinigten Deutschland als Partei des Demokratischen Sozialismus (PDS) und nahm fortan eine radikal pazifistische Position ein. Hinzu kam, dass das Ansehen der NVA-Offiziere und Unteroffiziere in weiten Kreisen der Bevölkerung sich als sehr gering erwies, immerhin waren doch 99 Prozent der Offiziere auch SED-Mitglieder gewesen. Die Personalabteilung der Bundeswehr entließ alle Frauen (siehe das Kapitel 4.4) sowie Generale und Berufssoldaten im Alter von über 55 Jahren. Den Soldaten der Bundeswehr wollte man nicht zumuten, dass ihnen ehemalige Angehörige der NVA-Spitze vorgesetzt wurden. Für alle anderen Bewerber legten die Personalfachleute Kriterien fest, wonach weder Offiziere der ehemaligen Grenztruppen noch Politische Offiziere übernommen werden konnten. Angehörige des Nachrichtendienstes fan-

Bundeskanzler Helmut Kohl und der DDR-Staatsratsvorsitzende Erich Honecker (l.), der mit einer Ehrenformation der Bundeswehr in Bonn empfangen wird, vor dem Kanzleramt. Foto vom 7.9.1987.

SZ Photo/ap/dpa/picture alliance

Bundesverteidigungsminister Gerhard Stoltenberg (r.) übernimmt in Strausberg vom DDR-Minister für Abrüstung und Verteidigung Rainer Eppelmann (M.) das Kommando über die NVA. Links der Befehlshaber des Bundeswehrkommandos Ost, Generalleutnant Jörg Schönbohm. Foto vom 1.1.1990.

SZ Photo/Werek

Die letzen Mi 21 und Mi 23 der NVA auf dem Militärflughafen Cottbus-Drewitz. Jänschwalde. Foto vom 27.4.1992.
SZ Photo/ddrbildarchiv.de/Willmann

Zerstörung von Waffen gemäß dem KSE-Vertrag. Charlottenhof/Sachsen. Foto vom 23.5.1995.
Bundeswehr/Detmar Modes

DDR-Grenztruppen reißen die Berliner Mauer ein. Potsdamer Platz. Foto vom 12.11.1989.
pa/Paul Glaser

Insgesamt 280 Offiziere der Nationalen Volksarmee nehmen an der Offizierschule des Fliegerhorsts Fürstenfeldbruck an einem Einweisungslehrgang teil. Auf der Schulbank liegt das Grundgesetz der Bundesrepublik Deutschland parat. Foto vom 12.9.1990.
SZ Photo/dpa

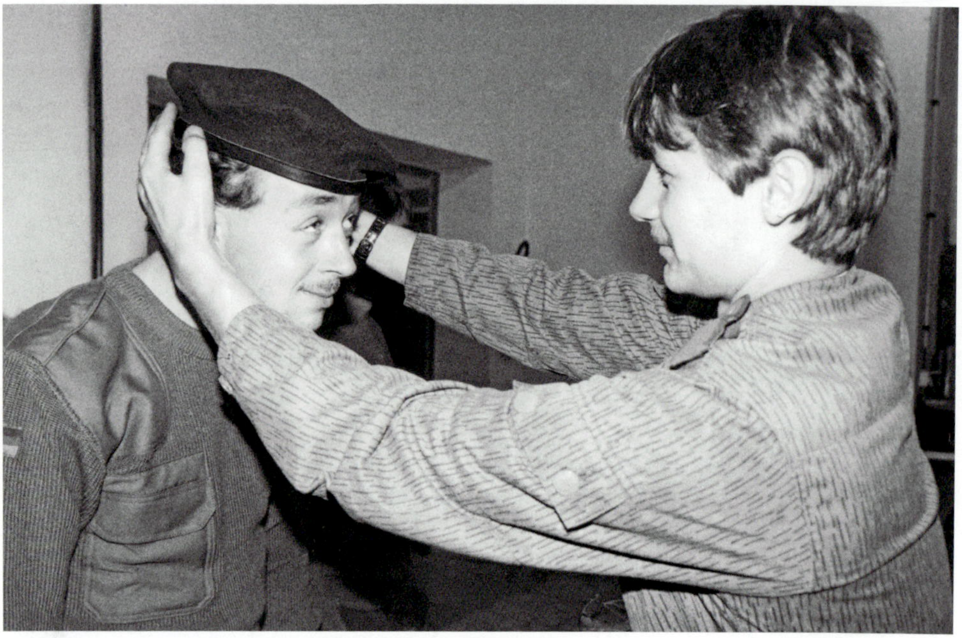

Kurz vor der Auflösung der Nationalen Volksarmee probieren die Soldaten Thomas Knoll (l.) und Steffen Regewald in der Kleiderkammer der Geltow/Wildpark-Kaserne in der Nähe von Potsdam ein Barett aus dem Bundeswehrbestand aus. Bis zum Tag der Deutschen Einheit sollen alle Soldaten der NVA mit Uniformen der Bundeswehr ausgerüstet sein. *SZ Photo/ap/dpa/picture alliance*

Russische Waffen in der Bundeswehr: Stabsunteroffizier Fischer, ein Ausbilder des Bundeswehrkommandos Ost, zeigt, wie man eine Kalaschnikow benutzt, nachdem die Waffen der NVA im Zuge der Wiedervereinigung Teil der gesamtdeutschen Armeeausrüstung geworden sind. *SZ Photo/ap/dpa/picture alliance*

Bundesverteidigungsminister Gerhard Stoltenberg mit Rekruten nach dem ersten feierlichen Gelöbnis im Wehrbereich Ost in Bad Salzungen am 19. Oktober 1990.

Bundeswehr/ Mathias Zins

Erstes feierliches Gelöbnis der vereinigten Armee in Bad Salzungen am 19. Oktober 1990.

Bundeswehr/ Mathias Zins

den genauso wenig eine Berücksichtigung wie hauptamtliche und informelle Mitarbeiter des Ministeriums für Staatssicherheit (MfS).

Viele Stasi-Akten blieben erhalten und konnten im Hinblick auf die persönliche Verstrickung in das DDR-System ausgewertet werden. Dennoch hofften nicht wenige, dass ihre Rolle im Spitzelsystem folgenlos bleiben werde. Sie zogen es vor, im entsprechenden Fragebogen eine Verstrickung mit der Stasi lieber zu verneinen, um nicht sofort entlassen zu werden. Für die Bundeswehr brachte diese schrittweise Überprüfung auch Probleme mit sich. In den folgenden Jahren mussten daher immer wieder Offiziere und Unteroffiziere unverzüglich aus dem Dienst entlassen werden. Insgesamt entfernte die Personalführung der Bundeswehr mehr als 1500 ehemalige NVA-Soldaten aufgrund der Stasi-Überprüfung aus dem aktiven Dienst.

Ein weiteres Problem ergab sich aus der Dienstgradstruktur. Die NVA beförderte Offiziere viel schneller als die Bundeswehr. Ein 37-jähriger Oberst entsprach beispielsweise dem durchschnittlichen Beförderungsalter in der NVA. Die Offiziere der Bundeswehr konnten dagegen diesen Rang regelmäßig in diesem Lebensalter nicht erreichen. Die Bundeswehr wiederum kannte deutscher Militärtradition folgend ein eigenständiges Unteroffizierkorps. Die NVA beschäftigte jedoch nur wenige Spezialisten als Unteroffiziere, sodass viele Tätigkeiten der Unteroffiziere von NVA-Offizieren übernommen worden waren. Daher verloren viele ehemalige NVA-Offiziere ihren Dienstgrad in der Bundeswehr, weil ihnen nur eine Laufbahn als Unteroffizier angeboten werden konnte. Eine weitere Alternative bestand in der Laufbahn der Fachdienstoffiziere. Nicht wenige der betroffenen NVA-Offiziere empfanden dies als Degradierung und Deklassierung. Zudem legte der Einigungsvertrag zwischen der Bundesrepublik Deutschland und der DDR fest, dass alle NVA-Offiziere ihren Dienstgrad verlieren sollten. Nahmen sie dann ein Übernahmeangebot an, verlieh man ihnen den Dienstgrad in der Laufbahn, den sie ihrem Dienstalter entsprechend bei einer regulären Verwendung in der Bundeswehr erreicht hätten.

Bis zum Ende des Jahres 1990 wurden die ehemaligen NVA-Angehörigen mit einem speziellen Status weiterbeschäftigt. In dieser Zeit sollten dann geeignete Bewerber identifiziert werden. Rund 1000 Soldaten versetzte die Personalführung mit Lohnfortzahlung in den Wartestand, während weitere 50 000 Berufssoldaten ihren aktiven Dienststatus behielten. 51 000 konnten somit zur Bewerbung für den Dienst in der Bundeswehr zugelassen werden. Etwa 11 700 bewarben sich für eine Offizier-, etwa 12 300 für die Unteroffizier- und rund 1000 für die Mannschaftslaufbahn. Mehr als 90 Prozent der Unteroffizierbewerber und 80 Prozent der Bewerber bei den Mannschaftsdienstgraden konnten sodann eingestellt werden. Dagegen erhielten nur knapp über 50 Prozent der Offizierbewerber ein Übernahmeangebot. Der Rest verließ zum 1. Januar 1991 die Bundeswehr. 2650 der Bewerber für die Offizierlaufbahn untersuchte ein spezielles Beratungsgremium, vergleichbar dem Personalgutachterausschuss (PGA) in der Aufbauphase der Bundeswehr ab 1955. Lediglich 35 von ihnen wurden daraufhin abgelehnt.

Insgesamt verpflichteten sich 18 000 ehemalige NVA-Soldaten zunächst für zwei Jahre in der Bundeswehr. Sie erhielten damit die Möglichkeit, entweder danach mit Übergangsbeihilfe auszuscheiden oder eine Weiterverpflichtung mit späterer Übernahme in das Dienstverhältnis eines Berufssoldaten anzustreben. In der Zeit bis zum Jahr 1996 durchliefen diese Soldaten vielfältige Um- und Weiterbildungen. So mussten beispielsweise noch der Offizierslehrgang erfolgreich absolviert bzw. der Stabsoffiziersgrundlehrgang bestanden werden. Bis Ende 1998 halbierte sich daher die Zahl der ehemaligen NVA-Angehörigen in der Bundeswehr auf nur noch 9300 Soldaten. Jedoch fanden viele auch eine Beschäftigung als Beamte oder Angestellte in der Bundeswehrverwaltung. Bedeutsam ist für die Bundeswehr heute weniger der relativ geringe Anteil von Soldaten mit Vordienstzeiten in der NVA als vielmehr die Tatsache, dass inzwischen ein beträchtlicher Anteil des Nachwuchses aus den neuen Bundesländern rekrutiert wird. Ehemalige NVA-Offiziere schafften es auch, die Zulassung für den Generalstabsdienst der Bundeswehr zu erreichen und somit bis in die Spitzenpositionen aufzurücken. Als ersten ehemaligen NVA-Offizier beförderte Bundesverteidigungsministerin Ursula von der Leyen (CDU) im Januar 2014 Gert Gawellek zum Brigadegeneral.

Neben dem Personal übernahm die Bundeswehr auch Material. Nur wenige Waffen und Waffensysteme der NVA konnten jedoch in der Bundeswehr verwendet werden. Die Geräte hierfür waren unterschiedlich. So gab es Geräte, wie beispielsweise die meisten Radaranlagen, die nicht mit den westdeutschen Sicherheitsbestimmungen kompatibel gemacht werden konnten. Das Sturmgewehr der NVA, der sowjetische Lizenzbau AK-47, verschoss ein Kaliber, das nicht den NATO-Standards entsprach und daher ausgesondert werden musste. Die Jagdflugzeuge vom Typ MiG 29 flogen dagegen bis zum Jahr 2004 beim Jagdgeschwader 73 »Steinhoff« in Laage bei Rostock. Die Materialübergabe von der NVA zur Bundeswehr erfolgte als Übernahme vor Ort. Die Abwicklung des Rüstungsmaterials übernahmen zuerst staatliche Organisationen wie die Treuhandanstalt und die VEBEG, ab dem Jahr 1995 dann private Nachfolgeunternehmen der Treuhandanstalt.

Bis zum Sommer 1990 hatte sich die Bundeswehrführung nicht ernsthaft mit der Auflösung der NVA und der Integration von Personal und Material in die Bundeswehr befasst. Mit dem Beitritt der DDR zum Geltungsbereich des Grundgesetzes zum 3. Oktober

Zwei Jahre Bundeswehr in den neuen Bundesländern in Leipzig. Bundesverteidigungsminister Volker Rühe am Rednerpult bei der Ernennung erster ehemaliger NVA-Soldaten zu Berufssoldaten am 2.10.1992.
Bundeswehr/Detmar Modes

Indienststellung des Eurokorps in Strasbourg am 5. November 1993. *Bundeswehr*

Soldaten mit NATO-Flaggen auf dem Truppenübungsplatz Klietz am 3. Februar 1995. Die Eingliederung der Truppenteile der Bundeswehr in den neuen Ländern in die NATO ist vollzogen. Seit dem 1. Januar 1995 sind damit das IV. Korps in Potsdam mit zwei Divisionen und sechs Brigaden des Heeres, ein Jagdgeschwader, ein Flugabwehrraketengeschwader und zwei Radar-Führungsabteilungen der Luftwaffe sowie ein Schnellbootgeschwader der Marine der NATO assigniert. *Bundeswehr/Modes*

Ein Soldat des Bundeswehrkontingents für UNOSOM 2 auf Erkundungsfahrt durch Belet Huen. Foto vom 25.7.1993. *SZ Photo/Caro*

Feldgottesdienst im Lager Belet Huen in Somalia. Foto vom 25.7.1993. *SZ Photo/Caro*

Stabsfeldwebel Dieter W. bei der EOD-Ausbildung im Rahmen der Mission EUTM Mali in Koulikoro. Foto vom 17.6.2015. *Bundeswehr/Jana Neumann*

1990 sollte auch keine Reform der Wehrverfassung notwendig werden. So wurde die westdeutsche Bundeswehr zur gesamtdeutschen Armee der Einheit. In der Dekade nach 1990 standen mehrere Herausforderungen gleichzeitig an: Die »alte« Bundeswehr musste stark reduziert werden, die Bundeswehr verlegte immer mehr Truppen ins Ausland, zuerst in die Türkei während des Irakkrieges von 1991, dann nach Bosnien-Herzegowina, in das Kosovo, nach Afghanistan oder in den Kongo. Zudem unterstützte sie den Abzug der russischen Westgruppe der Truppen (WGT) aus den neuen Bundesländern bis 1994.

5.2. Im Auslandseinsatz

Die NATO, die Europäische Union (EU) und die Organisation für Sicherheit und Zusammenarbeit in Europa (OSZE) entwickelten sich in ihrer Geschichte zu Institutionen der Konfliktprävention und wie auf dem Balkan der Konfliktnachsorge. Allein die NATO verfügte als internationales politisches Bündnis über die weltweite Fähigkeit zur militärischen Intervention. Die außen- und sicherheitspolitische Rolle des vereinigten Deutschland veränderte sich seit dem Ende des Kalten Krieges im Jahr 1990. In dieser Folge musste sich auch die Grundorientierung der Bundesregierung zum Einsatz deutscher Streitkräfte grundlegend wandeln. Bei den Diskussionen um den Irakkrieg im Jahr 1991 versprach Bundeskanzler Helmut Kohl (CDU) die Übernahme von mehr internationaler Verantwortung, jedoch beteiligte sich die Bundesrepublik nicht direkt mit Streitkräften an diesem Krieg. Kohl hielt weiterhin an seinem Vorbehalt fest, wonach die Bundeswehr nicht an den Orten eingesetzt werden sollte, an denen Angehörige der Deutschen Wehrmacht Verbrechen verübt hatten. Im Laufe des Bürgerkrieges auf dem Balkan wurde dies aber zur Verpflichtung umgedeutet, dort zu intervenieren, wo Völkermord drohe oder bereits im Gange sei. In der Bundesrepublik Deutschland entbrannte eine öffentliche Diskussion über den Einsatz deutscher Streitkräfte in bewaffneten Konflikten außerhalb des NATO-Territoriums (siehe hierzu ausführlich das Kapitel 2.4). Als Grundlagen für den Wandel der Bundeswehr von der Landesverteidigung zum internationalen Interventionseinsatz und für die staatsrechtliche Begründung galten in den 1990er-Jahren der »Zwei-plus-Vier-Vertrag« von 1990, die Verteidigungspolitischen Richtlinien (VPR) von 1992 und das Weißbuch von 1994. Trotzdem stellte sich die Frage, inwieweit die Auslandseinsätze der Bundeswehr vor dem Urteil des Bundesverfassungsgerichts vom 12. Juli 1994 (siehe Infokasten Urteil des Bundesverfassungsgerichts) überhaupt legal gewesen waren. Das Bundesverfassungsgericht sah die »Out-of-area«-Kampfeinsätze dann als verfassungskonform an, wenn sie eine »friedliche und dauerhafte Ordnung in Europa und zwischen den Völkern der Welt herbeiführen und sichern«.[19]

Fünf Jahre nach dem Urteil sollte der Kosovokrieg wieder zu unterschiedlichen Interpretationen führen. Diese tendierten zwischen einer angemessenen humanitären Intervention und einen Vorstoß gegen das Völkerrecht, weil ein Mandat der Vereinten Nationen nicht vorgelegen habe. Die deutsche Rechtsentwicklung vollzog sich nach dem Einsatz der Bundeswehr im Kosovo immer noch schleppend, aber doch schneller als in den 1990er-Jahren.

Das Parlamentsbeteiligungsgesetz (»Gesetz über die parlamentarische Beteiligung bei der Entscheidung über den Einsatz bewaffneter Streitkräfte im Ausland«) vom 18. März 2005 lieferte die gesetzliche Grundlage aus dem Bundesverfassungsgerichtsurteil von 1994 und die bisherige politische Beschlusspraxis von Auslandseinsätzen fand nun endlich die gesetzliche Bestätigung. Der Parlamentsvorbehalt und das Rückholrecht der Soldaten durch den Beschluss des Deutschen Bundestages wurden genauso verankert wie das vereinfachte Verfahren für kleine Einsätze. Damit erfolgte eine klare Zuweisung der Kompetenzen. So bildete beispielsweise für die Operation »Atlanta« die UN-Resolution 1816 vom 2. Juni 2008 »Abschreckung und Unterbindung seeräuberischer Handlungen durch Marinefahrzeuge der Staatengemeinschaft« die völkerrechtliche Grundlage. Die NATO-Operation »Allied Provider« wurde ab dem 8. Dezember 2008 durch die EU-Mission »NAVFOR« vor Somalia abgelöst. Die verfassungsrechtliche Begründung für die Beteiligung der Bundeswehr lieferte dabei Art. 24 Abs. 2 des Grundgesetzes (»Übertragung von Hoheitsrechten«). Der Deutsche Bundestag erteilte am 19. Dezember 2008 das Mandat für den Einsatz der deutschen Streitkräfte.

Für den Einsatz der Bundeswehr im Inland dagegen wurde das Luftsicherheitsgesetz vom 11. Januar 2005 mit Urteil des Bundesverfassungsgerichts vom 15. Februar 2006 als verfassungswidrig und damit nichtig erklärt. Die Regelungen von Maßnahmen zur Abwehr terroristischer Anschläge innerhalb des Luftverkehrs und der potenzielle Abschuss von Zivilmaschinen durch die deutsche Luftwaffe verstießen demnach gegen mehrere Artikel des Grundgesetzes.

Die völkerrechtlichen und verfassungsrechtlichen Interpretationen sowie die gesetzlichen Grundlagen änderten sich, wie diese Beispiele zeigen, seit 1990 für den Einsatz deutscher Streitkräfte fundamental. Es dauerte aber sehr lange, bis sich daraus auch für die eingesetzten Soldaten eine gewisse Rechtssicherheit feststellen ließ. Der Wandlungs- und Anpassungs-

19 Entscheidungen des Bundesverfassungsgerichts, Bd 90, 1994, S. 286–394.

prozess der Bundeswehr an die neue außenpolitische Rolle Deutschlands im internationalen Machtgefüge bildete eine wichtige Grundlage für das Verständnis über die Fähigkeiten der Streitkräfte. Das veränderte Auftragsspektrum erforderte ein zusätzliches Fähigkeitsprofil zur reinen Landesverteidigung. Zudem integrierte die Bundeswehr seit der Auflösung der NVA teilweise sowohl deren Material wie auch Personal. Damit veränderten sich vor allem auch die Streitkräfte wesentlich in ihrer sozialen Zusammensetzung und beeinflussten auch die Innere Führung als Organisations- und Führungsphilosophie. Die Innere Führung bewährte sich daher nicht nur für Krisensituationen bis 1990, sondern auch für die Herausforderungen ab 1990.

Der mit dem Ende des Kalten Krieges seit 1990 einsetzende staatliche Zerfallsprozess in Jugoslawien erreichte mit dem Kosovokrieg im Jahr 1999 und der darauffolgenden Abspaltung der serbischen Unruheprovinz zu einem souveränen Staat seinen Höhepunkt. Jedoch beendete er den Jugoslawienkonflikt bis zum Jahr 2015 immer noch nicht ganz. Vor allem die Kriegsverbrechen beschäftigen den Internationalen Strafgerichtshof für das ehemalige Jugoslawien (ICTY, siehe Infokasten) in Den Haag weiterhin. Außerdem gingen die IFOR- oder SFOR-Truppen in Bosnien-Herzegowina in den 1990er-Jahren nicht oder nur zögerlich gegen mutmaßliche Kriegsverbrecher vor, wobei aufgrund der »Rules of Engagement (ROE)« Kriegsverbrecher ausschließlich vorläufig festgenommen werden durften. Eine Verpflichtung zur Festnahme oder sogar eine aktive Suche von mutmaßlichen Kriegsverbrechern konnte daraus nicht abgeleitet werden. Vielmehr dienten die ROE der Rechtssicherheit für die IFOR-Soldaten, falls sie solchen Personen eher zufällig begegnet wären. Selbst dann musste aber situationsbezogen beurteilt werden, ob eine Festnahme mit dem verbundenen Risiko für die eigenen Soldaten oder die zivilen Passanten vertreten werde konnte. Daher sollten NATO-Soldaten nur im Rahmen freier Kapazitäten für kurzfristige und zeitlich begrenzte polizeiliche Unterstützungsaufgaben aushelfen.

Diese Aufgaben zeigten, dass sich deutsche Soldaten seit 1990 in einer völlig anderen Situation befanden als zuvor. Die Landesverteidigung war Vergangenheit, internationale Einätze fern der Heimat, in einem gefährlichen Umfeld mit Risiken für Leib und Leben sollten nun zur Realität werden. Jugoslawische »Gastarbeiter«, hunderttausende Kriegsflüchtlinge und die Berichte in den Medien über die grausamen Kämpfe wirkten sich auch unmittelbar auf die deutsche Gesellschaft aus.

Die vereinigte Bundesrepublik Deutschland verstand sich zunächst als Friedensmacht, die stark integriert in inter- und supranationalen Organisationen seither erfolglos einen ständigen Sitz im Sicherheitsrat der Vereinten Nationen für sich reklamierte. In der Vergangenheit hatte die NATO-Mitgliedschaft vor allem dem Schutz vor der Sowjetunion gedient. Dieser Zweck erfüllte sich mit der Selbstauflösung der Warschauer Vertragsorganisation und deren Führungsmacht. Hatte bis dahin die Bundesrepublik als Sicherheitsimporteur von der NATO profitiert, entwickelte sie sich in den 1990er-Jahren vom Nutznießer zum zunächst zurückhaltenden Sicherheitsexporteur. Der Bürgerkrieg auf dem Balkan verdeutlichte Deutschland, wie schnell ein bewaffneter Konflikt wieder nah an die Staatsgrenzen rücken konnte. Diese außenpolitischen Veränderungen wirkten sich auch auf die innenpolitischen Verhältnisse aus. Im gesellschaftlichen Diskurs der Bundesrepublik nahm der neue Auftrag der Bundeswehr einen kontroversen Platz ein. Die Vergangenheit mit ihren ethischen Ableitungen überlagerte dabei die sicherheitspolitische Diskussion. Das lange Bestehen der Bundeswehr als verfassungsrechtliches Organ und gesellschaftlich integrierte Institution schien für viele Deutsche

Der Internationale Strafgerichtshof (IStGH)

Der Internationale Strafgerichtshof (IStGH) wurde durch das Inkrafttreten des »Römischen Statuts des Internationalen Strafgerichtshof« (StIStGH) vom 17. Juli 1998 begründet. Der IStGH stellte ein Novum in der Völkerrechtsgeschichte dar. Erstmalig konnten damit Individuen wegen besonders schwerer Verbrechen vor einem internationalen Gericht angeklagt werden. Bis dahin blieben Individuen im Völkerrecht mediatisiert und es durften in erster Linie nur Staaten Völkerrechtspersönlichkeit besitzen. Als besonders schwere Verbrechen gelten Völkermord, Verbrechen gegen die Menschlichkeit und Kriegsverbrechen. Die Bundesrepublik Deutschland unterschrieb das Statut am 10. Dezember 1998 und ratifizierte es zwei Jahre später am 11. Dezember 2000. Dennoch musste das deutsche Recht zunächst an das Statut angeglichen werden, damit die Zusammenarbeit mit dem IStGH rechtlich überhaupt erst möglich sein konnte. Hieraus ist jedoch kein grundsätzlicher Wille der Bundesregierung abzuleiten, die Strafverfolgung von Deutschen bei entsprechenden Verbrechen an den IStGH zu delegieren. Ohnehin wirkt der IStGH nur komplementär zu den nationalen Rechtsprechungsorganen. Der Strafgerichtshof kann nur aktiv werden, wenn nicht bereits ein Staat Ermittlungen durchführt. Im Falle deutscher Verurteilter bestehe eine automatische Fürsorgepflicht des Staates und eine Verurteilung Deutscher durch den Gerichtshof ist aufgrund des Vorrangs der nationalen Strafverfolgung nur ausnahmsweise vorgesehen. Daher ist kaum zu erwarten, dass jemals ein deutscher Staatsangehöriger von der Bundesrepublik an den IStGH ausgeliefert wird.

Der Internationale Strafgerichtshof für das ehemalige Jugoslawien (ICTY)

Der Internationale Strafgerichtshof für das ehemalige Jugoslawien (ICTY) ist dagegen ein Ad-hoc-Strafgerichtshof, ebenfalls mit Sitz in Den Haag. Er verfolgt seit 1993 die Verbrechen, die während des Jugoslawienkrieges begangen wurden. Der IStGH und der ICTY sind unterschiedliche Institutionen. Beide werden aber nicht selten miteinander verwechselt.

als Legitimation für die weitere Existenz der Streitkräfte nicht mehr auszureichen, vielmehr stellten sie die Notwendigkeit über das Jahr 1990 hinaus grundsätzlich in Frage. Mit dem Bürgerkrieg auf dem Balkan kehrte aber der Krieg nach Europa und indirekt auch nach Deutschland zurück. Daher entschlossen sich die damalige politische Leitung und militärische Führung der Bundeswehr, diesen Prozess mit der schrittweisen Gewöhnung an »Out-of-area«-Einsätze anzugehen. Das militärische Engagement außerhalb Deutschlands hatte neben den politischen, sozialen und moralischen auch noch höhere finanzielle Belastungen zur Folge.

Zu Beginn des Jugoslawienkrieges versuchten die Vereinten Nationen (United Nations Protection Force, UNPROFOR) sowie die Europäische Union (EU) und die Westeuropäische Union (WEU) mit einer Blauhelmmission und einem Embargo, den Konflikt noch einzudämmen. Die Analysen im Bundesministerium der Verteidigung prognostizierten, dass die Kroaten ab 1993 örtlich begrenzte Rückeroberungen in der Krajina und in Westslawonien anstreben würden. In der militärisch stärksten Teilrepublik Serbien wiederum wuchsen, infolge der UN-Sanktionen gegen die nunmehrige Bundesrepublik Jugoslawien, die sozi-

Provisorisches Krankenhaus in Mazar-i Sharif nach dem Brand des Balkh-Hospitals im Jahr 2006, hier: Operations- und Krankenzelte. *Rudolf J. Schlaffer*

Deutsche und britische Soldaten im provisorischen Krankenhaus in Mazar-i Sharif 2006. *Rudolf J. Schlaffer*

Soldaten des 209. ANA-Korps Mazar-i Sharif während eines Einsatzes im Raum Kunduz 2007. *Rudolf J. Schlaffer*

Deutscher Soldat mit afghanischem Dolmetscher am Haupttor des Feldlagers Mazar-i Sharif im Dezember 2006. *Rudolf J. Schlaffer*

Besuch des Bundesverteidigungsministers Franz Josef Jung im RC Nord Mazar-i Sharif im Februar 2007.
Rudolf J. Schlaffer

Gefechtsmäßiges Absitzen der Panzergrenadiere in Mazar-i Sharif im Frühjahr 2007. *Rudolf J. Schlaffer*

Provisorische Gedenktafel für die gefallenen Kameraden im RC Nord in Mazar-i Sharif im Jahr 2007.
Rudolf J. Schlaffer

Deutsches Personenschutzkommando mit dem Stellvertretenden Befehlshaber des Einsatzführungkommandos, Generalmajor Rainer Glatz, am Flugumschlagplatz Mazar-i Sharif im Januar 2007. *Rudolf J. Schlaffer*

Camp Marmal: Verladung eines NH90-Hubschraubers in ein Transportflugzeug vom Typ Antonov. Foto vom 6.8.2014. *Ariane Huth*

Zu Übungszwecken gegen Beschuss auf das Camp sammeln sich die Soldaten mit Schutzweste, Helm und Gewehr im Mittelgang der Bürocontainer. *Daniel Richter (Public Affairs Office MeS)*

Camp Marmal: Soldaten erhalten die Einsatzmedaille der Bundeswehr und der NATO. Foto vom 6.9.2014.
Daniel Richter (Pressefeldwebel in MeS)

Camp Marmal: Erinnerungsfoto deutscher Soldaten im Einsatz mit Bundesverteidigungsministerin Ursula von der Leyen vor dem Regierungsflugzeug. Foto vom 24.7.2014. *Pressefeldwebel in MeS*

Einweihung des neuen zentralen Ehrenmals der Bundeswehr in Berlin am 8. September 2009. Das Ehrenmal der Bundeswehr gedenkt aller Soldatinnen und Soldaten sowie zivilen Angehörigen der Bundeswehr, die seit Gründung der Bundeswehr im Dienst gestorben sind. Bislang sind das etwa 3100 Menschen. Das Ehrenmal trägt die Inschrift: »Den Toten unserer Bundeswehr für Frieden Recht und Freiheit«. *dpa/Wolfgang Kumm*

Veteranen der Bundeswehr salutieren am 31. Mai 2014 beim ersten deutschen Veteranentreffen am Ehrenmal der Bundeswehr am Bundesministerium der Verteidigung in Berlin vor den Kränzen.

dpa-Zentralbild/Oliver Mehlis

»Gelbe Bänder der Verbundenheit« für die Bundeswehrsoldaten in Auslandseinsätzen. Die Geberding-Stiftung findet seit fünf Jahren enorme Resonanz im In- und Ausland. *Westfalen-Blatt/Harald Iding*

Das Balkenkreuz der Bundeswehr in der Gedenkstätte »Wald der Erinnerung« auf dem Gelände des Einsatzführungskommandos der Bundeswehr in Schwielowsee bei Potsdam. Die neue Gedenkstätte mit Ehrenhainen aus fünf Einsatzgebieten der Bundeswehr soll ein Ort der Erinnerung und der Würdigung aller im Dienst für die Bundeswehr zu Tode gekommenen Bundeswehrangehörigen sein. Foto vom 14.11.2014.
dpa-Zentralbild/ Ralf Hirschberger

alen Spannungen. Aufgrund der wirtschaftlichen Misere litt die Bevölkerung stark unter dem Mangel an Konsumgütern und medizinischer Versorgung. Bis 1994 beteiligte sich die Bundeswehr an der Luftbrücke und an der Embargokontrolle. Beide Operationen betrafen aber noch keine Landstreitkräfte der Bundeswehr. Im August 1994 umfasste der Beitrag Deutschlands lediglich die konzeptionelle Erarbeitung von möglichen UN-Resolutionen. Bis zum Ende des Jahres 1994 sollte sich aber der Abstand zwischen der militärischen Zurückhaltung aufgrund der NS-Vergangenheit Deutschlands und den internationalen Forderungen nach einem militärischen Engagement der Bundesrepublik in Konflikt- und Kriegsgebieten außerhalb des NATO-Gebietes immer mehr verringern.

Die Politik auf dem Balkan bestimmten maßgeblich fünf internationale Akteure: Die Vereinten Nationen strebten eine Friedenswahrung und die Erhaltung des Status quo an. Die EU und die WEU wollten eine europäisch bestimmte Lösung für Jugoslawien erreichen, konnten aber keinen unmittelbaren Einfluss auf das Kriegsgeschehen nehmen. Die Kontaktgruppe beschränkte sich auf die Rolle eines Konsultationsgremiums, sodass schließlich die NATO alle Durchsetzungsoptionen übernehmen musste, um eine Rückkehr der Kriegsparteien an den Verhandlungstisch und die Annahme des Friedensplanes zu erzwingen. Deutschland war Mitglied in allen Gremien und somit an allen Entscheidungsprozessen beteiligt. Bei der Implementierung eines Friedensplanes sahen die NATO-Planungen ein Minimum von 50 000 Soldaten vor. Die dazu erforderlichen Kräfte konnten und wollten die vorwiegend europäischen Truppensteller nicht alleine aufbringen. Der entscheidende Beitrag musste von den USA übernommen werden, die aber eine feste Zusage von der Umsetzung eines Friedensplanes abhängig machten. Die USA betrachteten Jugoslawien als ein europäisches Problem.

Nachdem die Kriegsparteien durch die militärische Intervention der NATO im Sommer/Herbst 1995 wieder an den Verhandlungstisch in Dayton gezwungen worden waren, beteiligte sich Deutschland an der IFOR-Operation der NATO in Bosnien-Herzegowina. Die Stationierung des deutschen Heeresanteils von ca. 3000 Soldaten erfolgte als logistischer Unterstützungsverband in Kroatien. Hinzu kamen noch die Luftwaffen- und Marineanteile sowie der deutsche Anteil in den NATO-Stäben. Die zivilen Hilfsorganisationen forderten die von der NATO geführten Streitkräfte immer wieder für Unterstützungsleistungen an; die Bundeswehr half damit maßgeblich auch beim zivilen Wiederaufbau.

Seit Oktober 1995 ließ Bundesverteidigungsminister Volker Rühe (CDU) den deutschen Beitrag zur Absicherung des Friedensvertrages für Bosnien-Herzegowina von der militärischen Führung ausplanen. Die Operation »Joint Endeavour« umfasste neben den bereits in Trogir/Split stationierten Teilen des Feldlazaretts, das Einsatzgeschwader I der Luftwaffe im italienischen Piacenza, das Lufttransportgeschwader der Luftwaffe und einen deutschen Heeresanteil. Im relativ sicheren Kroatien unterstützte das 2600 Soldaten umfassende Heereskontingent (GECONIFOR) die in Bosnien eingesetzten Truppen der verbündeten Staaten. Zeitlich begrenzte Einsätze in Bosnien-Herzegowina schloss der Auftrag mit ein. Neben IFOR musste auch noch das Ostslawonien-Abkommen implementiert werden. Mehr als 200 Bundeswehrsoldaten dienten in den alliierten Hauptquartieren in Kroatien und Bosnien. Das Marinekontingent führte die Operation »Sharp Guard« der See- sowie Seeluftstreitkräfte der NATO und der WEU aus dem Jahr 1993 weiter fort. Als Voraussetzungen für eine weitere Ausplanung und Umsetzung des Operationsplanes mussten aber noch der Friedensvertrag zwischen den Konfliktparteien geschlossen, ein UN-Sicherheitsratsbeschluss, eine NATO-Ratsentscheidung und eine Zustimmung des Deutschen Bundestages eingeholt werden. Im

Dezember 1995 konnte schließlich der SACEUR (Supreme Allied Commander Europe) autorisiert werden, die ACTORD (Action Order) für die Hauptkräfte und die ROE herauszugeben. Von der Erarbeitung bis zur Umsetzung eines solchen Operationsplanes war ein komplexer Ablauf von Genehmigungs- und Abstimmungsverfahren innerhalb der NATO, der Kontaktgruppe und der der Partnership for Peace (PfP) assoziierten Staaten parallel zu den Friedensvertragsverhandlungen und der Genehmigung des Operationsplanes bis zur Verlegung der Hauptkräfte erforderlich. Die militärische Führung der Gesamtoperation blieb beim SACEUR, die politische Weisung und Kontrolle erfolgte aber weiter, unter Einbindung des russischen Kontingents, durch den NATO-Rat.

Die Operationspläne der NATO für IFOR, SFOR, KFOR im ehemaligen Jugoslawien oder ISAF in Afghanistan mussten jeweils in einer komplexen Abstimmungsprozedur mit den Mitgliedsstaaten des Bündnisses und Partnerstaaten erstellt und gebilligt werden. Nur eine einheitliche Führung im Operationsgebiet konnte den Erfolg einer Operation dieser Größenordnung mit so vielen beteiligten NATO-Mitgliedern und Verbündeten gewährleisten. Die »Civil-Military Co-Operation« (CIMIC), d.h. die Zivil-Militärische Zusammenarbeit, regelte eine möglichst effektive Zusammenarbeit zwischen den NATO-Kommandeuren und den staatlichen und nicht-staatlichen Hilfsorganisationen. Ständiger Informationsaustausch auf allen Führungsebenen sowie die Koordination von Maßnahmen und Mitteln legten die Kooperation, aber auch die Abgrenzung hinsichtlich der Aufgaben fest. Die ROE umfassten die Auflagen für den Einsatz der Land-, Luft- und Seestreitkräfte, die Hinweise für die Truppenführer und die Verhaltensvorgaben für den einzelnen Soldaten. Sie orientierten sich am juristischen Prinzip der Verhältnismäßigkeit der Mittel bei der Gewaltanwendung. Keine Einschränkung des Notwehrrechts nach deutschem Verständnis, die Berücksichtigung der nationalen Interessenlagen sowie eine Konformität mit der deutschen Rechtsordnung und des internationalen Völkerrechts bildeten die Grundlagen und unbedingten Voraussetzungen für den deutschen Einsatz. Die ROE gewährten somit jedem Soldaten Handlungssicherheit. Eine Grauzone blieb aber immer die Diskrepanz zwischen der Vorschriftenlage und der situationsbedingten Praxis. In Deutschland bewertete die Mehrheit der Bevölkerung aufgrund der Vergangenheit die Auslandseinsätze deutscher Soldaten immer noch kritisch. Mit einer möglichst positiven Berichterstattung über den Einsatz in den heimischen, aber auch internationalen Medien versuchte die Bundesregierung, die Akzeptanz zu steigern. Während die Mehrheit der Bevölkerung den deutschen Streitkräften positiv und befürwortend gegenüberstand, wurden die Auslandseinsätze und vor allem das militärische Engagement in Afghanistan eher kritisch bis ablehnend gesehen. Diese Werte korrespondierten auch mit der Haltung der Bevölkerung in den übrigen beteiligten europäischen NATO-Mitgliedsstaaten.

Die militärischen Operationen wurden im Bundesministerium der Verteidigung unter folgenden Grundprinzipien vorbereitet: Sie galten als grundlegende Unterstützungsleistung zur Gesamtimplementierung eines Friedensabkommens. Es sollten stets klare Unterstellungs- und Befehlsregelungen enthalten sein, die den deutschen Interessenlagen als Truppensteller entsprachen. Das Operationskonzept musste vor allem bei seinen politischen Vorgaben als »living document« entwicklungsfähig bleiben und eine ständige politische Einflussnahme garantieren. Die militärischen Operationen verlangten eine flexible Strategie, um so auf die jeweilige Lageentwicklung vor Ort reagieren zu können.

IFOR und SFOR ermöglichten bald eine Truppenreduzierung. Dies hätte die Truppensteller erst einmal entlastet, wenn nicht das Kosovo 1998/99 wieder zum Problem geworden wäre.

Sicherheitslage Afghanistan 2005

Quelle: Wegweiser zur Geschichte: Afghanistan.

Der Dayton-Vertrag von 1995 hatte zwar den Krieg in Bosnien und Herzegowina beendet, jedoch hatte der Vertrag bewusst das Kosovo ausgeklammert. Denn ein positiver Verlauf der Implementierung und Stabilisierung in Bosnien hätte sich auch auf die serbische Unruheprovinz auswirken sollen. Leider zeigte sich diese Annahme von 1995 als viel zu optimistisch. Das Kosovo blieb bis 1999 weiter ein ungelöstes Problem auf dem Balkan. Daher führte die NATO ohne UN-Mandat einen Luftkrieg gegen die Bundesrepublik Jugoslawien, die nur noch aus den Republiken Serbien und Montenegro bestand. Erst nach einem mehrwöchigen Bombardement akzeptierte der jugoslawische Präsident Slobodan Milošević schließlich NATO-Truppen im Kosovo. Damit plante die NATO nach IFOR und SFOR eine weitere große Operation innerhalb kurzer Zeit und führte innerhalb von nicht einmal fünf Jahren eine weitere Interventions-, Implementierungs- und -Stabilisierungsoperation erfolgreich durch. Die Bundeswehr zählte nach den USA wieder mit zu den größten Truppenstellern, aber diesmal von Beginn an am Luftkrieg und schließlich mit Bodentruppen beteiligt. Mit der Übernahme eines eigenen Verantwortungsbereiches, einer »Area of Responsibility« (AOR), trug die NATO dem politischen und militärischen Gewicht Deutschlands innerhalb der internationalen Gemeinschaft Rechnung. Bei IFOR und SFOR war hingegen das deutsche Kontingent noch in einem französischen AOR eingegliedert gewesen.

Aber mit dem Einsatz im Kosovo ging auch eine Veränderung der außenpolitischen Orientierung einher. Die zunächst Anfang der 1990er-Jahre als Richtlinie geltende »Kohl-Kinkel-Doktrin« wurde durch den Anpassungsprozess durch IFOR und SFOR zu einer »Schröder-Fischer-Doktrin« bei KFOR. Die Begründung, dass es keinen Einsatz der Bundeswehr an den Orten geben könne, an denen SS und die Wehrmacht Krieg geführt hatten, veränderte sich, wie bereits angeführt, zu einem Einsatz dort, wo ein Völkermord drohte oder bereits im Gange war. Zu beiden Orientierungen äußerte sich Bundeskanzler Gerhard Schröder 1999 in den Medien, als er auf die Frage, ob man deutsche Truppen in Regionen schicken dürfe, in denen Deutsche im Zweiten Weltkrieg grausam gekämpft hatten, folgendermaßen antwortete: »Dass wir es nicht dürfen, ist eine These, die ich sehr ernst nehme. Aber für mich gilt das umgekehrte Argument: Weil wir dort in der Tat verbrecherisch tätig gewesen sind, ist es auch eine besondere Verantwortung der Deutschen, sich für die Menschenrechte, gegen Deportationen, gegen Brutalitäten einzusetzen. Unsere Vergangenheit, in der wir für die falschen politischen Ziele interveniert haben, gebietet für mich, dass wir nicht abseits stehen, wenn andere für die richtigen Ziele eintreten«.[20] Mit dem Kosovokrieg im Jahr 1999 wurde diese Haltung zu einer parteiübergreifenden politischen Mehrheitsmeinung, die auch eine bewaffnete Interventionsoperation innerhalb der NATO als Option beinhaltete.

Die außen- und besonders die bündnispolitische Orientierung richteten sich ab 1990 eindeutig auf Teilhabe an der globalen Verantwortung und an den Lasten aus. Dem noch Anfang der 1990er-Jahre international geäußerten Verdacht des Mangels an Bündnistreue wollte sich das vereinigte Deutschland zum Ende des Jahrzehnts nicht mehr ausgesetzt sehen. Als Mitglied in den internationalen Organisationen und vor allem der NATO konnten die Deutschen künftig die Konfliktregulierung nicht mehr den Verbündeten und Partnern überlassen. Ein dem deutschen internationalen Gewicht entsprechender Beitrag musste fortan beigesteuert werden. Die Bundeswehr operierte bei ihren Einsätzen meist im Rahmen der NATO, später erst übernahm dann beispielsweise die EU die Folgemissionen. Dann war die militärische Lage bereits weitgehend stabil und/oder es handelte sich wie im Kongo im Jahr 2006 um die Unterstützung bei der Durchführung von Wahlen. Den militärischen Oberbefehl über die Koalitions- und Bündnistruppen führte bei instabilen Sicherheitslagen anfangs ein NATO-Kommandeur, erst später ein EU-Befehlshaber. Eine eigenständige nationale Operationsführung der Bundeswehr mit der entsprechenden Oberbefehlsgewalt sahen diese Einsätze nicht vor. Die Einsätze erfolgten unter den Auflagen des jeweiligen internationalen militärischen Oberbefehlshabers in der AOR mit den jeweiligen nationalen Einschränkungen der Kontingentsteller. Die Bundeswehr führte diese Einsätze außerhalb des eigenen oder des Territoriums der NATO-Mitglieder durch. Der Balkan in den 1990er-Jahren bildete lediglich eine, wenngleich wichtige Etappe in diese Richtung, ab 2001 kam mit Afghanistan eine wesentlich gefährlichere politische und militärische Herausforderung hinzu.

Seit dem Aufbaubeginn der Bundeswehr im Jahr 1955 starben knapp 3200 Angehörige der Bundeswehr bei der Ausübung ihres Dienstes. In den Auslandseinsätzen kamen 104 Soldaten zu Tode. Von den 37 durch Fremdeinwirkung gefallenen Soldaten starben allein schon 35 in Afghanistan. Mit dem Bundeswehreinsatz in Afghanistan war vor allem eine weitere Eskalation in der Gewalt verbunden. Während Kampfhandlungen durch Bodentruppen auf dem Balkan noch vermieden werden konnten, prägte der asymmetrische Krieg den Einsatz am Hindukusch. Mit dem Ehrenmal der Bundeswehr auf dem Gelände des Bundesministeriums der Verteidigung in Berlin und dem »Wald der Erinnerung« im Einsatzführungskommando in Potsdam wird nunmehr allen Angehörigen der Bundeswehr gedacht, die im Rahmen ihres Dienstes tödlich verunglückten. Damit wurden zwei zentrale Orte der persönlichen Trauer in Deutschland geschaffen.

---

20 Der Spiegel, 15/1999. Zit. nach: Schwab-Trapp, Kriegsdiskurse, S. 296.

Tagebuchabschrift

Arndt Räuber, OTL, ISAF, Kabul, Leiter Baubüro April 2003

Auszug:

07.06.03

Pfingstsamstag. In Deutschland Ferienzeit, langes Wochenende, Familienzeit. In Afghanistan Schichtwechsel. Abflieger, die sich auf den Rückflug, auf zu Hause freuen. Wir frühstücken noch mit einigen und frotzeln – Henkersmahlzeit etc. Letzter Gruß – Alles Gute – lasst mal was hören [...]
Gegen 08.00 ein dumpfer Schlag, wie nach einer Sprengung. Aber auf dem Sprengplatz gegenüber kein Rauchpilz. Naja [...] Dann Sirenen, Blaulicht, kein Verkehr mehr auf der Jalalabad Route. Zurückkommende Einsatzfahrzeuge, neue fahren wieder raus, MP hinterher, die Feuerwehr. Wie automatisch greifen wir zum Telefon und stellen fest – keine Verbindung. Es muss uns getroffen haben. Weitere Information, erst sporadisch, dann Gewissheit – der Bus mit den Heimfliegern ist durch eine Autobombe schwer getroffen worden. Tote und Verletzte. Die Kranken im Sanbereich mussten bereits raus. Immer noch Blaulicht, Martinshorn und beginnende Stille im Lager. Die Arbeit bleibt liegen, erste Tränen, Fragen warum? Und blasse Gesichter – wird es mich auch treffen? Herr K. sitzt da und weint hinter der Hand. Warum die Deutschen? Haben wir etwas übersehen? Halbmast – professionelle Trauer, wir ziehen uns in uns zurück. Haben wir daran gedacht, als wir nach Afghanistan gezogen sind? Sind 92,- € täglich ausreichend? Wer fliegt morgen? Ich zum D-Com-Land [...] Ablenkung oder wirklich Arbeit?
Am Abend grillen wir – ruhig, nachdenklich, jeder für sich allein – und verabschieden Herrn M. und begrüßen Herrn P. – den neuen LAV. Die Sonne geht kraftvoll unter – sie verspricht im Untergehen einen neuen Tag – einen neuen Tag – wir sind mit dem alten noch gar nicht fertig. Ein harter Tag. D. habe ich informiert – mir ist nichts passiert – und den anderen ???

Anschlag auf Bus !

08.06.03

Pfingsten. Termine rappelvoll, Termine nicht Nachdenken, Termine normalisieren, Termine für Profis. Wir stehen drüber.
11.00 Gottesdienst. Das Kirchenzelt reicht nicht. Großer Zulauf – Suche nach Trost, Hoffnung, Glauben an Sinn [...].
Pfingsten, die Zeit, in der die Jünger predigten und jeder verstand sie in seiner Sprache. Man verstand das Gesagte und hörte zu. Ein Tag vorher Bombenattentat. Viele helfende Hände, Engländer, Ungarn, Spanier, Amerikaner, Deutsche, Kroaten, Afghanen [...] keine gemeinsame Sprache, aber alle verstanden sich im Bemühen darum 30 betroffenen Soldaten zu helfen. Pfingsten ?? Ja, ich glaube das ist Pfingsten. Warum immer so hart, so überdeutlich?
Der Gottesdienst hat gut getan.
Mit D. kurz telefoniert. Sie bedauert mich und fühlt bestimmt mit mir. Aber versteht sie mich, wenn ich in diesem Zusammenhang von Pfingsten spreche? [...] ich liebe sie sehr!

D. = Ehefrau im Heimatland.

10.06.03

Der Tag beginnt aufwühlend. Trauerfeier um 06.30 Uhr. Vier Särge, vier Kameraden, die auf eine traurige, beklemmende Art Abschied nehmen. Wieder Tränen, Schweigen, Einsamkeit und die Angst, was kommt noch. Jede Menge Öffentlichkeit. Botschaftsvertreter was Kabul so hergibt – aber lebendiger wird es damit nicht. Selbst unsere Nichttruppen *[als Fernmelder eingesetzte deutsche Soldaten im Süden (ohne Mandat)]* aus Baghram sind da. Wie grausam, wenn man über die eigenen Toten nicht reden darf. Spalier bilden, grüßen und letzter Blick [...] wie lange bleiben wir noch? Kurze Zeit später, die Toten fahren genau wie Bus vorher zum KIA [Kabul International Airport], fahren wir selbst ins HQ und dann zum KIA raus.
Dort wieder Trauerfeier und Abflug der Särge. Die Transall steigt auf und stößt ihre Flairs aus – ich denke nach, die Russen haben auch ihre Toten rausgeflogen.
In Gedanken, klein – zögerlich – sorgenvoll fahre ich zurück nach Camp Warehouse. Ich begreife einmal mehr – unser Leben liegt in Gottes Hand.
Der Resttag sind Besprechungen und Infra-Alltag. Ich muss mich gedanklich auf Termez einstellen. Dort will ich am 12.06. hin.
D. angerufen. Ich brauchte ihre Stimme [...] in tiefer Liebe [...]

Flairs = Täuschkörper gegen Flugabwehrwaffen aus brennendem Schwefel.

6. Bilanz und Perspektiven

Der Aufbau der Bundeswehr resultierte hauptsächlich aus der Forderung der USA nach militärischer Lastenteilung bei der Verteidigung Zentraleuropas und dem Willen der Bundesregierung unter Bundeskanzler Konrad Adenauer, die staatliche Souveränität der Bundesrepublik Deutschland unter Überwindung des Besatzungsstatus zu erlangen. Die USA erhofften sich eine mit ihrer Hilfe modernisierte schlagkräftige »Wehrmacht« in der Demokratie. Für den Bereich der technischen Rüstung und der Ausbildung vollzog sich anfangs eine gewisse »Amerikanisierung« der Bundeswehr (»train and assist«). Amerikanische Einflüsse auf die Innere Führung waren dagegen marginal. Dies sollte aber nicht als Indiz für eine verringerte Modernisierungsfähigkeit der Bundeswehr gelten. Vielmehr konnte sich aufgrund des geringen Einflusses der USA auf das innere Gefüge die Innere Führung überhaupt erst etablieren. Eine Amerikanisierung der Bundeswehr auf dem Feld der Organisations- und Führungsphilosophie hätte vermutlich zu einer weitaus stärkeren konservativen militärischen Restauration und daher zu beträchtlichen Auswirkungen der gesellschaftlichen Entwicklungsprozesse auf die Funktionsfähigkeit der Bundeswehr geführt, als es bei der an den gesellschaftlichen Anpassungsprozess gekoppelten Inneren Führung schließlich der Fall war. Auch die Berufung eines Wehrbeauftragten wäre wohl dann nicht erfolgt. Die Wahl eines eigenen bundesrepublikanischen Weges beförderte demnach die Modernisierung der (west)deutschen Streitkräfte und wirkte folglich auch auf die Festigung eines demokratischen Verständnisses bei den Soldaten als »Staatsbürger in Uniform«. Denn die demokratische Gesinnung konnte bei den ersten Generationen der Bundeswehrsoldaten bei Weitem noch nicht so ausgeprägt sein, wie es bei den seit der amerikanischen Unabhängigkeitserklärung vom 4. Juli 1776 in Streitkräften in der Demokratie dienenden US-Soldaten der Fall war.

Trotz der innovativen Inneren Führung, die der renommierte Politikwissenschaftler und Militärsoziologe Wilfried von Bredow in ihrer Bedeutung als vergleichbar mit der Sozialen Marktwirtschaft beschreibt, konnte sich mit der Bundeswehr, personell und organisatorisch betrachtet, erst einmal die »Wehrmacht« in der Demokratie rekonstruieren. Bis zum Ende der Aufbauzeit im Jahr 1970 könnte demnach auch von der »Bundeswehrmacht« gesprochen werden.

Der Bundesverteidigungsminister verfügte ab 1955 über einzigartige Befugnisse. Der Verfassungs- und Gesetzgeber ernannte ihn zum Inhaber der Befehls- und Kommandogewalt (IBuK). Die mit der Gründung der Bundesrepublik Deutschland einsetzende politische sowie gesellschaftliche Modernisierung wirkte sich über das Rechtstaats- und Verwaltungsprinzip auch auf das militärische System und seine Akteure aus. Die Innere Führung steht während der Bundeswehrgeschichte als Garant dieses gelungenen Integrationsprozesses des Militärs in die Demokratie – und auch als Garant der militärischen Funktionsfähigkeit in Zeiten des demokratischen Wandels.

Die Bundeswehr besteht nunmehr seit über 60 Jahren. Freilich gab es völkerrechtliche Auflagen wie den »Zwei-plus-Vier-Vertrag«, jedoch änderte sich das politische System nicht. Die Modernisierung durch Transformation erforderte eine regelmäßige (Neu-)Ausrichtung der Bundeswehr. Während des Kalten Krieges und bis zum Ende des Ost-West-Konflikts 1989/90 stand die Bundesrepublik auf der Seite der westlichen Demokratien und der NATO. Diese erwiesen sich im Kampf der Systeme gegenüber den kommunistischen Parteiherrschaftssystemen als überlegen. In der Zukunft wird es erforderlich bleiben, dass sich die Bundesrepublik Deutschland weiter dem Frieden in einem starken politischen und militärischen NATO-Bündnis zur Sicherheit in Europa und auf der ganzen Welt verpflichtet.

Die Bundesrepublik Deutschland und die Bundeswehr blieben in den 1990er-Jahren als Staat und Organisation uneingeschränkt bestehen, jedoch änderte sich das außen- und innenpolitische Koordinatensystem fundamental. Die Entwicklung vollzog sich von einem Beistandsbündnis im Kalten Krieg zu einer Interventionsallianz, von Ausbildungs- und Defensivstreitkräften zu einer internationalen Eingreif- und Stabilisierungstruppe. Die Bundeswehr schaffte den Sprung von der »kollektiven Verteidigung« zur »kollektiven Sicherheit«. Gerade moderne Streitkräfte mussten im Rahmen von multinationalen Militäreinsätzen genauso wie internationale Organisationen zur Prävention (Konfliktvorsorge), Intervention (Konfliktbewältigung) und auch Postvention (Konfliktnachsorge: Stabilisierung, Wiederaufbau, »train and assist«) fähig sein. Die Teilhabe an den Entscheidungen und eine

Innere Führung als Innovation

»Dabei handelt es sich bei der militärpolitischen Konzeption der Inneren Führung um eine der innovativsten und kreativsten politischen Neuerungen der Bundesrepublik Deutschland, in ihrer Bedeutung durchaus vergleichbar der wirtschafts- und gesellschaftlichen Konzeption der Sozialen Marktwirtschaft.«

Quelle: Bredow, Demokratie und Streitkräfte, S. 112.

gerechte sowie den Fähigkeiten entsprechende Lastenteilung erwiesen sich als die wesentlichen Grundlagen des NATO-Bündnisses. Die 1990er-Jahre veränderten vor allem die Bundeswehr gravierend und die Wandlung der außen- und innenpolitischen Prämissen erforderte eine neue Ausrichtung der Streitkräfte. Bis zum Beginn der 1990er-Jahre existierten Verteidigungsstreitkräfte der Bundesrepublik Deutschland innerhalb des NATO-Bündnisses; diese verfügten aufgrund des bis dahin gültigen Aufgabenspektrums nur über eingeschränkte strategische Fähigkeiten. Damit erwiesen sich auch die operativen Möglichkeiten und die Durchhaltefähigkeit außerhalb der Landesgrenzen als deutlich begrenzt. Gemeinsam mit der Anpassung der deutschen Außenpolitik an die neue Rolle im internationalen Machtgefüge mussten sich auch das Auftragsspektrum und das Fähigkeitsprofil der Bundeswehr wandeln. In den 25 Jahren Armee der Einheit entwickelte sich die Bundeswehr daher zu einer Interventionsarmee. Sie schaffte trotz gesellschaftlicher Vorbehalte gegenüber militärischen Einsätzen und der Vorsicht der politischen Entscheidungsträger diesen Sprung. Sowohl in der NATO als auch in der Bundeswehr mussten ab 1990 angepasste strategische Lagebeurteilungen vorgenommen werden, um auf gewaltsame Konflikte wie auf dem Balkan und in Afghanistan reagieren zu können. Das Auftragsspektrum der Bundeswehr umfasste zwar weiterhin den konventionellen Einsatz im Rahmen der Landesverteidigung, jedoch rückte die Fähigkeit zur Aufstandsbekämpfung in zerfallenden Staaten bei der operativen und taktischen Einsatzführung immer mehr in den Mittelpunkt. Solche Einsätze erforderten ein global ausgerichtetes strategisches Denken und eine Anpassung der operativen sowie taktischen Militärdoktrinen an diese sicherheitspolitischen Gefahrenlagen und Konfliktherde. Diese Wandlung kostete bis 2015 aber vielen aktiven Soldaten, Reservisten, zivilen Angehörigen der Bundeswehr, Kriegsberichterstattern (zum Letzteren der anschließende Beitrag von Marina Sandig) und zivilen Aufbauhelfern in den Einsatzländern entweder die Gesundheit oder sogar das Leben!

»Schaumi60« im Train Advice Assist Command North (TAAC N) in Mazar-i Sharif in Afghanistan am 23. Juli 2015.

Bundeswehr/ Philipp Hoffmann

Staatssekretär Ralf Brauksiepe auf der Internationalen Konferenz zu Diversität und Inklusion in den Streitkräften 2015 in Berlin am 8. Juni 2015.

Bundeswehr/Jane Hannemann

Bundesverteidigungsministerin Ursula von der Leyen hält ein Pressestatement zum Expertenworkshop »Perspektiven der Cybersicherheit« in Berlin am 17. September 2015.

Bundeswehr/Uwe Grauwinkel

Hauptquartier des Eurokorps in Strasbourg. Foto vom 5.5.2011.

picture alliance/abaca/Mario Fourmy

Banner »60 Jahre Bundeswehr« am Dienstsitz des Bundesverteidigungsministerium in Berlin. Foto vom 17.4.2015.

Bundeswehr/Grauwinkel

Besuch der Bundeskanzlerin Angela Merkel beim Einsatzführungskommando der Bundeswehr in Schwielowsee bei Potsdam am 10. April 2010. Links General Volker Wieker, Generalinspekteur der Bundeswehr, und rechts Generalleutnant Rainer Glatz, Befehlshaber des Einsatzführungskommandos der Bundeswehr.

SZ Photo/Jose Giribas

Bundesverteidigungsministerin Ursula von der Leyen spricht am 17. Februar 2015 in Berlin während der Auftaktveranstaltung des Verteidigungsministeriums zur Erstellung des Weißbuchs 2016 zur Sicherheitspolitik und zur Zukunft der Bundeswehr.

dpa/ Maurizio Gambarini

Soldaten des Wachbataillons der Bundeswehr vor dem Kanzleramt in Berlin am 3. Dezember 2014. Bundeskanzlerin Merkel empfängt den äthiopischen Ministerpräsidenten Hailemariam Desalegn.

dpa/Lukas Schulze

Besuch der britischen Königin Elizabeth II. und Prinz Philip im Schloss Bellevue am 24. Juni 2015. Im Bild: Bundespräsident Joachim Gauck und Königin Elizabeth II. vor Soldaten des Wachbataillons der Bundeswehr.

SZ Photo/Jose Giribas

Marina Sandig

Die Fotografin Anja Niedringhaus

1. Botschafterin aus den Einsatzländern der Bundeswehr

Am Freitag, den 4. April 2014, erschoss ein Polizist im Mafia-Stil die renommierte deutsche Fotografin Anja Niedringhaus in Afghanistan. Die engagierte und erfahrene Fotojournalistin wurde bei der Ausübung ihres Berufes in Afghanistan, von wo sie seit dreizehn Jahren berichtete, feige ermordet. Die ehemals in Genf und Deutschland lebende Journalistin, die wohl in den Medien bekannteste deutsche Kriegsfotografin, war Teil des Einsatzes. Erschütterung und Entsetzen sowie eine kollektive Trauer und Solidarität waren nach dem Mord ländergreifend und anhaltend wahrnehmbar. Die Welt verlor mit ihr eine leidenschaftliche Bildberichterstatterin.

In der jüngsten Zeit berücksichtigte die Militärgeschichtsschreibung vermehrt auch Bildquellen bei der Analyse der Bundeswehrgeschichte. Aber trotz kritischer Bewertung von Fotografien in der Forschung wurden Medienjournalisten, die gewissermaßen mit der Kamera in der Hand in die Rolle von Beteiligten rückten und ebenfalls dem Geschehen zuzurechnen sind, dabei teilweise übersehen oder vergessen. Für eine breite Wissensvermittlung, welche die historischen, kulturellen und politischen Kontexte nicht vernachlässigt oder verdrängt, sind Korrespondenten in Schrift, Foto und Film unerlässlich. Zusehends kommen,

Die Fotografin Anja Niedringhaus [12.10.1965–4.4.2014] in Rom am 7. April 2005. *pa/AP/ Peter Dejong*

unter Einbeziehung wissenschaftlicher Methoden anderer Disziplinen, wie beispielsweise der Soziologie oder der Kulturwissenschaft, die vielgestaltigen sozialen, ethischen und ethnologischen Aspekte heutiger Konflikte in den Blick der Wissenschaftler. Die Bedeutung einer Reflexion der gesellschaftlichen Wirklichkeit, die weltoffen, effektiv und vernetzt ist und konsequent danach fragt, wie jede einzelne Beobachtung Teil von kulturpolitischer Kommunikation ist, wird für die militärgeschichtliche Forschung und den Weg der Umsetzung leistungsfähiger Armeen immer mehr ins Zentrum geraten.

Mit diesem Anspruch der politischen Weiterentwicklung gehören die Fotografen und Journalisten für ein umfassendes Verständnis gesellschaftlicher Kommunikationsformen unmittelbar dazu. Ohne streitbare Fotografen, wie beispielsweise Anja Niedringhaus, die Augen- und Zeitzeugin kriegerischer Auseinandersetzungen wurde und über weltweite Krisengebiete informierte, wäre das Bild von der Bundeswehr im Auslandseinsatz unvollständig.

Mit großem Verantwortungsgefühl stellte sie sich der schweren Aufgabe, das Militär in seiner Vielfalt fotografisch zu dokumentieren, ohne sich von den offiziellen Einschätzungen abhängig zu machen. Niedringhaus fragte nach den Beziehungen zwischen Einsatzarmee und Gesellschaft, nach der Rolle von militärischen Auseinandersetzungen bei der Ausbildung kollektiver Identitäten sowie nach der kulturellen Bedingtheit des individuellen Kriegserlebens.

Auf diese Weise, oft unter extremen Bedingungen, entstanden mit Hilfe der Kamera vertiefte Einblicke in die »Normalität« des Krieges. Die Kriegsbilder von Niedringhaus belegen gleichzeitig die globalen bewaffneten Konflikte und die Komplexität aktueller militärischer Krisen. Bei ihrer Arbeit stand sie vor einer doppelten Herausforderung: als Fotografin und als Vermittlerin zwischen den Völkern und Armeen. Sie dokumentierte die Traditionen und Spuren der Soldaten und schuf gleichzeitig »Bilder« für Versöhnung, Frieden und Verständigung zwischen den Religionen. Ihre Kriegsfotografien sollten daher wie Texte betrachtet werden. Nur durch eine intensive Analyse ihrer Bilder lassen sich die Facetten eines Landes im Krieg, seiner Bevölkerung und der Soldaten erkennen. Die Bundeswehrsoldaten kamen von außen, um Schutz und Stabilität als Voraussetzungen für einen gesellschaftlichen und wirtschaftlichen Wiederaufbau Afghanistans zu schaffen. Niedringhaus begleitete als Pressefotografin das Zeitgeschehen und wurde somit zu einer der wichtigsten Beobachterinnen der Bundeswehr im Einsatz und ihrer Transformation.

2. Das Attentat

Anja Niedringhaus und die kanadische Korrespondentin Kathy Gannon fühlten sich verpflichtet, über die anstehende Wahl des afghanischen Staatspräsidenten zu berichten.[1] Die

1 Zum Wahlverlauf: Fortschrittsbericht Afghanistan 2014 einschließlich einer Zwischenbilanz des Afghanistan-Engagements, verfasst vom Sonderbeauftragten der Bundesregierung für Afghanistan und Pakistan, Dr. Michael Koch, zur Unterrichtung des Deutschen Bundestags, auch über den Abschluss der Beteiligung deutscher Streitkräfte am Einsatz der Internationalen Sicherheitsunterstützungsgruppe in Afghanistan (»ISAF-Abschlussbericht«), <http://www.auswaertiges-amt.de/cae/servlet/contentblob/669968/publicationFile/189518/Fortschrittsbericht_Januar_2014.pdf, S. 24–27> (Abruf am 13.2.2014).

Die Reporterin Kathy Gannon und Anja Niedringhaus mit afghanischen Sicherheitskräften vor dem Polizeitrainingszentrum in Kabul im Oktober 2012. *pa/AP*

Afghanische Frauen, die für die Registratur zur Präsidentschaftswahl am 5. April vor einer Schule in Kabul anstehen. Foto vom 1.4.2014. *pa/AP/Anja Niedringhaus*

Welt schaute auf das Land; Kabul, die Hauptstadt, war hoch gesichert. Das internationale Interesse war groß. Beide Frauen begleiteten einen Konvoi der Wahlkommission in Banda Khel, der Stimmzettel und andere Wahlunterlagen an Wahlbüros verteilte. Die Fotografin und die Korrespondentin traten für das freie Wort und Bild ein. Sie zeigten der Welt, wie Kunst und entsprechendes politisches Bewusstsein Zeichen setzen können. Das traf auch für die Karikaturisten zu, die dem abscheulichen Terroranschlag von Paris im Januar 2015 auf das Satire-Wochenmagazin »Charlie Hebdo« zum Opfer fielen.

Die Kolleginnen und Freundinnen Niedringhaus und Gannon verifizierten die Ereignisse für eine sachkundige Dokumentation: Datum für Datum, Fakt um Fakt. Einen Tag vor dem ersten Wahlgang näherte sich der Todesschütze, Angehöriger der afghanischen Sicherheitskräfte, in der Provinz Khost im Osten Afghanistans, unweit der Grenze zu Pakistan, dem ungepanzerten Pkw, in dem Niedringhaus und Gannon saßen, und eröffnete mit den Worten »Allahu Akbar« (Gott ist größer) das Feuer. Niedringhaus war sofort tot. Durch die Kamera, die sie bei sich trug, konnte man die professionelle Fotografin leicht von einer normalen Zivilistin unterscheiden. Mit Machtlosigkeit und Sorge stellte man fest, dass bei dem kaltblütigen Anschlag die Reporterin Gannon schwer verwundet wurde. Die Motive des Attentäters, des ca. 23-jährigen Polizisten Nakibullah, der sich nach dem Blutbad an Niedringhaus widerstandslos verhaften ließ, blieben unklar, wenngleich einiges auf einen islamistisch-terroristischen Hintergrund hindeutete.

Der afghanische Täter, Kommandeur eines Polizei-Kontrollpunkts in der Provinz Parwan, sprach in einem Verhör nach der Tat von einem Racheakt an den beiden Frauen. Grund sei ein Bombardement der ISAF-Truppen im Januar 2014 in seinem Dorf gewesen, das viele zivile Opfer gefordert habe. Der Todesschütze Nakibullah war 2012 in die Afghan National Police (ANP) eingetreten und von US-Mentoren im Regional Police Training Center (RPTC) in Mazar-i Sharif, dem zweitgrößten von Deutschland erbauten Polizeitrainingszentrum in Afghanistan sowie Zentrum für die gesamte Polizeiausbildung im Norden Afghanistans, in einem Schnellkurs ausgebildet worden. Zum Motiv für seine Tat hat sich der spätere Angeklagte jedoch unterschiedlich und widersprüchlich geäußert. Er gab auch an, er habe unter einer psychischen Störung gelitten. Diese Einlassung sah man als Schutzbehauptung an. Ein Kabuler Bezirksgericht verhandelte am 22. Juli 2014 in nicht-öffentlicher Sitzung über die Tat Nakibullahs, der anschließend wegen Mordes zum Tode verurteilt wurde.

Die Bundesregierung schaltete sich von Beginn an in den Fall Niedringhaus ein. Angehörige der Deutschen Botschaft in Kabul machten die Haltung der Bundesregierung zur Todesstrafe deutlich und betonten gegenüber der afghanischen Rechtsprechung (AFG-Justiz) wiederholt die deutsche Ablehnung der Todesstrafe.[2]

Die Strafe musste durch ein übergeordnetes Gericht bestätigt und vom neugewählten afghanischen Präsidenten Ashraf Ghani Ahmadzai genehmigt werden. Der scheidende Präsident Hamid Karzai ordnete die Untersuchung der Gewalttat an, nachdem zuvor Mitte März der schwedische Reporter Nils Horner sowie der AFP-Journalist Sardar Ahmad mit seiner Frau und zwei seiner Kinder in Afghanistan durch Attentate getötet worden waren.[3]

---

2 Für diesen Hinweis und andere Informationen danke ich dem Auswärtigen Amt in Berlin, insbesondere der Abteilung Internationales Strafrecht.

3 Der Spiegel, Nr. 31, vom 28.7.2014, S. 13.

Niedringhaus' Mörder Nakibullah legte Berufung gegen das Todesurteil ein. Das Auswärtige Amt in Berlin und die Deutsche Botschaft in Kabul verfolgten intensiv das weitere Verfahren und bemühten sich mit Nachdruck um vollständige Aufklärung. Die Bundesregierung respektierte die unabhängige afghanische Justiz. Im Februar 2015 wurde in Afghanistan ein Revisionsverfahren am Supreme Court eingeleitet. Mit Urteil vom 11. März 2015 hat der Supreme Court das Urteil des Berufungsgerichts bestätigt: Die Todesstrafe wurde in eine zwanzigjährige Haftstrafe abgemildert. Außerdem wurden weitere vier Jahre Gefängnisstrafe für die Schüsse auf Gennon verhängt. Bis zu dem rechtskräftigen Urteil führte der Generalbundesanwalt beim Bundesgerichtshof in Karlsruhe ein unabhängiges Ermittlungsverfahren gegen den afghanischen Mörder. Die Ermittlungen des Generalbundesanwalts waren nicht von dem afghanischen Urteil abhängig, sondern unterlagen nur den Regelungen der Strafprozessordnung.

Der Mordanschlag auf Niedringhaus zeigte, wie gefährlich Afghanistan für Journalisten und Fotografen, aber auch für Soldaten und die Bevölkerung war. Die Statistik der politischen Unterstützungsmission der Vereinten Nationen (United Nation Assistance Mission in Afghanistan, UNAMA) weist für 2014 einen Rekord hinsichtlich der Zahl ziviler Opfer aus. Im bisher grausigsten Jahr seit Erhebung der Daten durch UNAMA ab 2009 sind mehr als 10 000 Zivilisten getötet oder verletzt worden.[4] Seit 2001 wurden in Afghanistan mehr als 20 Medienvertreter getötet. Zwischen April 2013 und August 2014 wurden mindestens 113 Journalisten in verschiedenen Ländern ermordet. 2014 wurden u.a. James Foley und Steven Sotloff demonstrativ enthauptet und 119 weitere Journalisten wurden entführt. Das Risiko für Journalisten »an der Front« ermordet zu werden, war stark gestiegen und bis zu den Anschlägen in Isa Khel und auf OP North höher als für Soldaten in den Camps.

3. Die Bedeutung der Kriegsfotografie zwischen Information und Propaganda

Bei der quellenkritischen Aufarbeitung von Fotografien für die militärgeschichtliche Forschung erwartete man von den Fotografen eine authentische, objektive und ereignisnahe Dokumentation; eine Erwartung, die angesichts der Manipulierbarkeit fotografischer Bilder nicht immer erfüllt werden konnte. Der Gegensatz von dokumentarischer Echtheit und dem Bild, das der Öffentlichkeit vermittelt werden sollte, gewann besonders im Kontext der historischen und der Kriegsfotografie des 20. Jahrhunderts an Brisanz. Hier seien nur wenige Zeugnisse gezielter verfälschender Inszenierung genannt:

Ein bekanntes Zeugnis des Fotografen Joe Rosenthal, aufgenommen am 19. Februar 1945, zeigt das Hissen der amerikanischen Flagge durch US-Soldaten bei der Eroberung der

4 Seit Beginn des ISAF-Einsatzes waren in Afghanistan 55 deutsche Bundeswehrangehörige [53 Soldaten] bis Ende 2014 ums Leben gekommen. Mehr als 800 deutsche Soldaten sind noch in Mazar-i Sharif zur Ausbildung afghanischer Sicherheitskräfte stationiert. Die Soldaten sind Teil der Mission »Resolute Support«, die Anfang 2015 auf den NATO- Kampfeinsatz folgte.

Pazifikinsel Iwojima. Tatsächlich war es so gewesen, das zuvor – mehrfach fotografiert – eine andere Gruppe von Soldaten bereits eine Flagge gehisst hatte. Doch war diese Flagge zu klein, sodass die Bilder davon recht unspektakulär erscheinen. Also zog noch einmal ein Trupp los und hisste die größere Flagge. Dabei entstand das heute berühmte Foto als Dokument und zugleich als Sinnbild. Angesichts der sakralen Pose und aufwärts gerichteten Bewegung, ging es als Symbol der Unbezwingbarkeit der USA um die Welt.

Ein weiteres Beispiel sind die Bilder des russischen Armeefotografen Jewgeni Chaldej in Berlin vom 2. Mai 1945. Sie versinnbildlichen den heroischen Moment der Erstürmung des Reichstags am Abend des 30. April, indem sie zeigen, wie ein Rotarmist auf dem Dach die Sowjetflagge hisst. Ein Foto, morgens um 7 Uhr, also 33 Stunden zu spät mit Chaldejs Leica aufgenommen, wurde zum Inbild des Sieges über Hitler-Deutschland. Das Foto existiert in mehreren Varianten: mal mit drei, mal mit zwei Soldaten, mal mit hängender oder wehender Fahne. Ohnehin wurden Rauchschwaden des Krieges im Hintergrund, um der Dramatik willen, nachträglich in das Bild hineinmontiert. Ein ganzer Film mit 36 Aufnahmen sei verbraucht worden. Einem Soldaten wurde die zweite Armbanduhr wegretuschiert. Und wer genau ist auf dem Foto zu sehen? Chaldej, wie allen Beteiligten, wurde strengste Geheimhaltung befohlen. Erst nach dem Zerfall der UdSSR verriet man die Namen der Soldaten.[5]

Die Kriegsfotografie wurde seit den Anfängen bewahrt und hat bis ins 21. Jahrhundert enorm an Bedeutung gewonnen. Die Bewertung der Kriegsfotos von Friedrich Brandt, Roger Fenton, Robert Capa und James Nachtwey bis hin zu Nick Út war viele Jahre wenig differenziert. Die Fotografen berichteten von Kriegsschauplätzen und vermittelten ein nüchternes Bild über den unheilvollen Zustand. Friedrich Brandt zählt mit seinen Fotos vom Deutsch-Dänischen Krieg 1864 (Düppeler Schanzen) als deutscher Fotopionier. Und nach den Aufnahmen aus dem Krimkrieg 1853–1856 von Roger Fenton zählen Brandts Bilder zu den frühesten Kriegsfotografien Europas.

Die militärgeschichtliche Forschung konzentrierte sich in den letzten Jahrzehnten auf das Zeitalter der Weltkriege. Der Erste Weltkrieg war bereits modern und vielfältig hinsichtlich des medialen Einsatzes. So wurden beispielsweise Miniaturkameras an Brieftauben befestigt, die über die feindlichen Linien fliegen sollten. Die Kameras waren meist viel zu schwer für die Tauben und die Technik ermöglichte noch keine guten Aufnahmen von bewegenden Personen oder Fahrzeugen. Kampfhandlungen konnten nur selten fotografiert werden. Es wuchs jedoch die Zahl der »Dokumentarfotografie« ins Unermessliche. Der Krieg wurde zum Fotokrieg und die Bildpostkarte wurde zum täglichen Begleiter. Für die Propaganda wie für die Heimatfront wurden Millionen von Aufnahmen arrangiert oder einfach nur im »Schnapschuss« festgehalten. Hinzu kamen weitere fundamentale Bedingungen (wie auch das Ende der Pressefreiheit).

Im Zweiten Weltkrieg waren Soldaten als »Bildberichter« der deutschen Propagandakompanien (PK) im Einsatz, die militärisch regelrecht eine eigene Waffengattung darstellten. Fotografen als »Soldaten der Kamera« hatten im Propagandaapparat des NS-Staates eine wichtige Rolle eingenommen (wie beispielsweise Hilmar Pabel und Hanns Hubmann). Annähernd

5 Es waren Alexej L. Kowaljow, Abdulchakin I. Ismailow und Leonid Goritschew: ein Ukrainer, ein Kumyke und ein Weißrusse.

15 000 PK-Soldaten waren damit beschäftigt, für die Propaganda der Wehrmacht wie auch des NS-Regimes, Fotos, Texte, Berichte oder Zeichnungen anzufertigen. Die Nationalsozialisten waren sich sehr früh der Macht der Bilder bewusst. Die Kriegsberichterstattung wurde vom NS-Staat als Teil der Kriegführung organisiert.

Es ist auch unsere Aufgabe, immerzu einen Anstoß zum kritischen Umgang mit Pressefotografien aus der Zeit des Nationalsozialismus zu geben. Hier sind an vorderer Stelle die Fotos von Benno Wundshammer zu nennen. Wundshammers Bilder aus dem Zweiten Weltkrieg von sowjetischen Kriegsgefangenen aus dem Kessel von Wjasma dienten dem propagandistischen Missbrauch. In seinem Bericht »Menschen-Arsenal« für die »Berliner Illustrirte Zeitung« beschrieb Wundshammer die gefangenen Menschen als Masse, die als »lebendiger Wall um die Mauern von Moskau gelegt« worden seien. Gleichzeitig verwendete er antisemitische Stereotype in seinen Berichterstattungen.[6] Eingezogen wurde Wundshammer als »Sonderführer G (Bildberichter)« zum Luftwaffenkampfgeschwader »Hindenburg«. Später wechselte er als Kriegsberichterstatter zur Propagandazeitschrift des Oberkommandos der Wehrmacht »Signal« und machte schließlich Karriere bei der Illustrierten »Quick« in der Bundesrepublik Deutschland.

Ein anderes Bild überlieferte der Berliner Luftfahrtfotograf Hans Schaller. Schaller dokumentierte den Aufschwung der deutschen Luftfahrtindustrie und der Fliegerei in den 1930er-Jahren und vermittelte zugleich ein gewolltes Bild des Krieges, das den Zielen und Zwecken der Staats- und Wehrmachtführung entsprach. Der Kriegsfotograf arrangierte sich mit dem NS-Regime, welches das Ausleben seiner Luftsportbegeisterung zuließ. Der Preis hierfür war jedoch, dass Schallers Arbeit von den Nationalsozialisten für propagandistische Zwecke missbraucht wurde. Im Februar 1945 wurde Schaller erneut eingezogen und geriet kurz darauf in amerikanische Kriegsgefangenschaft. Nach seiner Rückkehr aus der Kriegsgefangenschaft 1946 arbeitete Schaller als Bildjournalist.

Unter den eher seltenen Kriegsfotografinnen machten nicht zuletzt Margaret Bourke-White und Lee Miller mit ihren ersten Bildern nach der Befreiung des Mordlagers Auschwitz-Birkenau vom Ende Januar 1945 von sich reden. Sie schafften mit ihren emphatischen, erschreckenden Fotos Zugänge zu unserer dunkelsten Vergangenheit. Später folgten die schockierenden Zeugnisse des davor kaum geglaubten Grauens in Buchenwald und Bergen-Belsen.

Das Phänomen, dass man Aufnahmen aus der Geschichte in der Rückbesinnung mit dem Wissen um spätere Ereignisse betrachtet und dadurch anders sieht als zur Entstehungszeit, ist für die Bedeutung der Bilder zentral, und verdient deshalb immer eine eigene Kommentierung. Das Problembewusstsein bei der Analyse von Kriegsfotografien ist in der Militärgeschichtsschreibung inzwischen maßgeblich geschärft. Die wissenschaftliche Aufarbeitung der historischen und der gegenwärtigen Kriegsfotografie wird eine unserer ständigen Aufgaben bleiben.

Die Kriegskorrespondenten, die nicht unter parteipolitischer Führung über den Zweiten Weltkrieg berichteten, schlossen sich, auch zu ihrem persönlichen Schutz, das eine oder

---

6 Auf die Fotografie während des Nationalsozialismus, die in der ethnologischen, kriminologischen und anthropologischen Fotografie des 19. und frühen 20. Jahrhunderts wurzelt, wird in diesem Beitrag kein weiterer Bezug genommen. Nach der Machtübernahme der Nationalsozialisten entstanden auch grauenvolle Bilder der Demütigung.

andere Mal einer militärischen Einheit (»embedded«) an. So auch Robert Capa, amerikanischer Fotograf ungarisch-jüdischer Herkunft, der als Kriegsberichterstatter mit seinen einzigartigen Bildern von der alliierten Landung in der Normandie Geschichte schrieb. Der Kriegsfotograf Capa, der schon im Spanischen Bürgerkrieg dabei gewesen war, war ein Vorbild für den bedeutenden zeitgenössischen US-Reportagefotografen James Nachtwey. Auch für Nachtwey wie für Capa war die fotografische Regel, Bilder auf Augenhöhe mit den Menschen, die unmittelbare Nähe gekonnt ins Licht zu setzen, wichtig. Capa praktizierte die Regel, er ging »dicht heran« und trat dabei 1954 im Indochinakrieg auf eine Landmine. Seine Aufnahmen vom ersten, französischen Vietnamkrieg wurden so zu seinem tragischen Vermächtnis.

Die Fotografen im Vietnamkrieg schlossen sich ebenfalls zumeist einer militärischen Einheit an. Gefragt wurde nach den erheblichen sozialen, wirtschaftlichen und demografischen Auswirkungen des Kriegsgeschehens auf verschiedene Städte und Dörfer sowie den massiven seelischen Verwundungen, die der Krieg bei der dortigen Bevölkerung verursachte. Als Kriegsberichterstatter dokumentierten die Fotografen nicht nur das Grauen, sie veränderten damit auch den Blick auf den Krieg und regten zur Nachdenklichkeit an, ähnlich wie es bei Niedringhaus der Fall war. So war die Welt nach Nick Úts (Huynh Cong Út) Foto vom 8. Juni 1972 des Mädchens Kim Phúc aus dem Vietnamkrieg, das durch eine Napalmbombe schwer verletzt wurde, eine andere. Das Werk des Fotoreporters Út gilt heute als Meilenstein der Kriegsfotografie. Aufschluss darüber gibt u.a. ein viel beachteter Essay von Susan Sontag. Sontag erklärte das Foto Nick Úts zum authentischen Bild schlechthin und zum »Inbegriff der Schrecken des Vietnamkrieges«.[7] Es zu zeigen war eine Pflicht.

4. Leben und Karriere der Anja Niedringhaus

Anja Niedringhaus verstand das Fotografieren als verpflichtenden Auftrag, an das Geschehene zu erinnern und damit der Gesellschaft einen moralischen Impuls zu geben. Ihre Arbeit war ein essenzieller Beitrag zu einem Prozess des Nachdenkens und der Veränderung. Aufklärung und Bildung durch Bilder: Diese Akzeptanz war ihr wichtig, damit junge Menschen und Soldaten die politischen und militärischen Entwicklungen besser verstehen können.

1965 im nordrhein-westfälischen Höxter geboren, besuchte Niedringhaus das dortige König-Wilhelm-Gymnasium und studierte von 1986 bis 1990 Germanistik, Philosophie und Publizistik an der Georg-August-Universität in Göttingen. Sie wirkte bereits als Schülerin im Bereich Text und Bild der Lokalredaktion der »Neuen Westfälischen« mit und arbeitete von 1984 bis 1986 als freie fotografische Mitarbeiterin für die Zeitung. Zeitgleich gehörte sie als freie Fotografin dem Team des »Göttinger Tageblatts« an. 1986 absolvierte sie ein dreimonatiges Praktikum bei der Kindernothilfe im Süden Indiens, das bereits Zeugnis ihres Willens gab, sich um die Menschenrechte zu kümmern. 1988 unternahm Niedringhaus eine sechs-

7 Sontag, Das Leiden anderer betrachten, S. 68.

monatige Reportagereise durch Südamerika. Ein Jahr später berichtete sie über den Fall der Mauer als freie Fotografin der Deutschen Presseagentur (dpa). Mit nur 24 Jahren erhielt sie von der European Press Photo Agency (epa) als erste Frau das Angebot einer Festanstellung. Es war eine spannende Herausforderung, die sie annahm. Von 1990 bis 1996 gewann sie Anerkennung für ihre Arbeit als Fotografin bei der Agentur. Schwerpunkt ihrer Tätigkeit in dieser Zeit war der Balkankrieg in Bosnien-Herzegowina. Sie dokumentierte fotografisch u.a. den Krieg in Sarajevo und Mostar. Durch Niedringhaus Wirken sind Bilder entstanden, in denen sich Situationen des Krieges wiederspiegeln und gleichzeitig die Erinnerungskultur an den Krieg wachhalten. Sie hat sich mit ihren Kriegsfotos von Anbeginn als Fotoreporterin, die eigene Akzente setzt, einen Namen gemacht.

Ihre Profession und Leistungsfähigkeit stellte Niedringhaus auch in den Dienst der Sportberichterstattung. Trotz der zeitlichen und geografischen Breite, war wie bei der Sportberichterstattung (z.B. Fußball-Weltmeisterschaft in Italien, Olympische Spiele in Barcelona, Lillehammer und Atlanta) für Niedringhaus stets gutes Timing das A und O – oft blieb ihr nur eine Zehntelsekunde, um die Situation bildlich einzufangen, die alles entscheidet. Sie konnte blitzschnell reagieren, immer das Ganze und die Sequenz im Blick sowie den Gedanken behaltend, dass Olympia fraglos dem Zusammenspiel von Athletik und Kultur dient. Auch diese Fotos, die thematisch und ästhetisch zusammenhängen, machen Niedringhaus' Berufs- und Lebensphilosophie deutlich. Das bedrohliche Weltgeschehen hatte jedoch Vorrang.

Von 1993 bis 1995 leitete Niedringhaus das Büro für die epa in Sarajevo und in Moskau (1995). Von 1996 bis 2002 war sie chief photographer bei der epa mit europaweiten Einsätzen. Niedringhaus thematisierte den Krieg und das Flüchtlingsdrama im Kosovo. Viele Fotos entstanden in Priština. 1999 erhielt sie den »Fuji European Award« für die Berichterstattung aus dem Kosovo, 2001 die Auszeichnung von der Amerikanischen Vereinigung der Pressefotografen in der Kategorie »Woman in Photojournalism«. Ab 2002 arbeitete Niedringhaus als festangestellte Fotografin für die größte Nachrichtenagentur der Welt, die Associated Press (AP), mit Sitz in Genf. Niedringhaus war über zwei Jahrzehnte weltweit im Einsatz in Albanien, Bosnien, Pakistan, Libyen, Irak, Israel und Afghanistan. 2003 erhielt sie für ihre fotografischen Leistungen gleich mehrere Ehrungen: den »Award of Excellence«, USA, den Preis für das »Picture of the Year International« (POYI), 2012 erhielt sie diesen Preis nochmals sowie den »Clarion Award«, USA, 1. Platz in der Kategorie Photo Series (Hard News). Ferner wurde sie mit dem Preis für »Courage in Journalism Award«, (USA) ausgezeichnet. Im Jahr 2008 wurde sie Preisträgerin der »Goldene[n] Feder« (Deutschland) für die Berichterstattung aus Krisen- und Kriegsgebieten dieser Welt. 2011 verlieh die Abisag-Tüllmann-Stiftung (Frankfurt a.M.) erstmals Niedringhaus den gleichnamigen Preis für künstlerischen Fotojournalismus. Weitere Preise aus den USA und China wurden der Künstlerin verliehen. Die höchste Auszeichnung erhielt sie jedoch als erste deutsche Frau 2005 den US-amerikanischen Journalisten- und Medienpreis, den Pulitzer-Preis für Fotografie. Von 2006 bis 2007 verbrachte sie ein akademisches Jahr an der Harvard University, Cambridge, USA, als »Nieman fellow«-Stipendiatin. Der Finanzinvestor Warren Buffett förderte den Forschungsaufenthalt.

Die Fotografin Anja Niedringhaus war auch als »embedded journalist«, d.h. als Journalistin, die eine Kampfeinheit begleitete, unterwegs. Das Wort »embedded« kam nach dem Vietnamkrieg vermutlich durch das State Department für den Irakkrieg wieder verstärkt ins Spiel. Es wurde in der damaligen Situation beschlossen, die Journalisten und Fotografen

Anja Niedringhaus in Kunduz im September 2013.
F.A.Z.-Foto/Daniel Pilar

Ein deutscher Soldat bewacht am 18. Januar 2002 den Eingang zum deutschen Quartier des Vorauskommandos in Kabul. Auf dem Schild steht in afghanischer Sprache: »Das ist Gebiet der internationalen Schutztruppe. Ohne Genehmigung gibt es keinen Einlass. Falls jemand ohne Erlaubnis das Gelände betritt, werden wir von unseren Schusswaffen Gebrauch machen.« *pa/dpa/epa Anja Niedringhaus*

Ein ISAF-Soldat der Bundeswehr patrouilliert am 1. Oktober 2008 in der Nähe von Feyzabad.
ap/dpa/picture alliance/SZ Photo/Anja Niedringhaus

ISAF-Soldaten der Bundeswehr bereiten sich am 26. September 2008 auf eine Patrouillie in Feyzabad vor.
pa/AP/Anja Niedringhaus

ISAF-Soldaten der Bundeswehr während einer Patrouille in den Bergen von Feyzabad. Foto vom 27.9.2008.
AP/dpa/SZ Photo/ Anja Niedrighaus

ISAF-Soldaten auf Patrouillenfahrt in Feyzabad. Die strategisch wichtigen Strecken waren auch Teilen der afghanischen Aufständigen bekannt, sodass die Bundeswehr oft unter Beobachtung stand. Foto vom 1.10.2008.
pa/AP/Anja Niedringhaus

Ein ISAF-Soldat der Bundeswehr beobachtet während einer Patrouille nahe Feyzabad von einem gepanzerten Einsatzfahrzeug aus eine Gruppe afghanischer Männer. Foto vom 1.10.2008.
AP/dpa/SZ Photo/ Anja Niedrighaus

Ein afghanischer Mann beobachtet auf seinem Esel deutsche ISAF-Soldaten, die in Yaftal E Sofia (Feyzabad) am 15. September 2009 patrouillieren. Die Beobachter sind an vielen Orten präsent.
pa/AP/Anja Niedringhaus

Deutsche Soldaten beten während einer Messe unter freiem Himmel in ihrem Lager in Kabul. Foto vom 27.1.2002.
pa/dpa/epa Anja Niedringhaus

Afghanische Kinder und Jugendliche begleiten einen deutschen Soldaten (r.) und einen afghanischen Polizisten (M.), die am 14. Januar 2002 gemeinsam durch einen Vorort von Kabul patrouillieren. *pa/dpa/epa Anja Niedringhaus*

Die beiden deutschen Soldatinnen M. Engelmann und Y. Meyer-Truempenel im deutschen Quartier in Kabul. Foto vom 18.1.2002. *pa/dpa/epa Anja Niedringhaus*

Der deutsche Soldat A. Rueckerl von der Sprengstoff-Entschärfungseinheit EOD zeigt in Kabul explodierte Granaten. Am 6. Juli 2002 sind zwei deutsche und drei dänische Soldaten ums Leben gekommen. *pa/dpa/epa Anja Niedringhaus*

– nicht nur aus Sicherheitsgründen – in die vorrückenden amerikanischen Streitkräfte zu integrieren. Für den Reporter war es teilweise notwendig in einer Kriegssituation, Teil einer Gruppe oder Einheit zu sein und nichts anderes besagt dieses Wort. Dennoch ist »embedded« aus journalistischer Perspektive als durchaus nicht unproblematisch zu betrachten, da die Journalisten und Fotografen nur das zu sehen bekamen, was ihre Begleiter zuließen. Wie löste Anja Niedringhaus dieses Problem? »Sie machte sich mit einem geliehenen Jeep von Kuweit City in den Irak auf und gelangte so noch vor den amerikanischen Truppen nach Bagdad«.[8] Mit ihrer Irak-Fotoreportage schrieb sie sich in die Kriegsdokumentationsgeschichte ein und gewann mit dem stets entschlossenen Eintreten für Meinungsfreiheit und Toleranz den erwähnten herausragenden Pulitzer-Preis für Fotografie.

Niedringhaus legte Wert auf gesicherte Informationen, stellte hohe Ansprüche an ihre Arbeit und hielt die Details fest. Die Bilder zeugen vom technischen Können und dem offenen Blick für das Besondere, eben von einer hohen künstlerischen Bildkompetenz. Sie liebte den Umgang mit Menschen und brachte viel Empathie für sie auf. Es fehlte ihr nie an Kreativität, Elan und lebhaftem Interesse. Ihr Lachen gab Kraft und Zuversicht und bleibt vielen in Erinnerung bei all dem Schatten der Trauer und des Schmerzes. Niedringhaus' fotografische Reportagen vermitteln Eindrücke von Kriegen und von den Menschen aus Krisengebieten, ohne Erlebtes gegeneinander abzuwägen. Themen wie Soldaten im Kampfeinsatz, der leidenden, vom Krieg gezeichneten Zivilbevölkerung, aber auch von Menschen, die in Augenblicken, trotz Not und Elend, glücklich sind, wurden transparenter. Inmitten der Zerstörung erreichten uns nur selten Bilder aus Afghanistan mit einer ergreifenden Nahsicht auf die emotional berührenden Geschichten der Menschen in diesem Land. Niedringhaus brachte die Menschen auf den Aufnahmen zum »Erzählen«, sie wurden zum Mittelpunkt von Geschichten. Die Fotos bewirken assoziative Verknüpfungen, die vorher so nicht wahrgenommen wurden. Niedringhaus vertraute auf die Bildkraft von Personen und Objekten. Nicht kunsthistorische Korrektheit allein, sondern die Vielfalt möglicher Deutungen dem Betrachter zu eröffnen – darum ging es ihr eben auch. Ihre Nahaufnahmen sind Ausdruck kompositorischer Kraft und tiefster Menschlichkeit und zeigen zugleich, wie sinnlos der Krieg ist.

Niedringhaus wusste, dass die Wirkung eines jeden Mediums begrenzt ist. Die Fotografin und Künstlerin schränkte jedoch nicht die Beobachtung ein, obgleich sie hinnehmen musste, dass Bilder weder Kriege verhindern noch einen einzigen Soldaten retten können. Dennoch sind sie ein starkes Signal zur Veränderung der Gesellschaft. Die Bilder dokumentieren eine Revolution des Sehens und des Selbstbewusstseins in der Welt heutiger Einsätze. Einen Überblick über die Summe ihrer Erkenntnisse und kritischen Denkansätze versammelt das Buch »At War«.[9] Es präsentiert einen kostbaren Teil des fotografischen Œuvres von Niedringhaus und ist ein Beispiel der gelebten Globalisierung. Die zahlreichen nationalen und internationalen Vorträge, Workshops und Ausstellungen von Anja Niedringhaus zogen stets ein großes Publikum an. Die Ausstellungen und Medienberichte sind noch immer eine wichtige Quelle für die Wahrnehmung der Kriege in der Öffentlichkeit.[10]

---

8 Jean Christophe Ammann in seinem Essay über Anja Niedringhaus. In: Niedringhaus, At War, S. 12.

9 Niedringhaus, At War.

10 Die Ausstellung »At War«, die im Museum Pfalzgalerie Kaiserslautern präsentiert wurde, verzeichnete hohe Besucherzahlen. Vgl. u.a. aktuell, 51. Jg., Nr. 5, vom 9.2.2015. Hrsg. vom Bundesministerium der Verteidigung, S. 11 f.

Am Samstag, den 12. April 2014 fand in der Corveyer Abteikirche eine bewegende und eindrucksvolle Trauerfeier statt. Das Echo der Anteilnahme war bereits unmittelbar nach dem blutigen Attentat auf die preisgekrönte Fotografin Niedringhaus groß. Die berührenden Traueransprachen waren Zeugnis eines gemeinsamen Bewältigungs- und Überwindungsprozesses über die Ländergrenzen hinweg. Aus New York, London, Kabul und Berlin waren die Trauergäste nach Höxter gekommen, 600 insgesamt. Ihre letzte Ruhestätte fand Niedringhaus in ihrer Heimatstadt Höxter auf dem Friedhof »Am Wall«.

Das Grab von Anja Niedringhaus in Höxter. Vor der Grabeinfassung steht ein Stein mit einem eingeschliffenen QR-Code, über den per Smartphone-Scan auf die Internetseite der Fotografin zugegriffen werden kann. Foto von Dezember 2014. *Herbert Sandig*

5. Die Bundeswehr und Anja Niedringhaus

Niedringhaus wählte ihre Einsatzorte meist selbst aus und war bereit, Anstrengungen und Gefahren auf sich zu nehmen. Ihr fotografisches Leben war eng verbunden mit der Bundeswehr und den internationalen Kampfeinheiten. Sie hatte den Mut hinzusehen und auszuhalten, was sie sah. Sie sah Leichenfelder in Afghanistan, sah Särge, in denen tote Soldaten lagen, Kameraden, denen Beine oder Arme fehlten und sie fotografierte Minenopfer sowie auch den Drogenanbau im Land. Die organisierte Drogenkriminalität und die massive Korruption im Land verschärften die Sicherheitslage. Entsprechend schwer war es für Fotografen, Bildberichte zu verfassen. Niedringhaus beobachtete seit 2001 die Lage in der Region. Trotz des großen eingegangenen Risikos, sind ihre Werke klar, treffsicher und überzeugend. Anja Niedringhaus ging, trotz Gefahrenlage, auch nah heran. Sie trug mit ihren Kriegsfotografien, bei gleichzeitiger Konzentration auf die Wirkung des Krieges auf das afghanische Volk, zur Feststellung der Tatsachen bei. Niedringhaus interessierte auch die Darstellung der eher leisen und bescheidenen Gesten, in denen sich gleichwohl der Zustand einer Zeit, einer Kultur und einer Gesellschaft offenbarten. Mit der Schaffung bewegender Bilder, die die Würde der Menschen in den Mittelpunkt stellen, näherte sie sich gleichzeitig mit Respekt dem nationalen und kulturellen Erbe der Länder. Deshalb wurde die Mehrzahl ihrer Bilder bereits zum ergreifenden Testament.

Jedoch noch mitnehmender wirkt vielleicht die Intensität nüchterner Aufnahmen mit einzelnen Soldaten, weil sie den Betrachter in das Schicksal hinter den Fotos einbeziehen. Niedringhaus war überzeugt, dass die Ausdruckskraft der Fotografie Momente auch »vermenschlicht«, dass man eben nachvollziehen kann, was Personen emotional berührt. Und manchmal erzählt nur ein einziges Bild, eine ganze Geschichte. Das ist gerade die Stärke der Fotografie und sie versuchte diese in genau dieser stärksten Eigenschaft zu nutzen. Andererseits fotografierte sie aus ausgewählten künstlerischen Positionen heraus Kinder, die Krieg und Revolution spielten. Niedringhaus' Fotografien sind eindrucksvolle Dokumente eines unvoreingenommenen Blicks auf viele Staaten und Gesellschaften dieser Erde. Sie erörterte in ihrer medialen Darstellung den Wandel der Streitkräfte und ergänzte so zugleich die Öffentlichkeitsarbeit der Bundeswehr. Die Bilder sind eine Einladung zur Überlegung, welchen aktuellen Herausforderungen für Frieden, Freiheit und Sicherheit sich dabei die Bundeswehr stellen sollte. Niedringhaus machte die Fotografie zu einer politischen Kunst und lieferte mit ihren Fotos einen journalistischen Mehrwert im Sinne einer Illustration soziologischer Thesen. Ein genauso wichtiger Aspekt, war das Ziel, die Wechselwirkungen zwischen Krieg, Landschaft und Menschen in ihren militärischen, kulturellen und gesellschaftspolitischen Zusammenhängen auszuloten. Sie erkannte, dass große Unterschiede, eine Vielfalt in und zwischen den Kulturen der einzelnen europäischen Streitkräfte bestehen. Niedringhaus hatte durch ihre Erfahrungen und Weltoffenheit die Chance ergriffen, gleichzeitig an unserer Zukunft, den Streitkräften ohne Konflikte, und am Wandel in Politik, Lebenswelt und Gesellschaft (»Diversity and Inclusion in Armed Forces«), mitzuwirken. Sie hält mit ihrer Bildsprache das Bewusstsein für die weitreichenden Auswirkungen der Kriegs- und Krisenregionen unserer Welt aufrecht.

Die Fotoredakteurin reiste immer wieder, trotz angespannter Lage, nach Afghanistan, eines der ärmsten Länder der Welt. Sie war im Feldlager Kunduz und im September 2009 eine der Ersten, wenn nicht sogar die Erste, die ein Bild von den Tanklastwagen in Kunduz machte, die auf Befehl von Oberst Georg Klein bombardiert worden waren. 2010 wurde Niedringhaus in Afghanistan schwer verletzt. Der Krieg begann auch sie zu verändern. Sie gab einen Großteil ihres Privatlebens auf.

Vor den Folgen des Krieges für das Leben der Soldaten wollte sie nicht die Augen verschließen. Das Kriegsleid vieler Soldaten war Niedringhaus bekannt. Sie reflektierte die Ereignisse der jüngsten Geschichte der Bundeswehr, die belastenden traumatischen Erinnerungen vieler Soldaten – ohne Erlittenes zu relativieren. Die Entwicklung, dass beispielsweise von den ca. 2,2 Millionen aus dem Irak und Afghanistan zurückgekehrten US-Soldaten mehr als 650 000 an Posttraumatischen Belastungsstörungen (PTBS) litten, also nahezu jeder Dritte, beunruhigte Niedringhaus. Soldaten der Bundeswehr sind da noch hinzuzurechnen. 2013 waren mehr als 1400 Soldaten wegen PTBS in Behandlung, die tatsächliche Zahl Erkrankter

Afghanische Dorfbewohner nach der Bestellung der Opiumfelder in Cham Kalai im Osten Afghanistans. Der Anbau steht unter strenger Kontrolle der Taliban. Foto vom 12.11.2013.

pa/AP/Anja Niedringhaus

Ein Soldat der Bundeswehr reicht einem afghanischen Vater Wasser für dessen Kind. Foto vom 1.10.2012.

pa/AP/Anja Niedringhaus

Ein deutscher ISAF-Soldat sitzt am 16. September 2009 bei Yaftal e Sofia, Afghanistan, während einer Patrouille neben kleinen Kerzen, die er aus Anlass seines Geburtstages angezündet hat.

pa/AP/Anja Niedringhaus

ist nach den Ergebnissen einer Rückkehrer-Studie wesentlich höher.[11] Nach dem Abzug der letzten internationalen Kampftruppen vom Hindukusch werden es vermutlich jeden Tag mehr. Viele Dinge erscheinen für die dauerhafte Entwicklung und für den Frieden immer wichtiger. Und gerade die Rekonstruktion der örtlichen Lebensrealitäten anhand der Bilder aus dem in der breiten Öffentlichkeit fast schon wieder vergessenen Land bietet sowohl eine Chance, Vorurteile abzubauen, als auch eine Chance für politisch-kulturellen Transfer zwischen den Völkern und Armeen.

Die Kriegsfotografin sah es als Verpflichtung an, kompromiss- und bedingungslos die Wahrheit ans Licht zu bringen. Mit einer unglaublichen Energie vermittelte sie mit ihren anschaulichen Bilddokumenten Authentizität und trug zur Aufklärungsarbeit für die Bundeswehr bei. Ihre Fotografien gehören zum kollektiven und mahnenden Bildgedächtnis und können, ausgehend von der Erforschung der Auslandseinsätze der Bundeswehr und dem demografischen Wandel, als Ergänzung dem Orientierungswissen der Soldaten dienen. Zahlreiche Aufnahmen der Fotografin Anja Niedringhaus brannten sich fest in das visuelle Gedächtnis der Bundesrepublik ein. Sie zählen bereits zu den Ikonen der Zeitgeschichte, da sie eine Vielzahl von Momenten auf den Punkt brachten, welche die Bundesrepublik und die Welt von den 1990er-Jahren bis heute bewegt haben.

Zu den Ereignissen, welche die Sicherheitspolitik, die Gesellschaft und die Verbundenheit der Bundeswehr mit der Zivilgesellschaft auch im Einsatz geprägt haben, siehe den Beitrag von Rudolf J. Schlaffer.

---

11 Vgl. Seiffert/Heß, Afghanistanrückkehrer.

6. Verantwortung von Militär und Gesellschaft: Der Anja-Niedringhaus-Preis

Als Andenken und Ehrung lobte die »International Women's Media Foundation« (IWMF) Mitte April 2014 den »Anja-Niedringhaus-Preis« (Anja Niedringhaus Courage in Photojournalism Award) aus. Jährlich vergeben soll der Preis für Fotojournalistinnen, die sich durch außergewöhnliche Courage bei der Berichterstattung auszeichneten. Durch eine Zuwendung von einer Million US-Dollar der Stiftung des Philantrophen Howard Graham Buffett, dem Sohn von Warren Buffett, wurde der Preis ins Leben gerufen.[12] Erstmals wurde er am 25. Juni 2015 in Berlin verliehen. Die Preisträgerin ist die amerikanische Fotojournalistin Heidi Levine. Niedringhaus und Levine waren durch ein »geistiges Band« der Arbeit in Krisengebieten verbunden. Die Bilder der Fotografinnen weisen zugleich auf die gemeinsame Verantwortung von Wissenschaft, Gesellschaft und Streitkräfte hin.

In Bayeux (Normandie) wurde am 9. Oktober 2014 ein weiterer Gedenkstein für Journalisten gesetzt, die bei Einsätzen in Kriegsgebieten ums Leben kamen. Auf einer Stele ist der Name Anja Niedringhaus verzeichnet.[13] Journalismus an der Frontlinie in Afghanistan war vorrangig Anja Niedringhaus zu verdanken. Am 18. Februar 2011 dokumentierte Niedringhaus in der Provinz Baghlan als Erste das dramatische Geschehen des Terroranschlags auf den Stützpunkt Observation Post North (OP North) und verschaffte so Einblicke, die offener nicht sein konnten. Nach den gezielten Schüssen einer eingesetzten afghanischen Sicherheitskraft auf Bundewehrsoldaten fotografierte sie wenig später deutsche und amerikanische Sanitäter beim Abtransport eines schwer verwundeten deutschen Soldaten. Drei deutsche Soldaten wurden getötet, sechs wurden verwundet. Die Fotografin begleitete als »Embedded Media Representative« einen US-Retttungshubschrauber, der nach dem Notfall als erster zum Bundeswehrstützpunkt flog und machte dieses entsetzliche Attentat weltweit bekannt.

Als objektive Fotografin des Krieges hat Anja Niedringhaus Konfrontation und Aufsehen erregt. Niedringhaus' Botschaft des Zusammenwirkens von Militär und Gesellschaft sowie von Fotografie, Kunst und Wissenschaften ist zeitgemäßer denn je. Sie stand für das Ideal einer humanistischen Fotografie und trat für Verständigung und Toleranz ein. Die Fotografin Anja Niedringhaus reservierte sich mit ihrer visuellen Kommunikation einen Platz in der Mitte der Gesellschaft und in der Geschichte der Bundeswehr.

---

12 Westfalen-Blatt, Höxtersche Zeitung, vom 25. Juli 2014, Titelseite: Zur Erinnerung an die ermordete Fotografin aus Höxter. Die Zeitung engagiert sich seit Jahrzehnten auch für die Bundeswehr. Vgl. u.a. den Bericht von Michael Robrecht, »Gelbes Band ist weltbekannt«. 45 000 Unterschriften auf fünf Kilometern: Gerberding-Stiftung in US-Standorten. Über die in Höxter und Holzminden entstandene Aktion »Das gelbe Band der Verbundenheit« zu den Bundeswehrsoldaten im Ausland. In: Höxtersche Zeitung, vom 10. März 2015.

13 Die Einweihung des Europäischen Denkmalkomplexes geht auf das Jahr 2006 und auf eine Initiative der Stadt Bayeux zurück, die 1944 als erste von den Alliierten befreit wurde. Gewidmet ist das Mahnmal in Bayeux den über 2000 Journalisten, Foto- und Kamerareportern, die seit 1944 in Ausübung ihres Berufes getötet wurden.

Ein Angehöriger der afghanischen Armee verübt am 18. Februar 2011 auf den in der Provinz Baghlan gelegenen Bundeswehrstützpunkt OP North einen Terroranschlag. Drei deutsche Soldaten werden getötet, weitere sechs werden verletzt. *pa/AP/Anja Niedringhaus*

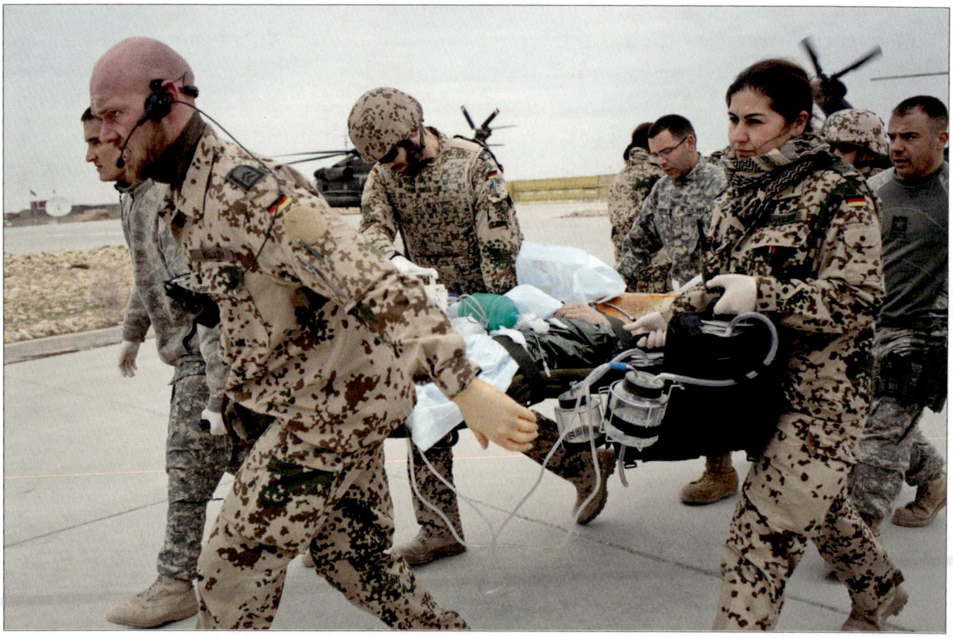

Deutsche Soldaten tragen einen verwundeten Kameraden zum Weitertransport ins Rettungszentrum des Feldlagers in Mazar-i Sharif. Foto vom 18.2.2011. *pa/AP/Anja Niedringhaus*

Ehrenhain Im OP North in Pul-i-Kumri. Foto vom 6.4.2013.

Bundeswehr/Andrea Bienert

Der wieder aufgebaute Ehrenhain vom OP North im »Wald der Erinnerung«. Die Gedenkstätte in Schwielowsee bei Potsdam ist weltweit einmalig und befindet sich auf dem Gelände der Henning-von-Tresckow-Kaserne, Sitz des Einsatzführungskommandos der Bundeswehr. Foto vom 22.9.2014. *Bundeswehr/Marc Tessensohn*

Bundespräsident Joachim Gauck, Bundesverteidigungsministerin Ursula von der Leyen und der Befehlshaber Einsatzführungskommandos der Bundeswehr, Generalleutnant Hans-Werner Fritz (v.l.n.r.), auf dem Weg zur Kranzniederlegung anlässlich der Einweihung der Gedenkstätte »Wald der Erinnerung« am 15. November 2014.
Bundeswehr/Jane Hannemann

Bundesverteidigungsministerin Ursula von der Leyen begeht zusammen mit Bundesinnenminister Thomas de Maizière und Generalleutnant Hans-Werner Fritz den Ehrenhain Kunduz bei der Einweihung der Gedenkstätte »Wald der Erinnerung«.
Bundeswehr/Jane Hannemann

Übersichten

zum Beitrag von Rudolf J. Schlaffer

Chronologie der Bundeswehr von 1955 bis 2015 mit Schwerpunkt Sicherheitspolitik – Teil 1

Datum	Ereignis
1955	
29.1.	Bei Kundgebungen in Frankfurt am Main sprechen sich der Deutsche Gewerkschaftsbund (DGB) und die Sozialdemokratische Partei Deutschlands (SPD) gegen die Pariser Verträge und die Aufstellung westdeutscher Streitkräfte aus.
27.2.	Der Deutsche Bundestag beschließt die Pariser Verträge.
5.5.	Mit der Ratifizierung der Pariser Verträge durch den Bundespräsidenten tritt eine eingeschränkte Souveränität der Bundesrepublik Deutschland in Kraft.
7.5.	In Paris konstituiert sich der Rat der Westeuropäischen Union (WEU).
9.5.	Die Bundesrepublik Deutschland wird in Paris in einer feierlichen Zeremonie als 15. und gleichberechtigtes Mitglied in die NATO aufgenommen.
11.5. – 14.5.	Abschluss eines Sicherheitspakts zwischen der Sowjetunion, Albanien, Bulgarien, Ungarn, der Tschechoslowakei und der DDR zur Gründung der Warschauer Vertragsorganisation, von den westlichen Staaten auch als Warschauer Pakt bezeichnet.
7.6.	Umwandlung der Dienststelle Blank in Bundesministerium für Verteidigung. Theodor Blank (CDU) wird erster Bundesminister für Verteidigung.
15./16.7.	Der Bundestag verabschiedet das Freiwilligengesetz und das Gesetz über den Personalgutachterausschuss.
18. – 23.7.	Erste NATO-Parlamentarierkonferenz in Paris (ab 1966 die Nordatlantische Versammlung).
31.8.	Der Personalgutachterausschuss konstituiert sich. Er überprüft in der Folge alle ehemaligen Soldaten der Wehrmacht und der Waffen-SS, die sich für den Dienst in den neuen westdeutschen Streitkräften bewerben.
9. – 13.9.	Eine Regierungs- und Parlamentarierdelegation aus der Bundesrepublik Deutschland unter der Führung von Bundeskanzler Konrad Adenauer besucht die Sowjetunion, um in Moskau über die Aufnahme diplomatischer Beziehungen zu verhandeln. Ebenso werden Vereinbarungen über die Rückführung der letzten Kriegsgefangenen getroffen.
20.9.	Staats- und Freundschaftsvertrag zwischen der Sowjetunion und der DDR, verbunden mit der Gewährung der »vollen Souveränität« für die DDR.
6.10.	Einrichtung eines Bundesverteidigungsrats durch die Bundesregierung.
7.10.	Josef Rust wird beamteter Staatssekretär im Bundesministerium für Verteidigung.
10.10.	Unterzeichnung der Ernennungsurkunden für die ersten Soldaten der neuen Streitkräfte durch Bundespräsident Theodor Heuss.
24.10.	Erste Bundeswehrverwaltungsstelle beginnt ihre Tätigkeit in Andernach.
27.10. – 15.11.	Die Außenministerkonferenz der vier Großmächte USA, Großbritannien, Frankreich und der Sowjetunion in Genf zur Lösung der Deutschlandfrage verläuft ergebnislos.
12.11.	Der vormalige »Beauftragte für die mit der Vermehrung der alliierten Truppen zusammenhängenden Fragen« und nunmehrige Bundesminister für Verteidigung, Theodor Blank, überreicht am 200. Geburtstag des preußischen Heeresreformers Gerhard von Scharnhorst den ersten 101 Freiwilligen, darunter den Generalleutnanten Adolf Heusinger und Hans Speidel, die Ernennungsurkunden. Damit gibt es zehn Jahre nach der Kapitulation der ehemaligen Deutschen Wehrmacht wieder deutsche Streitkräfte. Für den Aufbau der Streitkräfte werden 51 Mrd. DM veranschlagt.
14.11.	Umgliederung der militärischen Abteilungen des Bundesministeriums für Verteidigung in die Abteilungen: IV Streitkräfte, V Heer, VI Luftwaffe und VII Marine. Bildung eines Militärischen Führungsrates (MFR) als Beratungsgremium der Inspekteure der Teilstreitkräfte.
28.12.	Militärische Beratergruppen der US-Streitkräfte in Deutschland (MAAG, Military Assistance Advisory Group) nehmen ihre Tätigkeit auf.

Chronologie der Bundeswehr von 1955 bis 2015 mit Schwerpunkt Sicherheitspolitik – Teil 2

Datum	Ereignis
1956	
2.1.	Die ersten 1000 Freiwilligen werden zu den Lehrtruppenteilen der Bundeswehr, dem Lehrbataillon nach Andernach, der Luftwaffenlehrkompanie in Nörvenich und der Marinelehrkompanie in Wilhelmshaven einberufen.
5.1.	Erlass über die Einrichtung von Verwaltungsstellen in den Wehrbereichen I bis VI, aus denen ab dem 26. September 1957 die Wehrbereichsverwaltungen entstehen.
16.1.	Die letzten aus sowjetischen Lagern freigelassenen Kriegsgefangenen werden am hessischen Grenzbahnhof Herleshausen in Empfang genommen. Damit kommt die von Bundeskanzler Adenauer und der sowjetischen Führung am 8.9.1955 in Moskau beschlossene Rückführung von 10 825 kriegsverurteilten Soldaten der Wehrmacht und der Waffen-SS sowie von etwa 20 000 politisch inhaftierten »Zivilinternierten« zum Abschluss.
22.2.	Der Verteidigungsausschuss des Bundestages debattiert über das Soldatengesetz. Dabei wird dem Antrag des Vorsitzenden, Friedrich Jaeger, stattgegeben und die Streitkräfte der Bundesrepublik Deutschland erhalten den Namen *Bundeswehr*.
6.3.	Vizeadmiral a.D. Friedrich Ruge wird Leiter der Abteilung VII – Marine im Bundesministerium für Verteidigung und später erster Inspekteur der Marine.
1.4.	Das Gesetz über die Rechtsstellung der Soldaten, vereinfacht auch »Soldatengesetz« genannt, wird im Bundestag verabschiedet. Mit ihm werden die Grundrechte des Soldaten, soweit sie nicht durch den Dienst in der Bundeswehr eingeschränkt werden müssen, garantiert. Dies betrifft insbesondere die Wahrung der Menschenwürde und das aktive und passive Wahlrecht.
7.5.	Anordnung des Bundespräsidenten über Dienstgradabzeichen und Uniformen der Soldaten. Der Bundespräsident ist auch in Zukunft die letzte Genehmigungsinstanz für Änderungen der Uniformen der Bundeswehr wie auch der späteren Zuerkennung der Ärmelbänder.
15.5.	Beginn der Aufstellung der Wehrbereichskommandos I bis VI, die im Zuge der Territorial- und Zivilverteidigung wichtige Aufgaben wahrnehmen und das Feldheer bei der Landesverteidigung entlasten sollen.
30.5.	2. Gesetz über den Bundesgrenzschutz (BGS) tritt in Kraft. Mit ihm wird der Bundesminister für Verteidigung ermächtigt, freiwillige BGS-Angehörige zur Aufstellung der Bundeswehr heranzuziehen. BGS-Beamte haben bis zum 30.6. die Gelegenheit, eine Erklärung abzugeben, dass sie beim BGS verbleiben möchten. Wer keine Erklärung abgäbe, werde am 1.7. Soldat der Bundeswehr. Bis zum 1.7. treten auf dieser Grundlage von 16 614 Angehörigen des BGS insgesamt 9 572 (57,2 %) in die Bundeswehr über.
4.6.	Bekanntgabe der Verordnung über die Regelung des militärischen Vorgesetztenverhältnisses.
6.6.	Beginn des Aufbaus von Truppenschulen der verschiedenen Waffengattungen Infanterie-, Panzer-, Panzergrenadier-, Panzerjäger-, Panzeraufklärungs-, Artillerie-, Pionier-, Flugabwehr-, Fernmelde-, Feldzeug-, Quartiermeister-, Feldjäger- und Sanitätstruppe. Bildung von Arbeitsstäben für die Truppenschulen der ABC-Abwehr-, Luftlande- und Gebirgstruppe. Aufstellung der Kampfgruppen A 1, B 1 (alt) (1. GrenDiv), A 2, B 2 (2. GrenDiv), A 4, B 4 (4. GrenDiv).

Chronologie der Bundeswehr von 1955 bis 2015 mit Schwerpunkt Sicherheitspolitik – Teil 3

Datum	Ereignis
7.7.	Gesetz über die Einführung der Wehrpflicht für Männer zwischen dem 18. und dem 45. Lebensjahr beschlossen.
9.7.	Auf dem Münsterplatz in Bonn erfolgt die feierliche Übergabe des BGS-Personals an den Bundesminister für Verteidigung. Der See-Grenzschutz wurde mit 1000 Beamten komplett zur Bundesmarine übergeben.
14.7.	In Münster gründen Soldaten den Deutschen Bundeswehr-Verband e.V. (DBwV) als gewerkschaftsähnliche Interessenvertretung der Soldaten.
21.7.	Das Wehrpflichtgesetz tritt in Kraft.
24.9.	Bundespräsident Theodor Heuss genehmigt, dass die Gefechts- und Luftfahrzeuge der neuen westdeutschen Streitkräfte das Eiserne Kreuz als Hoheitsabzeichen tragen.
27.9.	Die Bundesregierung spricht sich für die Einführung einer 12-monatigen Dienstzeit für die künftigen Wehrpflichtigen der Bundeswehr aus.
5.10.	Die Bundesregierung beschließt die Einberufung des Geburtsjahrganges 1937 zum 1. April 1957. Die zwischen 1945 und 1956 nicht zum Wehrdienst einberufenen Jahrgänge werden in der Bundesrepublik später als »weiße Jahrgänge« bezeichnet.
10.10.	Die Bundeswehr übernimmt das 1000. Panzerfahrzeug aus US-Beständen.
15.10.	Generalleutnant Hans Röttiger übernimmt die Leitung der Abteilung V – Heer im Bundesministerium für Verteidigung. Später wird Röttiger der erste Inspekteur des Heeres.
16.10.	Franz Josef Strauß wird Bundesminister für Verteidigung.
22.10.	Errichtung des Bundeswehrersatzamts als Bundesoberbehörde.
24.10. – 4.11.	Der Volksaufstand in Ungarn wird von Truppen der Sowjetunion niedergeschlagen.
28.10.	In Köln wird die Schule für Innere Führung eröffnet. Am 1. Februar 1957 wird diese Ausbildungseinrichtung nach Koblenz-Pfaffendorf verlegt.
13.11.	Der Luftwaffe erhält als erste Einsatzflugzeuge Jagdbomber vom Typ Republic F-84 F Thunderstreak von der US Air Force.
20.11.	General Lauris Norstad (1907 – 1988), bisher Oberbefehlshaber der US Air Force in Europe (USAFE) wird Alliierter Oberster Befehlshaber (der NATO) in Europa (Supreme Allied Commander Europe, SACEUR).
13.12.	Der NATO-Rat beschließt eine »Political Directive« als Richtlinie für eine ausgewogene Verteidigungsstrategie des Bündnisses.
14.12.	Das Gesetz über die Wehrbeschwerdeordnung (WBO) wird durch den Bundestag verabschiedet. Damit wird den Soldaten eine Grundlage zur Wahrung ihrer Persönlichkeitsrechte, soweit sie nicht durch den Dienst in der Bundeswehr beeinträchtigt sind, sowie zum Schutz vor Misshandlungen gegeben.
1957	Bundesverteidigungsminister Strauß lässt die Aufstellungspläne der Bundeswehr ändern. Um eine schnellere Einsatzbereitschaft herzustellen, sollen statt 12 nun erst einmal 7 Heeresdivisionen aufgefüllt werden, bevor mit der Aufstellung der übrigen Divisionen begonnen wird.
5.1.	Die ersten drei Divisionen der Bundeswehr werden der NATO assigniert.
14.1.	US-Präsident Dwight D. Eisenhower stimmt der »Nuklearen Teilhabe« der Bundeswehr zu.
21.1.	Die Musterung der ersten 100 000 Wehrpflichtigen beginnt in den neu entstandenen Kreiswehrersatzämtern.
12.2.	Erlass der »Leitsätze für die Erziehung des Soldaten« als Dienstvorschrift.
21.2.	Gesetz über die Wehrdisziplinarordnung (WDO).

Chronologie der Bundeswehr von 1955 bis 2015 mit Schwerpunkt Sicherheitspolitik – Teil 4

Datum	Ereignis
27.2.	Generalleutnant Adolf Heusinger, Vorsitzender des Militärischen Führungsrates (MFR), übernimmt die Leitung der Hauptabteilung Streitkräfte im Bundesministerium für Verteidigung, der die Abteilungen Heer, Luftwaffe und Marine unterstellt werden. Die Teilstreitkräfte Heer, Luftwaffe und Marine erhalten eigene Inspekteure. Einen deutschen »Oberbefehlshaber« oder »Generalstabschef« gibt es nicht.
21.3.	Billigung des NATO-Konzepts der Massiven Vergeltung (Massive Retaliation) auf der Grundlage der »Schwert-Schild-Streitkräfte«.
23.3.	Modifizierung der massiven Vergeltungsstrategie (Massive Retaliation) in den Grundsatzdokumenten MC 14/2 und MC 48/2 der NATO. Das Heer entscheidet sich für die Beschaffung des mittleren amerikanischen Kampfpanzers M 48 Patton II.
25.3.	Unterzeichnung der Römischen Verträge über die Errichtung der Europäischen Atomgemeinschaft (EURATOM) und der Europäischen Wirtschaftsgemeinschaft (EWG).
1.4.	Die ersten Wehrpflichtigen werden zur Bundeswehr einberufen. Mit General Hans Speidel übernimmt der erste Offizier der Bundeswehr als Oberbefehlshaber der Landstreitkräfte in Mitteleuropa (Allied Land Forces Central Europe) ein bedeutendes NATO-Kommando.
11.4.	Gesetz über den Wehrbeauftragten des Deutschen Bundestages.
12.4.	18 angesehene deutsche Atomwissenschaftler, darunter Otto Hahn, Carl-Friedrich von Weizsäcker und Werner Heisenberg, sprechen sich gegen eine Ausrüstung der Bundeswehr mit Atomwaffen aus. In ihrem »Göttinger Manifest« setzen sie sich ausdrücklich für eine zivile Nutzung der Kernenergie ein. Auslöser für ihre Erklärung ist eine verharmlosende Aussage Bundeskanzler Adenauers am 5.4.1957, dass Atomwaffen nichts anderes seien als eine »Weiterentwicklung der Artillerie«.
9./10.5.	Der Bundestag debattiert über die Frage einer atomaren Bewaffnung der Bundeswehr. Bundeskanzler Adenauer und Bundesverteidigungsminister Strauß sehen darin eine militärpolitische Aufwertung und verfolgen diese auch, weil sie bei der Planung und beim möglichen Einsatz von Atomwaffen eine politische und militärische Mitsprache erreichen wollen. Die Oppositionsparteien lehnen die Ausrüstung der Bundeswehr mit Atomwaffen grundsätzlich ab. Die Bundeswehr stellt in den kommenden Jahren zahlreiche Verbände auf, die im Rahmen der »nuklearen Teilhabe« Trägermittel für den Einsatz von Atomwaffen besitzen. Die Atomwaffen – egal ob Artilleriegeschosse, Abwurfmunition oder Raketensprengköpfe – bleiben unter der Kontrolle von speziellen Munitionseinheiten der US-Streitkräfte in Deutschland.
28.5.	Umbenennung der militärischen Abteilungen des Bundesverteidigungsministeriums in Führungsstäbe. Ebenfalls umbenannt wird der Hauptabteilungsleiter Gesamtstreitkräfte in Generalinspekteur der Bundeswehr sowie die Abteilungsleiter der Teilstreitkräfte, die ab sofort Inspekteur heißen.
1.6.	General Adolf Heusinger wird erster Generalinspekteur der Bundeswehr. Wenig später werden Generalleutnant Hans Röttiger Inspekteur des Heeres, Generalleutnant Josef Kammhuber Inspekteur der Luftwaffe, Vizeadmiral Friedrich Ruge Inspekteur der Marine und Generalarzt Theodor Joedicke Inspekteur des Sanitäts- und Gesundheitswesens. Errichtung eines Amtes für Territoriale Verteidigung als Spitze der bodenständigen Landesverteidigung.

Chronologie der Bundeswehr von 1955 bis 2015 mit Schwerpunkt Sicherheitspolitik – Teil 5

Datum	Ereignis
3.6.	Bei einer Übung der 2. Kompanie des Luftlandejägerbataillons 19 in der Nähe von Kempten ertrinken 15 wehrpflichtige Soldaten in der Iller. Ein Unteroffizier der Kompanie befahl seinen Soldaten, ungesichert die Iller zu durchschwimmen, die zu dieser Zeit erhebliches Hochwasser führte. Die Reaktionen auf dieses Unglück offenbaren Widersprüche zwischen »Reformern« und »Traditionalisten« über Methodik und Themen soldatischer Ausbildung. Das Unglück führt einige Monate später zur Gründung des Soldatenhilfswerks der Bundeswehr, um Soldaten und ihre Angehörigen zu unterstützen.
18.–23.6.	Verabschiedung des 1. Luftschutzgesetzes durch den Bundestag und Errichtung des Bundesamtes für Luftschutzwarnung.
1.7.	Assignierung von zwei Korpsstäben, der 1., 2. und 4. Grenadierdivision sowie eines Minensuchgeschwaders zum NATO-Kommando.
26.7.	Der Staatskirchenvertrag regelt die evangelische Militärseelsorge in der Bundeswehr. Für die katholische Militärseelsorge gelten die Bestimmungen des Reichskonkordats von 1933 fort.
29.7.	Verkündung des Staatskirchenvertrages (ev. Militärseelsorge).
21.9.	Untergang des Frachtseglers »Pamir«, der zur Ausbildung des maritimen Nachwuchses diente, südlich der Azoren.
2.10.	Plan des polnischen Außenministers Adam Rapacki für eine kernwaffenfreie Zone in Mitteleuropa (Rapacki-Plan). Die Bundesregierung lehnt den Plan am 4. Oktober im Einvernehmen mit den anderen NATO-Staaten ab. Einrichtung der Marineakademie in Bad Ems, die später als Teil der Führungsakademie der Bundeswehr nach Hamburg verlegt wird.
4.10.	Start des ersten künstlichen Erdsatelliten (Sputnik) in der Sowjetunion.
18.10.	Gründung des Soldatenhilfswerks der Bundeswehr e.V. durch Offiziere und Unteroffiziere in Bonn.
26.10.	Umgliederung des Amtes für Territoriale Verteidigung zum Kommando der Territorialen Verteidigung (KTV).
6.12.	Bericht des Personalgutachterausschusses.
14.12.	Feierliche Übergabe der von der US Air Force im Rahmen des Mutual Defence Assistance Program (MDAP) genutzten Fliegerhorste Erding, Fürstenfeldbruck, Landsberg und Kaufbeuren an die Luftwaffe. Am Ende des Jahres 1957 hat die Bundeswehr 122 400 Mann; davon im Heer: 81 000 Mann, in der Luftwaffe: 27 200 und in der Marine: 14 200.
1958	
1.1.	Inkrafttreten der Römischen Verträge und Gründung der Europäischen Wirtschafts gemeinschaft (EWG).
16.1.	Einberufung der ersten 7300 Wehrpflichtigen zur Luftwaffe und zur Marine.
5.3.	Das Kommando der Seestreitkräfte wird in Kommando der Flotte umbenannt.
21.3.	Erlass der Soldatenlaufbahn-Verordnung.
21./23.4.	NATO-Assignierung der 1. Gebirgsdivision und von Teilen der 1. Luftlandedivision unter NATO-Kommando.
19.–22.5.	Verabschiedung einer Entschließung zur Wehrpolitik durch die SPD auf ihrem Bundesparteitag, in der sie der Landesverteidigung zustimmt, aber weiterhin die Wehrpflicht und eine mögliche atomare Bewaffnung der Bundeswehr ablehnt.

Chronologie der Bundeswehr von 1955 bis 2015 mit Schwerpunkt Sicherheitspolitik – Teil 6

Datum	Ereignis
20.6.	Das Bundesministerium für Verteidigung kündigt die Umgliederung der Heeresdivisionen an. Künftig wird die Kampfgruppengliederung in ein Brigadesystem umgeändert. Die Umgliederung des Heeres in die Brigadestruktur ist zum Jahresende 1959 nahezu abgeschlossen. Die Grenadierdivisionen werden in Panzergrenadierdivisionen (»Division 59«) umbenannt. Das Jagdbombergeschwader 31 wird in Nörvenich als erster fliegender Kampfverband der Luftwaffe offiziell in Dienst gestellt.
30.6.	Bildung des Beirates für Fragen der Inneren Führung beim Bundesministerium für Verteidigung.
1.8.	Errichtung des Amtes für Wehrtechnik, ab 8.10.1958 umbenannt in Bundesamt für Wehrtechnik und Beschaffung (BWB) als Bundesoberbehörde. Das neu errichtete Amt soll die aktuellen und zukünftigen Rüstungsprojekte koordinieren.
28.10.	Eröffnung der Führungsakademie der Bundeswehr in Hamburg nach Verlegung aus Bad Ems.
29.10.	Gesetz über die Errichtung des Bundesamtes für zivilen Bevölkerungsschutz.
27.11.	Mit dem Ultimatum der Sowjetunion zum Abzug der Westmächte aus West-Berlin binnen sechs Monaten beginnt die Berlin-Krise.
28.11.	Erlass »Erzieherische Maßnahmen«. Dieser Erlass regelt die Einwirkungsmöglichkeiten von Vorgesetzten auf das Verhalten der Untergebenen im täglichen Dienst.
17.12.	Für das Heer wird die Beschaffung der ersten 1800 von geplanten 6000 Schützenpanzern »HS 30« in Auftrag gegeben. Die mit der militärischen Rüstung und dem Bau von gepanzerten Fahrzeugen kaum erfahrene Firma »Hispano-Suiza« bot der Bundeswehr einen auf ihre Wünsche maßgeschneiderten Schützenpanzer an. Das Programm entpuppt sich als Fehlschlag. Die Lizenzen werden später aufgekauft und der Schützenpanzer wird von der deutschen Firma Henschel produziert.
1959	
10.1.–20.3.	Erste Auslandsreise eines Verbandes der Bundesmarine ins Mittelmeer.
20.1.	Deutsch-französisches Abkommen über ein gemeinsames Forschungsinstitut für Ballistik, Aerodynamik und Raketen in Saint Louis/Elsass.
6.2.	Das Bundesministerium für Verteidigung bestellt Kampfflugzeuge vom Typ Lockheed F-104 Starfighter in den USA.
19.2.	Wahl von Generalleutnant a.D. Hellmuth von Grolman zum ersten Wehrbeauftragten des Deutschen Bundestages.
1.4.	Generalmajor a.D. Helmuth von Grolmann tritt sein Amt als erster Wehrbeauftragter des Deutschen Bundestages an.
4.4.	Anlässlich des 10. Jahrestages der Gründung der NATO findet in Mainz eine Truppenparade statt.
6.6.	Das Jagdgeschwader 71 wird in Ahlhorn als erster fliegender Jagdverband in Dienst gestellt.
20.6.	Zum »Tag der offenen Tür« anlässlich des 1. Jahrestages der Indienststellung des Jagdbombergeschwaders 31 kommen 250 000 Besucher. Bei einem Flugunfall kommen zwei Piloten der Royal Air Force ums Leben.
2.8.–26.9.	Erste Auslandsreise des Segelschulschiffs »Gorch Fock« zu den Kanarischen Inseln.
29.8.	Die bislang größte, mehrtägige Truppenübung der Bundeswehr, »Ulmer Spatz«, beginnt im süddeutschen Raum. Beteiligt sind die 4. Panzergrenadier-, die 1. Gebirgsdivision sowie Teile der 10. Panzergrenadierdivision und fliegende Verbände der Luftwaffe.
10.9.	Die Radarstellung Türkheim (Bayern) geht als erste deutsche Radarstellung in die Verantwortung der Luftwaffe über.
9.10.	Erlass über die Einrichtung des Berufsförderungsdienstes der Bundeswehr im Rahmen des Soldatenversorgungsgesetzes.
22.10.	Volkmar Hopf wird beamteter Staatssekretär im Bundesministerium für Verteidigung.
15.–22.12.	Der NATO-Rat nimmt das Dokument MC 70 an, das die Aufstellung von 30 Divisionen durch die Mitgliedsstaaten in West- und Mitteleuropa vorsieht.

Chronologie der Bundeswehr von 1955 bis 2015 mit Schwerpunkt Sicherheitspolitik – Teil 7

Datum	Ereignis
1960	
26.1.	Mit Gründung des Verbandes der Reservisten der Deutschen Bundeswehr e.V. entsteht eine Organisation, die eine hohe Bedeutung zur Integration der Bundeswehr in die Gesellschaft hat.
13.2.	Erster Atomwaffentest Frankreichs.
15.4.	Nach schwerer Krankheit stirbt der Inspekteur des Heeres, Generalleutnant Hans Röttiger, im Alter von fast 63 Jahren.
1.5.	Abschuss eines amerikanischen U2-Aufklärungsflugzeugs über der Sowjetunion.
20.5.	Im Beisein von Bundesverteidigungsminister Strauß gründen 20 Soldaten der Bundeswehr das Bundeswehrsozialwerk e.V. als gemeinnützigen Verein. Das Bundeswehrsozialwerk fördert die Fürsorge der Bundeswehr für die Soldaten.
1.8.	Generalleutnant Alfred Zerbel wird nach dem Tod von Generalleutnant Hans Röttiger mit der Wahrnehmung der Geschäfte des Inspekteurs des Heeres beauftragt.
20.–24.9.	In Schleswig-Holstein findet ein erstes großes NATO-Manöver mit deutscher Beteiligung unter der Bezeichnung »Hold fast« statt. Die 6. Panzergrenadierdivision stellt die Masse der übenden Truppe, zu der 45 000 Soldaten auch der britischen, dänischen und kanadischen Streitkräfte zählen.
25.10.	Abschluss eines deutsch-französischen Vertrages über die Errichtung deutscher Depots in Frankreich und die Nutzung franz. Truppenübungsplätze durch die Bundeswehr.
3.–24.11.	Die ersten deutschen Verbände üben auf dem französischen Truppenübungsplatz Mourmelon.
13.12.	General Heusinger wird zum Vorsitzenden des Militärausschusses der NATO in Washington gewählt. Das ist ein weiteres Symbol der militärpolitischen Aufwertung der Bundesrepublik Deutschland.
31.12.	NATO-Assignierung der 6. Panzergrenadierdivision, Neumünster. Im ersten Jahresbericht des Wehrbeauftragten des Deutschen Bundestages wird herausgestellt, dass sich der schnelle Aufbau der Bundeswehr nachteilig auf Stimmung und Geist der Soldaten auswirkt. Der Bundesminister für Verteidigung, Franz Josef Strauß, bezeichnet diese Wertung als Zuständigkeitsüberschreitung.
1961	
8.1.	Die Bundeswehr beteiligt sich mit einem Fallschirmjägerbataillon an der mobilen NATO-Eingreiftruppe (Allied Command Europe Mobile Forces, AMF).
1.4.	General Heusinger übernimmt als erster Deutscher den Vorsitz des Ständigen Militärausschusses der NATO (Military Committee, MC). General Friedrich Foertsch wird zweiter Generalinspekteur der Bundeswehr.
5.5.	Eröffnung der Akademie für Wehrverwaltung und Wehrtechnik in Mannheim.
14.7.	Der erste Wehrbeauftragte des Deutschen Bundestages, Generalleutnant a.D. Helmuth von Grolmann, tritt von seinem Amt aus persönlichen Gründen zurück. In der öffentlichen Wahrnehmung wird der Rücktritt in Verbindung mit den Auseinandersetzungen mit dem Bundesminister für Verteidigung gebracht.
13.8.	Die DDR riegelt mit Betriebskampfgruppen die Sektoren- und Stadtgrenzen von West-Berlin ab und lässt eine Mauer errichten. Diese entwickelt sich bis zu ihrem Fall am 9.11.1989 zu einer nahezu unüberwindlichen, perfektionierten Sperranlage, ähnlich der innerdeutschen Grenze.
8.–14.9.	Das Segelschulschiff der Bundesmarine, die »Gorch Fock«, besucht als erstes Schiff der deutschen Marine nach dem Zweiten Weltkrieg London.

Chronologie der Bundeswehr von 1955 bis 2015 mit Schwerpunkt Sicherheitspolitik – Teil 8

Datum	Ereignis
9.–30.9.	Das Panzerbataillon 84 aus Lüneburg übt als erstes deutsches Bataillon auf dem Truppenübungsplatz Castlemartin in Wales.
14.9.	Zwei Piloten des Jagdbombergeschwaders 32 verfliegen sich mit ihren Jagdbombern vom Typ Republic F-84F Thunderstreak in einem Gewitter während der NATO-Übung »Check Mate«. Sie gelangen in den Luftraum der DDR und werden von der US-amerikanischen Luftraumkontrolle in Berlin-Tempelhof zum französischen Militärflugplatz in Berlin-Tegel zur Landung geführt. Der Kommodore des Geschwaders, Oberstleutnant Siegfried Barth, wird daraufhin auf Vorschlag des Inspekteurs der Luftwaffe, Generalleutnant Kammhuber, durch Bundesverteidigungsminister Strauß seines Dienstpostens enthoben.
16.10.	Die ersten in der Bundesrepublik in Lizenz gebauten F-104G Starfighter und Fiat G.91 werden an die Luftwaffe übergeben.
8.11.	Vizeadmiral a.D. Hellmuth Heye, Bundestagsabgeordneter der CDU, wird zum Wehrbeauftragten des Deutschen Bundestages gewählt.
6.12.	Bildung des deutsch-dänischen NATO-Kommandos Ostseezugänge (Baltic Approaches, BALTAP).
8.12.	Die Bundesregierung bringt einen Gesetzesentwurf über die Verlängerung der Wehrdienstzeit von 12 auf 18 Monate ein.
13.–15.12.	Verurteilung des Mauerbaus durch den Nordatlantikrat auf einer Ministertagung in Paris.
30.12.	Umbenennung in »Bundesministerium der Verteidigung« als klassisches Bundesressort.
1962	
1.1.	NATO-Assignierung der 11. Panzergrenadierdivision.
24.1.	Einführung der allgemeinen Wehrpflicht für die Dauer von 18 Monaten in der DDR.
17.2.	Es beginnt der bis dahin größte Hilfseinsatz der Bundeswehr. Etwa 40 000 Bundeswehrsoldaten werden während der Flutkatastrophe in Hamburg, Schleswig-Holstein und Niedersachsen eingesetzt. 1117 Menschen werden gerettet, neun Soldaten kommen ums Leben. Die Verbände der Bundeswehr bewähren sich. Das Engagement der Soldaten trägt wesentlich zur Verbesserung des Verhältnisses zwischen Bundeswehr und Bevölkerung bei. Viele Vorbehalte gegenüber der jungen Truppe werden überwunden.
23.2.–17.11.	Kubakrise.
1.4.	Der Grundwehrdienst und die Truppenausbildung werden von 12 auf 18 Monate Dauer verlängert.
4.–6.5.	Ministertagung des Nordatlantikrates in Athen. Die Außen- und Verteidigungsminister prüfen, unter welchen Umständen sich das Bündnis zum Einsatz von Kernwaffen gezwungen sehen könnte (»Athener Richtlinien«).
1.8.	Einrichtung des Bundeswehrverwaltungsamtes.
1.10.	Generalleutnant Werner Panitzki wird zweiter Inspekteur der Luftwaffe.
8.10.	In der aktuellen Ausgabe berichtet das Hamburger Nachrichtenmagazin »Der Spiegel« unter dem Titel »Bedingt abwehrbereit« über die Leistungsfähigkeit der jungen Bundeswehr.
16.10.	Zentrales Marinekommando von Kiel nach Wilhelmshaven verlegt.
22.10.–27.11.	Verhängung einer Seeblockade über Kuba durch die USA, um die Aufstellung sowjetischer Raketen auf der Insel zu verhindern (Kuba-Krise).
10.11.	NATO-Assignierung der 7. Panzergrenadierdivision.

Chronologie der Bundeswehr von 1955 bis 2015 mit Schwerpunkt Sicherheitspolitik – Teil 9

Datum	Ereignis
20.11.	Bundesverteidigungsminister Strauß tritt im Zusammenhang mit der »Spiegel-Affäre« von seinem Amt zurück. Er hatte bei der Debatte im Bundestag über die Besetzung des Spiegel-Redaktionsgebäudes in Hamburg nach dessen Bericht »Bedingt abwehrbereit« die Unwahrheit gesagt, indem er behauptet hatte, er sei in die Aktion der Polizei nicht involviert gewesen.
6.12.	Die 10. Panzergrenadierdivision wird der NATO unterstellt. Damit sind elf der insgesamt zwölf nach dem Planungsdokument MC 70 der NATO vorgesehenen deutschen Divisionen der NATO unterstellt. Damit wird der Bundeswehrbeitrag zum NATO-Bündnis auf sieben Panzergrenadierdivisionen, zwei Panzerdivisionen, eine Gebirgsdivision, eine Luftlandedivision, fünf Jagdbomber-, drei Jagd-, ein Aufklärungsgeschwader, ein Lufttransportgeschwader und zwei Flugabwehrraketenbataillone sowie zwei Zerstörer-, vier Schnellboot-, sechs Minensuch- ein Landungs- und ein Marinefliegergeschwader erhöht.
1963	
	Der Aufbau der Luftwaffe ist im Wesentlichen abgeschlossen. Im Jahr 1963 stellt Portugal der Bundeswehr erstmals Übungsplätze zur Verfügung.
2.1.	US-General Lyman L. Lemnitzer wird SACEUR. Vizeadmiral Edward Wegener wird als erster Deutscher Oberbefehlshaber der Ostseezugänge (Commander Navy Baltic Approaches, COMNAVBALTAP) mit Sitz in Karup/Dänemark.
9.1.	Kai-Uwe von Hassel (CDU), bisher Ministerpräsident in Schleswig-Holstein, wird dritter Bundesminister der Verteidigung.
22.1.	In Paris unterzeichnen Präsident Charles de Gaulle und Bundeskanzler Konrad Adenauer den Élysée-Vertrag.
6.2.	Bundeskanzler Adenauer erklärt die Bereitschaft der Bundesrepublik zur Teilnahme an einer multinationalen Atomstreitmacht der NATO (Multlateral Force MIF). Diese soll durch Schiffe mit multinationaler Besatzung umgesetzt werden. Das Projekt scheitert wenige Jahre später an der praktischen Undurchführbarkeit sowie am Problem der Kontrolle über die Atomwaffen auf diesen Einheiten.
20.6.	Einrichtung einer direkten Nachrichtenverbindung zwischen Moskau und Washington, um einen unbeabsichtigten Atomkrieg zu verhindern (»Heißer Draht«).
11.7.	Der Öffentlichkeit werden der neue Standardkampfpanzer »Leopard I« und der Kanonenjagdpanzer vorgestellt. Das Bundesministerium der Verteidigung gibt am 25.7. den Bau von 1500 Kampfpanzern »Leopard« und 700 Jagdpanzern in Auftrag. Die Gemeinschaftsproduktion eines Panzers mit Frankreich wird aufgegeben.
15.7.	Deutsch-amerikanisches Abkommen über die Ausbildung aller F-104-Starfighter-Piloten in den USA.
1.9.	Die NATO beschließt die Strategie der Vorneverteidigung an der innerdeutschen Grenze als verbindlich. Damit soll die Gefahr einer schnellen Preisgabe des Bundesgebietes im Falle eines Angriffs des Warschauer Pakts verhindert werden.
1.9.	General Johann Adolf Graf von Kielmansegg wird als Nachfolger von General Hans Speidel Befehlshaber der NATO-Landstreitkräfte Europa-Mitte (COMLANDCENT, Allied Land Forces Central Europe).
11.10.	Rücktritt von Bundeskanzler Adenauer. Nachfolger wird ab 16.10. Ludwig Erhard (CDU).
22.–24.10.	Erste Lufttransportübung »Big Lift« der US Army zur Verlegung von 16 000 Soldaten aus den USA nach Europa.

Chronologie der Bundeswehr von 1955 bis 2015 mit Schwerpunkt Sicherheitspolitik – Teil 10

Datum	Ereignis
29.10.	Auflösung einer Ausbildungskompanie der Fallschirmjäger in Nagold, nachdem ein Rekrut infolge zu harter Ausbildung ums Leben gekommen war.
22.11.	US-Präsident John F. Kennedy fällt einem Mordanschlag zum Opfer.
1964	
1.1.	General Heinz Trettner wird dritter Generalinspekteur der Bundeswehr.
21.4.	Zum ersten Mal übt eine deutsche Einheit (2. Staffel Flugkörpergruppe 12) den scharfen Schuss einer »Pershing« in New Mexico.
10.6.	Karl Gumbel wird beamteter Staatssekretär im Bundesministerium der Verteidigung.
14.6.	Die Zeitschrift »Quick« veröffentlicht einen kritischen Bericht des Wehrbeauftragten des Deutschen Bundestages, Vizeadmiral a.D. Hellmuth Heye, mit dem Titel »In Sorge um die Bundeswehr«. Darin äußert sich Heye negativ über den inneren Zustand der Bundeswehr.
22.9.	Unterzeichnung des deutsch-französischen Regierungsvertrages über die Serienfertigung des Kampfzonentransporters Transall C-160.
1.10.	Generalleutnant Ulrich de Maizière wird dritter Inspekteur des Heeres.
14.10.	Nikita S. Chruschtschow wird gestürzt und durch Leonid I. Breschnew als Generalsekretär der KPdSU und Aleksej N. Kossygin als Ministerpräsident der UdSSR ersetzt.
16.10.	Die Volksrepublik (VR) China zündet die erste Atombombe.
3.11.	Der Wehrbeauftragte des Deutschen Bundestages, Vizeadmiral a.D. Hellmuth Heye, tritt nach einer Auseinandersetzung mit dem Bundesministerium der Verteidigung über seine Kritik an der inneren Verfassung der Bundeswehr, wie z.B. der Gefahr der gesellschaftlichen Selbstisolierung, zurück. Sein Nachfolger wird am 11. Dezember Matthias Hoogen (CDU).
1965	
11.3.	Generalinspekteur General Heinz Trettner teilt mit, dass die Aufstellungsziele der Bundeswehr im Wesentlichen erreicht seien. Der NATO sind elf Heeresdivisionen unterstellt: sieben Panzergrenadier-, zwei Panzer-, eine Gebirgs- und eine Luftlandedivision.
27.3.	Mit Generalmajor Johannes Steinhoff wird erstmals ein Deutscher zum Chef des Stabes der Alliierten Luftstreitkräfte Europa-Mitte (Allied Air Forces Central Europe, AAFCE, ugs. AIRCENT) ernannt.
10.4.	Die 12. Panzerdivision wird als letzte Heeresdivision der NATO unterstellt. Damit hat die Bundesrepublik Deutschland ihre Verpflichtung gegenüber der NATO erfüllt, innerhalb von zehn Jahren zwölf Divisionen aufzustellen.
23./24.4.	Im Preußen-Stadion in Münster werden die vom Bundespräsidenten gestifteten 319 Truppenfahnen an die Bataillone und vergleichbare Verbände des Heeres verliehen.
1.7.	Erlass »Bundeswehr und Tradition«.
27.7.	Umgliederung des Bundesministeriums der Verteidigung in drei Hauptabteilungen: a) Militärangelegenheiten, b) Rüstungsangelegenheiten und c) Administrative Angelegenheiten.
7.8.	Die Stärke des Heeres beträgt 302 778 Soldaten (14 600 Offz/SanOffz, 58 335 Uffz, 229 843 Mannschaften).
23.8.	Die Luftwaffenbasis Beja in Portugal wird als erste ständige Basis der Bundeswehr im Ausland genutzt.

Chronologie der Bundeswehr von 1955 bis 2015 mit Schwerpunkt Sicherheitspolitik – Teil 11

Datum	Ereignis
4.9.	Die Bundesrepublik Deutschland erklärt ihre Bereitschaft zur Teilnahme am nuklearen Planungsausschuss der NATO.
9.9.	Die Auslieferung von 1500 Standard-Panzern »Leopard« beginnt.
19.9.	Mit Hauptfeldwebel Hermann Stahlberg (CDU) wird der erste aktive Soldat der Bundeswehr zum Abgeordneten des Deutschen Bundestages gewählt.
10.12.	Die bisherige Territorialreserve wird in Heimatschutztruppe umbenannt.
1966	
12.1.	Verzicht der Bundesregierung auf ein weiteres Eintreten für das offensichtlich gescheiterte Projekt einer NATO-Atomstreitmacht.
24.1.	Das Bundesministerium der Verteidigung setzt eine Arbeitsgruppe zur Überwachung der Einsatzfähigkeit und Flugsicherheit des Waffensystems Lockheed F-104 Starfighter ein.
17./18.2.	Konstituierung der Nuklearen Planungsgruppe (NPG) der NATO. Teilnehmer sind die USA, Großbritannien, die Bundesrepublik Deutschland, Italien und die Türkei.
10.3.	Erklärung Frankreichs über seinen Austritt aus der Militärorganisation der NATO.
14.3.	90 Kampfflugzeuge der Luftwaffe vom Typ North American F-86F Sabre VI werden an den Iran verkauft. Der Iran verkauft sie weiter nach Pakistan, das sich mit Indien im Krieg befindet. Es kommt zum ersten deutschen Waffenexport-Skandal. Die deutschen Hoheitsabzeichen sind nur notdürftig übermalt, und diese Flugzeuge werden im Luftkampf eingesetzt.
24.3.	Erneute Debatte des Bundestages über das Waffensystem Lockheed F-104 Starfighter. Nach dieser Sitzung kommt es im Sommer zu einer weiteren Zuspitzung und zum Rücktritt des Inspekteurs der Luftwaffe, Generalleutnant Werner Panitzki.
1.4.	Aufstellungsbeginn für Kompanien und Bataillone der Heimatschutztruppe.
5.5.	Für Offizieranwärter wird der Dienstgrad des Oberfähnrichs eingeführt.
9.5.	Erster Wasserstoffbombenversuch der VR China.
1.7.	General Johann Adolf Graf von Kielmansegg wird nach dem Austritt Frankreichs aus der Militärorganisation der NATO erster Deutscher Oberbefehlshaber der NATO-Streitkräfte Europa-Mitte (Commander in Chief Allied Forces Central Europe, CINCENT).
1.8.	Erlass über das Koalitionsrecht der Soldaten und über gewerkschaftliche Betätigung in den Kasernen.
12.–25.8.	Rücktritt des Generalinspekteurs General Heinz Trettner, des Inspekteurs der Luftwaffe Generalleutnant Werner Panitzki und des Befehlshabers im Wehrbereich III, Generalmajor Günter Pape (»Generalskrise«).
25.8.	Der bisherige Inspekteur des Heeres, Ulrich de Maizière, wird unter Beförderung zum General neuer Generalinspekteur der Bundeswehr. Sein Nachfolger als Inspekteur des Heeres wird Generalleutnant Josef Moll.
2.9.	Generalleutnant Johannes Steinhoff wird Inspekteur der Luftwaffe.
14.9.	Das Unterseeboot »Hai« sinkt in der Nordsee. Von den 20 Besatzungsmitgliedern kommen 19 ums Leben.
30.11./1.12.	Bundeskanzler Erhard tritt zurück. Zu seinem Nachfolger wählt der Bundestag Kurt-Georg Kiesinger (CDU), bisher Ministerpräsident von Baden-Württemberg. Es kommt zur Bildung der ersten Großen Koalition zwischen CDU/CSU und SPD. Außenminister wird Willy Brandt (SPD); Gerhard Schröder (CDU) folgt Kai-Uwe von Hassel als Verteidigungsminister, der auf Drängen der SPD infolge der Krisen im Verteidigungsressort dieses Amt aufgeben musste.
1.12.	Karl Carstens wird beamteter Staatssekretär im Bundesministerium der Verteidigung.
21.12.	Deutschland und Frankreich schließen ein Abkommen über den Status der französischen Truppen in der Bundesrepublik.

Chronologie der Bundeswehr von 1955 bis 2015 mit Schwerpunkt Sicherheitspolitik – Teil 12

Datum	Ereignis
1967	
27.1.	Unterzeichnung des Vertrages über die friedliche Nutzung des Weltraums durch die USA, Sowjetunion und Großbritannien (Outer Space Treaty).
1.4.	Im Bundesministerium der Verteidigung übernimmt der Stellvertreter des Generalinspekteurs die Leitung des Führungsstabes der Streitkräfte.
19.4.	Vereidigung des ersten Parlamentarischen Staatssekretärs beim Bundesministerium der Verteidigung, Eduard Adorno (CDU).
1.10.	Vizeadmiral Gert Jeschonnek wird Inspekteur der Marine.
16.10.	Eröffnung des neuen NATO-Hauptquartiers in Brüssel.
13./14.12.	Beratung des NATO-Rates über den Harmel-Bericht, der sich mit der Lage der NATO und ihrer Strategie der Massiven Vergeltung (Massive Retaliation) auseinandersetzte. Im Ergebnis übernimmt die NATO als neue Strategie die MC 14/3: Flexible Response, durch die das Bündnis nun auf die Aufrechterhaltung angemessener militärischer Potenziale achtet und eine regelmäßige Überprüfung des Verhältnisses zu den osteuropäischen Staaten vornimmt. Die Verteidigungsminister der NATO-Staaten beschließen die Bildung eines ständigen NATO-Verbandes Atlantik (Standing Naval Forces Atlantic, STANAVFORLANT) aus nationalen Einheiten.
1968	
1.4.	General Jürgen Bennecke, der bisherige Kommandierende General des I. Korps, wird Befehlshaber der NATO-Streitkräfte in Europa-Mitte (Commander in Chief Central Europe, CINCENT).
16.1.	Festlegung der neuen NATO-Strategie Flexible Response.
23.3.–15.6.	Die Fregatte »Köln« nimmt als erstes deutsches Schiff an der, aus dem Übungsverband MATCHMAKER hervorgegangenen, STANAVFORLANT teil.
14.4.	Kollision des Torpedofangbootes »Najade« mit dem DDR-Fahrgastschiff »Völkerfreundschaft« bei der Rettung eines ins Meer gesprungenen Flüchtlings.
30.5.	Der Bundestag verabschiedet mit den Stimmen der Großen Koalition, und damit mit verfassungsändernder Mehrheit, Ergänzungen des Grundgesetzes: die sogenannte Notstandsverfassung.
8.6.	Das Bundesministerium der Verteidigung erlässt die Weisung zur Zusammenfassung der Teilstreitkraft Heer mit der Territorialen Verteidigung zur Teilstreitkraft Landstreitkräfte.
24./25.6.	Angebot des NATO-Rates für eine dauerhafte Friedensordnung in Europa und ausgewogene beiderseitige Truppenverminderungen (»Signal von Reykjavik«).
1.7.	Unterzeichnung des Vertrages über die Nichtverbreitung von Atomwaffen durch Großbritannien, die Sowjetunion und die USA (Atomwaffensperrvertrag, Non-Proliferation Treaty, NPT).
20./21.8.	Besetzung der Tschechoslowakei (ČSSR) durch Truppen der Sowjetunion, Bulgariens, Polens und Ungarns.
1.10.	Karl-Günther von Hase wird beamteter Staatssekretär im Bundesministerium der Verteidigung.
16.10.	Die NATO-Strategie Flexible Response wird eingeführt.
13./14.11.	Konstituierung der EUROGROUP in der NATO.
16.12.	Die Bundesrepublik Deutschland, Großbritannien, Italien und die Niederlande (nur anfänglich) einigen sich über die gemeinsame Entwicklung eines mehrrollenfähigen »Neuen Kampfflugzeuges«, zwischenzeitlich »MRCA 75« genannt und später als »Panavia 200 Tornado« bezeichnet.
1969	
17.2.	Bundesverteidigungsminister Gerhard Schröder stellt das erste »Weißbuch zur Verteidigungspolitik der Bundesregierung« vor.
17.3.	Aufforderung der Warschauer-Pakt-Staaten zur Einberufung einer gesamteuropäischen Sicherheitskonferenz (»Budapester Appell«).

Chronologie der Bundeswehr von 1955 bis 2015 mit Schwerpunkt Sicherheitspolitik – Teil 13

Datum	Ereignis
1.7.	US-General Andrew J. Goodpaster wird SACEUR.
1.9.	Inkrafttreten des Berufsbildungsgesetzes mit der Folge der vollen Anerkennung der Ausbildung und Verwendung von Soldaten im zivilen Bereich.
21.10.	Willy Brandt (SPD) wird zum Bundeskanzler gewählt. Helmut Schmidt (SPD) wird neuer Bundesminister der Verteidigung.
22.10.	Karl-Wilhelm Berkhan (SPD) wird Parlamentarischer Staatssekretär beim Bundesministerium der Verteidigung.
1.11.	Johannes Birckholtz wird beamteter Staatssekretär im Bundesministerium der Verteidigung.
17.11.	Beginn der SALT-Gespräche (Strategic Arms Limitation Talks) über die Begrenzung strategischer Waffen zwischen der Sowjetunion und den USA.
28.11.	Unterzeichnung des Atomwaffensperrvertrags durch die Bundesrepublik.
8.12.	Beginn der deutsch-sowjetischen Gespräche über einen gegenseitigen Gewaltverzicht.
1970	
11.3.	Wahl von Fritz-Rudolf Schultz (FDP) zum Wehrbeauftragten des Deutschen Bundestages.
20.3.	Start des ersten Fernmeldesatelliten der NATO in Cape Kennedy.
21.3.	Der »Blankeneser Erlass« tritt in Kraft. Dieser betrifft die Umgliederung des militärischen Bereichs im Bundesministerium der Verteidigung, wodurch vor allem die Aufgaben des Generalinspekteurs als »Gesamtverantwortliche[r] der Bundeswehrplanung im Verteidigungsministerium« neu definiert werden.
26.3.	Aufnahme von Gesprächen der Botschafter der drei Westmächte in der Bundesrepublik und des sowjetischen Botschafters in der DDR über die Berlin-Frage.
1.4.	Die geschlossene Grundausbildung wird eingeführt.
20.5.	Die Bundesregierung gibt das »Weißbuch 1970 zur Sicherheit der Bundesrepublik Deutschland und zur Lage der Bundeswehr« heraus.
5.6.	Bundesverteidigungsminister Helmut Schmidt beruft eine Kommission zur Reorganisation des skandalträchtigen Rüstungsbereiches ein.
24.7.	Ernst Wolf Mommsen wird beamteter Staatssekretär im Bundesministerium der Verteidigung.
12.8.	Vertreter der Bundesregierung und der sowjetischen Staatsführung unterzeichnen in Moskau ein Abkommen über den gegenseitigen Gewaltverzicht, das als Markstein der neuen Außenpolitik des Bundeskanzlers Willy Brandt gilt.
1.10.	Umbenennung des Truppenamtes in Heeresamt.
9.10.	Generalleutnant Johannes Steinhoff wird als zweiter Deutscher zum Vorsitzenden des NATO-Militärausschusses (Military Committee, MC), des höchsten militärischen Beratungsgremiums der NATO, gewählt.
7.12.	Unterzeichnung des deutsch-polnischen Vertrags in Warschau zur Anerkennung der Oder-Neiße-Grenze Polens durch die Bundesrepublik Deutschland.
1971	
1.1.	Generalleutnant Günther Rall wird Inspekteur der Luftwaffe.
28.1.	Rahmenerlass des Bundesministers der Verteidigung zur Neuordnung des Rüstungsbereichs.
3.2.	Gutachten der Wehrstruktur-Kommission über Wehrgerechtigkeit.
10.3.	Bericht der Organisationskommission des Bundesministeriums der Verteidigung über die Neuordnung des Rüstungsbereichs.

Chronologie der Bundeswehr von 1955 bis 2015 mit Schwerpunkt Sicherheitspolitik – Teil 14

Datum	Ereignis
6.4.	Bericht der Personalstrukturkommission des Bundesministeriums der Verteidigung über die Personalstruktur der Streitkräfte.
7.5.	Die Auslieferung des Schützenpanzers »Marder« beginnt.
18.5.	Gutachten der Kommission zur Neuordnung der Ausbildung und Bildung in der Bundeswehr.
16.6.	Die Bundesregierung erlässt neue Richtlinien für die Beschränkung des Exports von Kriegswaffen und Rüstungsgütern in NATO-Länder.
3.9.	Unterzeichnung des Abkommens über die Regelung der Berlin-Frage durch die Botschafter der vier Siegermächte (Viermächteabkommen).
10.9.	Beschluss der Bundesregierung zur Förderung der Wehrgerechtigkeit. Der Grundwehrdienst wird von 18 auf 15 Monate verkürzt.
30.9.	Abkommen zur Verminderung der Gefahr des unbeabsichtigten Atomkrieges zwischen den USA und der Sowjetunion.
1.10.	Neuer Inspekteur des Heeres wird Generalleutnant Ernst Ferber.
1.11.	Günther Wetzel wird beamteter Staatssekretär im Bundesministerium der Verteidigung.
7.12.	Die Bundesregierung gibt das »Weißbuch 1971/72 zur Sicherheit der Bundesrepublik Deutschland und zur Entwicklung der Bundeswehr« heraus.
1972	
1.4.	Admiral Armin Zimmermann wird Generalinspekteur der Bundeswehr.
10.4.	Beginn der Unterzeichnung der Konvention über das Verbot von bakteriologischen Waffen durch die Mitglieder der Vereinten Nationen (Biowaffenkonvention, Biological and Toxin Weapons Convention, BTWC).
17.5.	Verabschiedung der Ostverträge im Bundestag.
26.5.	Erstes SALT-Abkommen zwischen den USA und der UdSSR. Unterzeichnung des SALT-Vertrages zwischen US-Präsident Richard Nixon und dem sowjetischen Parteichef Leonid I. Breschnew über die Begrenzung der Raketenabwehrsysteme sowie eines Zwischenabkommen über die Reduzierung der Strategischen Waffen.
7.7.	Georg Leber (SPD) wird Bundesminister der Verteidigung.
9.7.	Verabschiedung der Reservistenkonzeption durch den Bundestag.
10.7.	Helmut Fingerhut und Siegfried Mann werden beamtete Staatssekretäre im Bundesministerium der Verteidigung.
5.9.	Während der Olympischen Spiele in München kommt es zu einer Geiselnahme. Auf dem Fliegerhorst Fürstenfeldbruck verlieren bei der Befreiungsaktion alle neun israelischen Geiseln, ein deutscher Polizeibeamter und fünf palästinensische Terroristen ihr Leben.
29.10.	Einweihung des Ehrenmals des Heeres in der Festung Ehrenbreitstein in Koblenz.
14.–25.11.	4800 Soldaten leisten mit 600 Fahrzeugen Hilfe bei der Beseitigung von Sturmschäden in Niedersachsen.
28.11.	Vorlage des Berichts der Wehrstruktur-Kommission.
22.12.	Unterzeichnung des »Vertrags über die Grundlagen der Beziehungen zwischen der Bundesrepublik Deutschland und der Deutschen Demokratischen Republik« (Grundlagenvertrag).
1973	
1.1.	Die Dauer des Grundwehrdienstes wird auf 15 Monate gesenkt.
3.7.	Beginn der Konferenz für Sicherheit und Zusammenarbeit in Europa (KSZE) in Helsinki.
18.9.	Die Bundesrepublik Deutschland und die Deutsche Demokratische Republik werden gemeinsam in die Vereinten Nationen aufgenommen.

Chronologie der Bundeswehr von 1955 bis 2015 mit Schwerpunkt Sicherheitspolitik – Teil 15

Datum	Ereignis
1.10.	Eröffnung der Bundeswehr-Hochschulen in Hamburg und München (ab 1.4.1985 Umbenennung in Universitäten der Bundeswehr). Generalleutnant Horst Hildebrandt wird Inspekteur des Heeres.
30.10.	Beginn der Konferenz über beiderseitige und ausgewogene Verminderung von Truppen und Rüstungen in Europa (Mutual and Balanced Force Reductions, MBFR) in Wien. Die Teilnehmer sind sieben Staaten des Warschauer Paktes und zwölf NATO-Staaten.
1974	Die Bundeswehrhochschulen in Hamburg und München nehmen den Lehrbetrieb auf. Für Offiziere mit mindestens zwölfjähriger Dienstzeit wird das Hochschulstudium Bestandteil der Regelausbildung zum Offizier.
15.1.	Die Bundesregierung gibt das »Weißbuch 1973/74 zur Sicherheit der Bundesrepublik Deutschland und zur Entwicklung der Bundeswehr« heraus.
1.4.	Generalleutnant Gerhard Limberg wird Inspekteur der Luftwaffe.
6.5.	Rücktritt von Bundeskanzler Willy Brandt im Zusammenhang mit der Spionageaffäre Guillaume.
16.5.	Wahl von Helmut Schmidt (SPD) zum Bundeskanzler.
21.8.	Die Bundesrepublik Deutschland wird Mitglied der Ständigen Abrüstungskonferenz der UNO in Genf.
23.–24.11.	US-Präsident Gerald Ford und der sowjetische Parteichef Leonid I. Breschnew einigen sich auf Schritte zur Verringerung der strategischen Nuklearwaffen beider Seiten.
15.12.	US-General Alexander M. Haig wird SACEUR.
1975	Im Januar beschließt die Bundesregierung aus SPD und FDP eine Neuregelung des Kriegsdienstverweigerer-Prüfungsverfahrens. Die Gewissensprüfung wird erleichtert. Die Verweigerung mittels Postkarte führt zu Protesten bei der CDU/CSU-Opposition.
9.2.	Absturz einer Transall C-160 des Lufttransportgeschwaders 63 im Lefka-Ori-Gebirge auf Kreta. Sieben Besatzungsmitglieder und 35 Angehörige der 1. Batterie des Flugabwehrraketenbataillons 39 kommen dabei ums Leben.
19.2.	Das Bundekabinett stimmt dem Vorschlag des Bundesministers der Verteidigung zu, das Ärztinnen als weibliche Sanitätsoffiziere in die Bundeswehr eintreten können.
19.3.	Hermann Schmidt wird Parlamentarischer Staatssekretär beim Bundesministerium der Verteidigung.
20.3.	Wahl von Karl-Wilhelm Berkhan (SPD) zum Wehrbeauftragten des Deutschen Bundestages.
1.4.	Vizeadmiral Günter Luther wird Inspekteur der Marine.
1.8.	In Helsinki unterzeichnen die Staats- und Regierungschefs von 35 europäischen und nordamerikanischen Staaten die Schlussakte der KSZE. Die Bundesregierung beabsichtigt, trotz des Verhandlungsabschlusses und der erfolgreichen Entspannungspolitik, die Verteidigungsanstrengungen nicht zu verringern.
8.–23.8.	Insgesamt 8000 Soldaten mit mehreren Dutzend Panzerfahrzeugen, darunter 52 Berge- und Pionierpanzern, sind im Kampf gegen Waldbrände in Niedersachsen eingesetzt.
20.–22.10.	20. Kommandeur-Tagung der Bundeswehr: »Standortbestimmung – 20 Jahre Bundeswehr«.
1976	
1.1.	Der erste weibliche Sanitätsoffizier der Marine nimmt den Dienst auf.
20.1.	Die Bundesregierung gibt das »Weißbuch 1975/76 zur Sicherheit der Bundesrepublik Deutschland und zur Entwicklung der Bundeswehr« heraus.
2.2.	Gründung der Unabhängigen Europäischen Programmgruppe (Independent European Program Group, IEPG) zur Zusammenarbeit in Forschung, Entwicklung und Produktion von Wehrgerät durch die EUROGROUP.

Chronologie der Bundeswehr von 1955 bis 2015 mit Schwerpunkt Sicherheitspolitik – Teil 16

Datum	Ereignis
28.4.	Die Umrüstung auf F-4F Phantom ist abgeschlossen.
16.12.	Andreas von Bülow (SPD) wird Parlamentarischer Staatssekretär beim Bundesministerium der Verteidigung.
21.12.	Mit General Harald Wust wird erstmals ein Luftwaffengeneral zum Generalinspekteur der Bundeswehr ernannt.
1977	
10.1.	General a.D. Karl Schnell wird beamteter Staatssekretär im Bundesministerium der Verteidigung.
25.3.	Beschluss der NATO über die Errichtung eines luftgestützten Frühwarn- und Fliegerleitsystems (Airborne Warning and Control System, AWACS).
25.5.	Die Beschaffung von 1800 Kampfpanzern »Leopard 2« wird durch den Verteidigungsausschuss des Deutschen Bundestages genehmigt.
14.7.	Der SACEUR erhält einen zweiten Stellvertreter (DSACEUR, Deputy Supreme Allied Commander Europe), den deutschen General Gerd Schmückle (Aufnahme des Dienstes am 3.1.1978).
4.10.	Eröffnung der KSZE-Folgekonferenz in Belgrad. Diese tagt bis zum 9.3.1978.
1.–4.11.	Bei einem Treffen in Südfrankreich erklären Frankreich, die Bundesrepublik und Großbritannien ihren Bedarf für ein taktisches Kampfflugzeug der 1990er-Jahre und dessen besondere Bedeutung für die Luftstreitkräfte und Luftfahrtindustrien Europas. Eine gemeinsame technische Lösung wird angestrebt und ist die Geburtsstunde der Entwicklung des Eurofighters.
1978	
3.1.	General Gerd Schmückle wird erster Deutscher DSACEUR.
17.2.	Hans Apel (SPD) wird Bundesminister der Verteidigung.
18.2.	Joachim Hiehle wird beamteter Staatssekretär im Bundesministerium der Verteidigung.
13.4.	Entscheidung des Bundesverfassungsgerichts über die Unvereinbarkeit der Änderung des Wehrpflichtgesetzes (Kriegsdienstverweigerung »per Postkarte«) mit dem Grundgesetz.
15.4.	Im Auftrag der Vereinten Nationen versorgt die Luftwaffe mit Transportflugzeugen die nepalesische Friedenstruppe im Libanon mit Fahrzeugen, Zelten und Fernmeldegerät.
1.10.	Generalleutnant Friedrich Obleser wird Inspekteur der Luftwaffe.
12.12.	General Jürgen Brandt wird Generalinspekteur der Bundeswehr.
21.–23.12.	Verhandlungen zwischen den USA und der Sowjetunion über ein zweites Abkommen zur Begrenzung der strategischen Rüstung (SALT II).
1979	
8.2.	Die Bundesregierung weist in einer Erklärung zur Sicherheitspolitik darauf hin, dass die NATO nachrüsten müsse, um die Überlegenheit des Warschauer Paktes in Europa auszugleichen, wenn der Warschauer Pakt nicht abrüstet.
1.4.	Generalleutnant Johannes Poeppel wird zum Inspekteur des Heeres ernannt.
18.6.	Unterzeichnung der SALT-II-Verträge durch US-Präsident Jimmy Carter und den sowjetischen Staats- und Parteichef Leonid I. Breschnew über die Begrenzung von Trägersystemen für Nuklearwaffen. Trotz der Unterzeichnung des Vertrages tritt er nie in Kraft.
1.7.	US-General Bernard W. Rogers wird SACEUR.
4.9.	Die Bundesregierung gibt das »Weißbuch 1979 zur Sicherheit der Bundesrepublik Deutschland und zur Lage der Bundeswehr« heraus.
31.10.	Bericht der Kommission zur Stärkung der »Führungsfähigkeit und Entscheidungsverantwortung in der Bundeswehr« unter Vorsitz des ehemaligen Generalinspekteurs Ulrich de Maizière.

Chronologie der Bundeswehr von 1955 bis 2015 mit Schwerpunkt Sicherheitspolitik – Teil 17

Datum	Ereignis
12.12.	Die NATO beschließt zur Wiederherstellung des Gleichgewichts bei den nuklearen Mittelstreckenwaffen die Aufstellung von landgestützten Marschflugkörpern und Pershing-II-Raketen ab 1983, falls sich die Sowjetunion bis dahin nicht zur Abrüstung ihrer eurostrategischen SS-20-Raketen bereit erklärt (NATO-Doppelbeschluss).
28.12.	Einmarsch sowjetischer Truppen in Afghanistan.
1980	
1.4.	Admiral Günter Luther wird DSACEUR. Vizeadmiral Ansgar Bethge wird sein Nachfolger als Inspekteur der Marine.
29.4.	Erstmals läuft ein deutscher Verband zu einer Auslandsausbildungsreise in den Indischen Ozean aus. Es handelt sich dabei um die Zerstörer »Bayern« und »Lütjens« sowie die Versorger »Coburg« und »Spessart«.
6.5.	Bundespräsident Karl Carstens hält aus Anlass der 25-jährigen Mitgliedschaft der Bundesrepublik Deutschland in der NATO eine Rede bei einem öffentlichen Feierlichen Gelöbnis in Bremen. Dabei kommt es zu schweren Ausschreitungen gegen die Bundeswehr von linksradikaler Seite.
19.6.	Aufhebung der bislang geltenden Begrenzung des Einsatzgebietes der Marine bis zum 31. Breitengrad durch den Bundessicherheitsrat.
21.6.	Aufhebung aller Tonnage-Beschränkungen für die Marine durch die WEU.
31.7.	Schaffung des »Aufgabenverbunds Innere Führung« und Umbenennung der Schule für Innere Führung in »Zentrum Innere Führung«.
20.8.	Stiftung des »Ehrenzeichens der Bundeswehr« durch den Bundesminister der Verteidigung, Hans Apel, zum 25-jährigen Bestehen der Bundeswehr.
17.10.	Oberstleutnant Alexander Heuser (Jagdbombergeschwader 31) gelingt es, seinen brennenden F-104G Starfighter von einer stark besiedelten Gegend bei Fischenich weg zu steuern. Er erhält als erster Soldat aus der Hand von Bundesverteidigungsminister Apel das gerade neu gestiftete Ehrenkreuz der Bundeswehr in Gold.
5.11.	Wilfried Penner (SPD) wird Parlamentarischer Staatssekretär beim Bundesministerium der Verteidigung.
11.11.	Eröffnung des zweiten KSZE-Folgetreffens in Madrid. Dieses Treffen der Staats- und Regierungschefs tagt mit Unterbrechungen bis zum 9.9.1983.
12.11.	Zum 25-jährigen Bestehen der Bundeswehr wird ein Feierliches Gelöbnis mit Großem Zapfenstreich in Anwesenheit des Bundespräsidenten und des Bundesministers der Verteidigung in Bonn durchgeführt. Wieder kommt es zu Störungen von linksradikaler Seite.
4.12.	Zum 25-jährigen Bestehen der Bundeswehr und der Mitgliedschaft in der NATO kommt es zu vielfachen Protesten im Zusammenhang mit der NATO-Nachrüstungsdebatte. Der erste zentrale Rechner, HEROS (Heeresinformationssystem für rechnergestützte Operationsführung) wird in Stäben eingeführt. Damit beginnt das Zeitalter der rechnergestützten Operationsführung und die Digitalisierung der Truppenführung.
1981	
1.1.	Klaus-Dieter Leister wird beamteter Staatssekretär im Bundesministerium der Verteidigung.
22.7.	Gemeinsame Erklärung des DGB und der Bundeswehr über die Verbesserung der gegenseitigen Beziehungen.
1.10.	Neuer Inspekteur des Heeres wird der bisherige Kommandierende General des II. Korps, Generalleutnant Meinhard Glanz, sein Nachfolger als Kommandierender General des II. Korps wird Generalleutnant Leopold Chalupa.

Chronologie der Bundeswehr von 1955 bis 2015 mit Schwerpunkt Sicherheitspolitik – Teil 18

Datum	Ereignis
30.11.	Beginn der amerikanisch-sowjetischen Verhandlungen in Genf über die Begrenzung nuklearer Mittelstreckenraketen (Intermediate Range Nuclear Forces, INF-Vertrag).
13.12	Verhängung des Kriegsrechts durch die polnische Staatsführung aufgrund massiver Streiks in den Vormonaten. Trotz der Proteste um die NATO-Nachrüstung ist das Ansehen der Bundeswehr in der öffentlichen Meinung in den letzten 25 Jahren ihres Bestehens gewachsen. Laut Umfragen haben 47 % der Befragten eine gute Meinung über die Bundeswehr, nur 16 % haben keine gute Meinung. Bei vorhergehenden Befragungen in den Jahren 1964, 1969 und 1971 äußerte sich jeweils nur ein Drittel der Befragten positiv über die Bundeswehr.
1982	
26.2.	Außerdienststellung des letzten von den USA geliehenen Zerstörers Z 5 in Salamis, Griechenland, und Übergabe des Schiffes an die griechische Marine. Damit geht nach über 24 Jahren die Ära der »Fletcher«-Zerstörer in der Marine zu Ende.
15.3.	Stärkung des Wehrbeauftragten durch den Bundestag, der künftig vom Verteidigungsminister und allen ihm unterstellten Dienststellen und Personen Auskunft und Akteneinsicht verlangen sowie jederzeit Einrichtungen der Bundeswehr ohne Anmeldung besuchen kann.
15.4.	Abkommen zwischen den USA und der Bundesrepublik über die Unterstützung der amerikanischen Streitkräfte im Spannungs- und Verteidigungsfall (Wartime Host Nation Support, WHNS).
30.5.	Spanien tritt als 16. Mitglied der NATO bei.
10.6.	Großdemonstration von 350 000 Menschen in Bonn gegen den NATO-Doppelbeschluss.
21.6.	Abschlussbericht der Langzeitkommission der Bundeswehr über die Auftragserfüllung der Bundeswehr in den 1990er-Jahren.
28.6.	Indienststellung des NATO Airborne Early Warning-Verbandes (NAEW, kurz E-3A-Verband) in Geilenkirchen und anschließend Stationierung des multinationalen Frühwarnsystems AWACS (Airborne Early and Control System) in Geilenkirchen-Teveren bei Aachen.
20.9.	Bundesverteidigungsminister Hans Apel setzt die »Richtlinien zur Traditionspflege und zum Traditionsverständnis der Bundeswehr« in Kraft.
1.10.	Mit einem Konstruktiven Misstrauensvotum durch die Fraktion der CDU/CSU wählt der Deutsche Bundestag Helmut Kohl (CDU) zum Bundeskanzler und Nachfolger von Helmut Schmidt.
4.10.	Der Bundestagsabgeordnete und Major der Reserve Manfred Wörner (CDU) wird nach dem Regierungswechsel Bundesminister der Verteidigung und der Bundestagsabgeordnete und ehemalige Berufssoldat Peter-Kurt Würzbach (CDU) wird Parlamentarischer Staatssekretär beim Bundesministerium der Verteidigung.
5.10.	Der Bundestagsabgeordnete Kurt Jung (FDP) wird Parlamentarischer Staatssekretär beim Bundesministerium der Verteidigung.
30.10.	Lothar Rühl, früher Journalist bei der Tageszeitung »Die Welt« und beim Zweiten Deutschen Fernsehen (ZDF) sowie zuletzt stellvertretender Chef des Bundespresseamtes, wird beamteter Staatssekretär im Bundesministerium der Verteidigung.
1983	
1.1.	Als neue Spitzendienstgrade werden Stabsfeldwebel und Oberstabsfeldwebel für die Unteroffiziere eingeführt.
1.4.	General Wolfgang Altenburg wird Generalinspekteur der Bundeswehr. Generalleutnant Eberhard Eimler wird Inspekteur der Luftwaffe.
1.–2.6.	Bekräftigung des NATO-Doppelbeschlusses durch die Verteidigungsminister der NATO-Staaten in Brüssel und Erklärung, die NATO werde ihre Waffen niemals zuerst einsetzen.

Chronologie der Bundeswehr von 1955 bis 2015 mit Schwerpunkt Sicherheitspolitik – Teil 19

Datum	Ereignis
18.7.	Ulf Merbold, der erste westdeutsche Astronaut, der später an der Space-Shuttle-Mission vom 28.11. bis 8.12.1983 teilnimmt, bereitet sich darauf in Fürstenfeldbruck beim Jagdbombergeschwader 49 vor und fliegt u.a. mit dem Alpha Jet.
20.10.	Die Bundesregierung gibt das »Weißbuch 1983 zur Sicherheit der Bundesrepublik Deutschland« heraus.
27.10.	Eine Nukleare Planungsgruppe der NATO beschließt im kanadischen Montbello, im Verlauf der nächsten fünf bis sechs Jahre weitere 1400 atomare Gefechtsköpfe aus Europa abzuziehen, ohne sie durch andere zu ersetzen. Parallel dazu beginnt in der Bundesrepublik Deutschland eine öffentliche Debatte über die Stationierung der US-Mittelstreckenraketen vom Typ »Pershing II«. Kontrovers wird über Sicherheitsfragen und die deutsch-amerikanischen Beziehungen diskutiert. Die öffentliche Debatte führt zum »Heißen Herbst« mit Protestaktionen, wie zum Beispiel Blockaden von Kasernenanlagen u.a. in Mutlangen, wo die US-Streitkräfte Pershing-Raketen stationiert haben.
22./23.11.	Trotz der auftretenden Massenproteste beschließt der Bundestag mit der Mehrheit von CDU/CSU und FDP die fristgerechte Nachrüstung mit Mittelstreckenraketen entsprechend dem NATO-Doppelbeschluss.
6.12.	Abschlussvereinbarung über gemeinsame Maßnahmen zur Stärkung der Luftverteidigung in Mitteleuropa mit den USA – u.a. Beschaffung der Waffensysteme »Patriot« und »Roland«.
1984	
1.1.	Das Gesetz zur Neuregelung des Rechts auf Kriegsdienstverweigerung und des Zivildienstes tritt in Kraft.
6.1.	Mit einem Bericht in der »Süddeutschen Zeitung« beginnt die sogenannte Kießling-Affäre.
17.1.	Eröffnung der Konferenz über Vertrauens- und Sicherheitsbildende Maßnahmen und Abrüstung in Europa (KVAE) in Stockholm. Diese tagt bis zum 19.9.1989.
24.2.	Beginn der Stationierung amerikanischer Mittelstreckenraketen vom Typ »Pershing II« und/oder »Cruise Missiles« in Rheinland-Pfalz, Baden-Württemberg und Bayern.
1.4.	Manfred Timmermann und Günter Ermisch werden beamtete Staatssekretäre im Bundesministerium der Verteidigung.
5.4.	Zum ersten Mal übernimmt ein deutscher Offizier das Kommando über die STANAVFORLANT (Standing Naval Forces Atlantic).
29.–31.5.	Washingtoner Erklärung der NATO-Außenminister über die Ost-West-Beziehungen. Auf der Grundlage militärischer Stärke und politischer Solidarität wird die Bereitschaft zum Dialog und zur Zusammenarbeit mit den Staaten des Warschauer Paktes erklärt.
25.9.	Während einer gemeinsamen deutsch-französischen Übung ehren Staatspräsident François Mitterrand und Bundeskanzler Helmut Kohl bei Verdun gemeinsam die Toten des Ersten Weltkrieges.
1.10.	Generalleutnant Hans-Henning von Sandrart wird Inspekteur des Heeres.
17.10.	Verabschiedung der Bundeswehrplanung für die 1990er-Jahre im Bundeskabinett.
9.11.	Der NATO-Rat billigt die vom SACEUR erarbeitete langfristige Planungsrichtlinie für die Bekämpfung von Folgestaffeln angreifender Truppen des Warschauer Paktes (»Follow-on-Forces Attack«, FOFA) durch die NATO.
20.12.	Das Bundesverfassungsgericht erklärt die Stationierung von Mittelstreckenraketen als mit dem Grundgesetz vereinbar.

Chronologie der Bundeswehr von 1955 bis 2015 mit Schwerpunkt Sicherheitspolitik – Teil 20

Datum	Ereignis
1985	
Januar	Der Verteidigungs- und der Haushaltsausschuss des Bundestages stimmen dem deutsch-amerikanischen Abkommen über die Beschaffung der Luftverteidigungs-Waffensysteme Patriot und Roland zu.
10.3.	Michail S. Gorbatschow wird neuer Parteichef der KPdSU.
12.3.	Wiederaufnahme der amerikanisch-sowjetischen Verhandlungen über die Beschränkung von Kern- und Weltraumwaffen in Genf.
1.4.	Wahl von Willi Weiskirch (CDU) zum Wehrbeauftragten des Deutschen Bundestages. Vizeadmiral Dieter Wellershoff wird Inspekteur der Marine.
12.4.	Erste Begegnung zwischen dem Oberbefehlshaber der US-Streitkräfte in Europa und dem Oberbefehlshaber der Gruppe der sowjetischen Streitkräfte in Deutschland in Potsdam.
8.5.	Sowjetische Bekanntgabe eines einseitigen Moratoriums für die Stationierung von Mittelstreckenraketen.
13.6.	Gesetz zur Verbesserung der Personalstruktur in den Streitkräften.
19.6.	Die Bundesregierung gibt das »Weißbuch 1985 zur Lage und Entwicklung der Bundeswehr« heraus.
2.8.	Beschluss der Bundesrepublik Deutschland, Großbritanniens und Italiens über den gemeinsamen Bau eines Kampfflugzeugs für die 1990er-Jahre.
6.8.	Moratorium der sowjetischen Regierung über die einseitige Einstellung aller Kernwaffenversuche bis zum 1.1.1986.
13.11.	Zum 30-jährigen Bestehen der Bundeswehr führt die 1. Panzerdivision ein Schießen der verbundenen Waffen und anschließend eine Feldparade auf dem Truppenübungsplatz Bergenhohne vor dem Bundeskanzler und dem Bundeskabinett durch.
19.–21.11.	In Genf vereinbaren US-Präsident Ronald Reagan und der sowjetische Parteichef Michail S. Gorbatschow eine Reduzierung der strategischen Nuklearkräfte um 50 Prozent.
Dezember	Die Stationierung von 108 amerikanischen Mittelstreckenraketen Pershing II in der Bundesrepublik Deutschland ist abgeschlossen.
1986	
	Nach 27 Jahren erfolgt der 100 000. Einsatz im Search and Rescue-Dienst (SAR) für die Luftwaffe.
17.2.	Aufnahme von Gesprächen zwischen der NATO und den Warschauer-Pakt-Staaten über ein Mandat für Verhandlungen über konventionelle Streitkräfte in Europa.
22.9.	Beendigung der Konferenz über Sicherheits- und vertrauensbildende Maßnahmen und Abrüstung in Europa (KVAE). Im Schlussdokument der Konferenz werden die vertrauensbildenden Maßnahmen aus der KSZE-Schlussakte von Helsinki weiter ausgebaut.
1.10.	General Wolfgang Altenburg wird Vorsitzender des Militärausschusses der NATO. Admiral Dieter Wellershoff folgt ihm auf dem Posten des Generalinspekteurs der Bundeswehr. Vizeadmiral Hans Joachim Mann wird Inspekteur der Marine.
11.–12.10.	Scheitern der Rüstungskontrollgespräche in Reykjavik zwischen Reagan und Gorbatschow wegen unterschiedlicher Auffassungen über die amerikanische Initiative zur Strategischen Verteidigung (Strategic Defence Initiative, SDI).
4.11.	Eröffnung der dritten KSZE-Folgekonferenz in Wien. Diese tagt bis zum 15.1.1989.
08.10.	US-Präsident Reagan und der sowjetische Parteichef Gorbatschow unterzeichnen den Washingtoner INF-Vertrag, der eine weltweite Abschaffung von landgestützten atomaren Mittelstreckensystemen vorsieht.
11.10.	Veröffentlichung der Brüsseler Erklärung zur konventionellen Rüstungskontrolle durch die Außenminister der NATO-Staaten. Verhandlungsforderungen über konventionelle Stabilität zur Beseitigung bestehender Ungleichgewichte vom Atlantik bis zum Ural.

Chronologie der Bundeswehr von 1955 bis 2015 mit Schwerpunkt Sicherheitspolitik – Teil 21

Datum	Ereignis
1987	
März	Erstmalige Teilnahme von zwei Offizieren der Bundeswehr als Beobachter an einem Manöver des Warschauer Paktes in der DDR.
12.3.	Agnes Hürland-Büning (CDU) wird Parlamentarische Staatssekretärin beim Bundesministerium der Verteidigung.
2.4.	Ludwig-Holger Pfahls wird beamteter Staatssekretär im Bundesministerium der Verteidigung. Im Jahr 2005 wird er wegen Vorteilsnahme und Steuerhinterziehung in diesem Amt zu zwei Jahren und drei Monaten Gefängnis verurteilt.
Juni	Erstmaliger Austausch von Offizieranwärtern der Bundesmarine und der französischen Marine.
30.6.	US-General John R. Galvin wird SACEUR.
26.8.	Entscheidung der Bundesregierung über den Abbau der in der Bundesrepublik stationierten 72 Mittelstreckenraketen als Antwort auf die vertragsgemäße Zerstörung sowjetischer SS-20-Raketen.
7.–11.9.	Besuch des Generalsekretärs des Zentralkommitees der SED und Vorsitzenden des Staatsrates der DDR, Erich Honecker, in der Bundesrepublik.
15.9.	Erstmalige Teilnahme von zwei Offizieren der NVA als Beobachter an den NATO-Herbstmanövern.
25.9.	Bundeskanzler Helmut Kohl und der französische Staatspräsident François Mitterrand beschließen die Gründung eines gemeinsamen Verteidigungsrates.
1.10.	Generalleutnant Henning von Ondarza wird Inspekteur des Heeres. Generalleutnant Horst Jungkurt wird Inspekteur der Luftwaffe.
15.10.	Zum ersten Mal beteiligen sich Einheiten der Bundeswehr an einem NATO-Verband im Mittelmeer.
8.12.	Unterzeichnung des Vertrages über die weltweite Beseitigung landgestützter nuklearer Mittelstreckenraketen (INF-Vertrag) durch Ronald Reagan und Michail S. Gorbatschow in Washington.
9.12.	Der Bundesminister der Verteidigung, Manfred Wörner, wird als erster Deutscher von den NATO-Außenministern einstimmig zum neuen NATO-Generalsekretär designiert.
1988	
7.–15.1.	Erster Besuch einer amerikanischen Expertengruppe im sowjetischen Erprobungsgelände für Kernwaffen in Semipalatinsk.
22.1.	Einrichtung eines Gemeinsamen Verteidigungs- und Sicherheitsrates durch die Bundesrepublik Deutschland und Frankreich sowie Unterzeichnung eines Abkommens über die Aufstellung einer Deutsch-Französischen Brigade.
2.–3.3.	Gipfeltreffen des Nordatlantikrats in Brüssel. Veröffentlichung einer Erklärung zur konventionellen Rüstungskontrolle, in der wesentliche Schritte zum Abbau des konventionellen Ungleichgewichtes gefordert werden.
15.5.	Beginn des Abzugs der sowjetischen Truppen aus Afghanistan.
18.5.	Rupert Scholz wird Bundesminister der Verteidigung.
1.7.	Manfred Wörner wird als erster Deutscher NATO-Generalsekretär.
28.8.	Auf dem Nato-Flugplatz Ramstein kommt es anlässlich eines Flugtages der USAF zu einem schweren Unfall (Kollision von drei Flugzeugen einer italienischen Kunstflugstaffel), bei dem 77 Besucher getötet und etwa 500 Besucher verletzt werden. Daraufhin verbietet Bundesverteidigungsminister Scholz alle Kunstflugvorführungen für den Bereich der Luftwaffe.
1.9.	Die ersten Pershing-II-Raketen werden gemäß INF-Abkommen von 1987 aus Mutlangen abgezogen.

Chronologie der Bundeswehr von 1955 bis 2015 mit Schwerpunkt Sicherheitspolitik – Teil 22

Datum	Ereignis
23.11.	Startschuss für die Entwicklung des Eurofighter 2000, der zuvor noch »Taktisches Kampfflugzeug für die 90er Jahre« oder »Jäger 90« genannt wurde, infolge der multinationalen Regierungsvereinbarung zwischen Großbritannien, Italien, Spanien und Deutschland.
19.12.	Willi Wimmer (CDU) wird Parlamentarischer Staatssekretär beim Bundesministerium der Verteidigung. Der Wehrbeauftragte des Deutschen Bundestages, Willi Weißkirch, fordert die Politiker auf, die Soldaten vor Diffarmierungen in Schutz zu nehmen, und reagiert damit auf den in der Öffentlcihkeit umstrittenen Gebrauch des Kurt-Tucholsky-Zitates »Soldaten sind Mörder«.
1989	
Januar	Aufstellung der Deutsch-Französischen Brigade.
29.1.	Kollision zwischen U 19 und einem Boot der Volksmarine vom Typ »Kondor II«.
15.2.	Karl-Heinz Carl wird beamteter Staatssekretär im Bundesministerium der Verteidigung.
30.3.	Erster direkter Gedankenaustausch von Offizieren der Bundeswehr und der Nationalen Volksarmee (NVA) in Hamburg.
20.4.	Gerhard Stoltenberg (CDU) wird Bundesminister der Verteidigung.
3.–6.5.	Erster Besuch eines Generalinspekteurs der Bundeswehr, Admiral Dieter Wellershoff, in der Sowjetunion.
1.6.	Die ersten 13 weiblichen Sanitätsoffizieranwärter der Luftwaffe beginnen ihre Ausbildung.
19.6.	Neubeginn der Verhandlungen zwischen den USA und der Sowjetunion über die Verringerung strategischer Waffen (Strategic Arms Reduction Treaty, START) in Genf.
10.9.	Öffnung der ungarischen Grenze für DDR-Flüchtlinge.
6.–7.10.	Staats- und Parteichef Gorbatschow drängt anlässlich des 40. Jahrestages der Gründung der DDR die SED-Führung zu politischen und wirtschaftlichen Reformen.
8.10.	Demonstration in Leipzig von etwa 15 000 Menschen für demokratische Erneuerung, Meinungsfreiheit und Reformen in der DDR.
9.11.	Beschluss des Ministerrats der DDR über die Öffnung der Grenzübergänge zur Bundesrepublik und nach West-Berlin.
20.11.	Ruf nach der deutschen Einheit bei Massendemonstrationen in Leipzig.
28.11.	Bundeskanzler Kohl legt im Bundestag ein Zehn-Punkte-Programm zur Überwindung der Teilung Deutschlands vor.
19.–20.12.	Gespräche über eine Vertragsgemeinschaft zwischen beiden deutschen Staaten beim Besuch von Bundeskanzler Kohl in Dresden. Bis Ende des Jahres stellt die Bundeswehr 26 Liegenschaften mit anfänglich 8000, später 30 000 Unterkunftsplätzen für DDR-Flüchtlinge zur Verfügung.
1990	
10.–11.2.	Staats- und Parteichef Gorbatschow erklärt beim Besuch von Bundeskanzler Kohl und Außenminister Hans-Dietrich Genscher in Moskau, dass die Deutschen ihre Einheit in freier Selbstbestimmung und unter Berücksichtigung der Sicherheit und Interessen ihrer Nachbarn in Europa verwirklichen könnten.
11.–14.2.	Einigung der Siegermächte des Zweiten Weltkrieges und der beiden deutschen Staaten auf die Führung von Gesprächen über die äußeren Aspekte der deutschen Einheit in einem »Zwei-plus-Vier«-Rahmen.
2.3.	Einweihung der Erinnerungsstätte »Luftbrücke Berlin« im Fliegerhorst Faßberg.
18.3.	Erste freie Wahlen auf dem Territorium der DDR seit 1932. Wahlsieg der konservativen »Allianz für Deutschland« bei den ersten freien Wahlen in der DDR.
27.4.	Wahl von Alfred Biehle (CSU) zum Wehrbeauftragten des Deutschen Bundestages.
1.6.	Rahmenrichtlinien über dienstliche und außerdienstliche Kontakte zwischen Soldaten der Bundeswehr und Angehörigen der NVA.

Chronologie der Bundeswehr von 1955 bis 2015 mit Schwerpunkt Sicherheitspolitik – Teil 23

Datum	Ereignis
5.–8.6.	Erstmals läuft ein sowjetischer Flottenverband mit Kiel einen Hafen der Bundesrepublik an.
1.7.	Inkrafttreten des Staatsvertrages vom 18.5. zwischen der Bundesrepublik Deutschland und der DDR zur Währungs-, Wirtschafts- und Sozialunion.
6.7.	Die Staats- und Regierungschefs der NATO geben die »Londoner Erklärung« ab. Enthalten sind Vorschläge für den Ausbau der Zusammenarbeit mit den Staaten Mittel- und Osteuropas, einschließlich der Einrichtung diplomatischer Verbindungen zwischen diesen Ländern und der NATO.
15.–16.7.	Beratungen zwischen Michail S. Gorbatschow und Helmut Kohl im Kaukasus über die Modalitäten der Wiedervereinigung Deutschlands. Einigung über die Fortsetzung der NATO-Mitgliedschaft der Bundesrepublik und Reduzierung der Bundeswehr auf eine Stärke von höchstens 370 000 Mann bis Ende 1994.
2.8.	Die Bundesrepublik Deutschland unterstützt die konzentrierte internationale Aktion gegen die Besetzung Kuwaits durch den Irak mit einem Minensuchverband der Bundeswehr.
10.8.	Entsendung von fünf Minensuchbooten und zwei Versorgungsschiffen der Marine mit etwa 500 Marinesoldaten ins östliche Mittelmeer wegen der Golfkrise.
20.8.	Arbeitsaufnahme einer Verbindungsgruppe der Bundeswehr im Ministerium für Abrüstung und Verteidigung in Strausberg.
23.8.	Beschluss der Volkskammer der DDR über den Beitritt zur Bundesrepublik nach Artikel 23 des Grundgesetzes.
30.08.	Generalleutnant Jörg Schönbohm wird zum Befehlshaber des neuen Bundeswehrkommandos Ost in Strausberg ernannt.
31.8.	Die Bundesrepublik Deutschland und die Deutsche Demokratische Republik vereinbaren im Einigungsvertrag den Beitritt der DDR zum Geltungsbereich des Grundgesetzes. Durchführung der Operation »Lindwurm«, bei der Teile des Heeres den Abtransport der amerikanischen Chemiewaffen aus Deutschland unterstützen. Zeitgleich wird der Transport von Bekleidung und Ausrüstung in die DDR organisiert.
12.9.	Abschluss der »Zwei-plus-Vier«-Verhandlungen in Moskau und Unterzeichnung des Deutschland-Vertrages.
24.9.	Unterzeichnung des Protokolls über den Austritt der DDR aus dem Warschauer Pakt.
1.10.	Der Wehrdienst wird auf zwölf Monate verkürzt.
2.10.	Erlöschen des Vier-Mächte-Status Berlins, als die Alliierte Kommandantur ihre Arbeit einstellt.
3.10.	Inkrafttreten des Einigungsvertrages zwischen der Bundesrepublik Deutschland und der DDR. Bundesverteidigungsminister Gerhard Stoltenberg übernimmt die Befehls- und Kommandogewalt über alle deutschen Streitkräfte. Am selben Tag wird die Nationale Volksarmee der DDR aufgelöst.
3.10.	Wahrnehmung der lufthoheitlichen Aufgaben über dem wiedervereinten Deutschland durch Einsatzverbände der Luftwaffe. Mit der Vereinigung treten 8325 Angehörige der zuvor aufgelösten Volksmarine mit 91 Kampf- und 61 Unterstützungseinheiten in die Bundeswehr ein.
17.10.	Indienststellung der Deutsch-Französischen Brigade.
19.10.	Erstes öffentliches Gelöbnis in den neuen Bundesländern in Bad Salzungen.
19.11.	Gemeinsame Erklärung von NATO und Warschauer Pakt über umfassende Abrüstung und gegenseitigen Nichtangriff (Charta von Paris für ein neues Europa).
22.11.	Unterstützungsleistungen für US-Einheiten im Rahmen der Operation »Desert Shield« durch die Luftwaffe.

Chronologie der Bundeswehr von 1955 bis 2015 mit Schwerpunkt Sicherheitspolitik – Teil 24

Datum	Ereignis
14.12.	Im Rahmen der Russlandhilfe fliegt die Luftwaffe Hilfslieferungen in die Sowjetunion. Bis Jahresende erfolgt die Aufstellung der Wehrbereichskommandos VII (Leipzig) und VIII (Neubrandenburg).
1991	Die Verlegung der AMF (Allied Command Europe Mobile Force) – Teile des Jagdbombergeschwaders 43 – nach Erhac/Türkei wird vom DPC (Defence Planning Committee) der NATO beschlossen. Später werden auch Flugabwehrkräfte verlegt. Es kommt zu umfangreichen Bürgerdemonstrationen gegen den Irakkrieg sowie zu Verstimmungen in der Truppe wegen der fehlenden Rechtsgrundlagen für diesen Einsatz.
17.1.	Beginn des ersten Irakkriegs mit der Operation »Desert Storm«.
2.1.	Erstmalige Einberufung von Wehrpflichtigen aus den fünf neuen Bundesländern. Verlegung von 18 Alpha Jets nach Erhac zur Sicherung der südlichen NATO Flanke im Rahmen der schnellen Eingreiftruppe AMF. Keine Feindberührung während dieses Vorgangs.
17.1.	Beginn der Operation »Desert Storm« zur Befreiung Kuwaits von irakischer Besetzung, durch eine multinationale Streitmacht unter amerikanischer Führung.
25.1.	Ottfried Hennig (CDU) wird Parlamentarischer Staatssekretär beim Bundesministerium der Verteidigung.
29.1.	Die Bundesregierung beschließt die Verlegung einer Staffel des Flugabwehrsystems »Roland« und bis zu drei Halbstaffeln des Flugabwehrsystems »Hawk« in die Türkei zum Schutz der mit AMF-Anteilen belegten Flugplätze.
25.2.	Die Außen- und Verteidigungsminister des Warschauer Paktes beschließen die Auflösung dieser Militärorganisation.
6.3.	Auf Ersuchen der USA beschließt die Bundesregierung die Verlegung der deutschen Minenabwehreinheiten in den Persischen Golf. Dort beteiligen sie sich an der Räumung von Seeminen vor der kuwaitischen Küste. Die Marine setzt dazu erstmals das Minenabwehrsystem »Troika« ein.
31.3.	Auflösung der Militärstrukturen des Warschauer Paktes.
1.4.	Generalleutnant Hans-Jörg Kuebart wird Inspekteur der Luftwaffe.
16.4.	Aufstellung des Korps- und Territorialkommandos Ost in Potsdam; erster Befehlshaber wird Generalleutnant Werner von Scheven.
1.5.	Peter Wichert wird beamteter Staatssekretär im Bundesministerium der Verteidigung.
Juni	Als erstes deutsches Militärmusikkorps spielt das Luftwaffenmusikkorps 2 in einem Mitgliedsland des ehemaligen Warschauer Pakts bei einem Festival in Debrecen/Ungarn.
10.6.	Im Rahmen von UNSCOM (UN Special Commission) fliegen Luftwaffe und Heeresflieger Inspektoren zur Kontrolle von Chemiewaffenanlagen in den Irak. Die Operation dauert bis zum 30.9.1996.
1.7.	Auflösung des Warschauer Paktes (Unterzeichnung der Urkunde). Das Bundeswehrkommando Ost wird außer Dienst gestellt. Die ihm unterstellten Verbände treten unter das Kommando der Teilstreitkräfte.
15.7.	Die letzten Einheiten der sowjetischen Marine verlassen nach einer Präsenz von 46 Jahren Deutschland.
30.–31.7.	Unterzeichnung des START-Vertrages über den Abbau strategischer Nuklearwaffen durch die Präsidenten der USA, George H.W. Bush, und der Sowjetunion, Michail S. Gorbatschow. Einsatz von Heeresfliegerkräften mit der CH 53, um UN-Sonderinspektoren im Rahmen der UNSCOM-Mission im Irak zu transportieren. C-160 Transall leisten den Transport von Hilfsgütern in den Nord-Irak im Rahmen der Operation »Kurdenhilfe«.

Chronologie der Bundeswehr von 1955 bis 2015 mit Schwerpunkt Sicherheitspolitik – Teil 25

Datum	Ereignis
1.10.	General Klaus Naumann wird neuer Generalinspekteur der Bundeswehr. Zeitgleich übernimmt Generalleutnant Jörg Schönbohm den Dienstposten des Inspekteurs des Heeres und Vizeadmiral Hein Peter Weyher den Posten als Inspekteur der Marine.
17.10.	Die Nukleare Planungsgruppe der NATO beschließt in Taormina auf Sizilien das größte atomare Abrüstungsprogramm ihrer Geschichte. Alle Atomgranaten und Kurzstreckenraketen in Europa und etwa die Hälfte der 1400 amerikanischen und 200 britischen Atombomben in Europa sollen zerstört werden.
6.11.	Die ersten Sanitätssoldaten der Bundeswehr werden zu einer Mission der Vereinten Nationen nach Kambodscha abgestellt.
8.11.	Beschluss des NATO-Gipfels in Rom über eine neue Bündnisstrategie aus einer Triade von Dialog, Kooperation und Erhaltung der Verteidigungsfähigkeit.
21.12.	Auflösung der Sowjetunion und Gründung der Gemeinschaft Unabhängiger Staaten (GUS) durch die Vertreter aus elf ehemaligen Sowjetrepubliken in Alma Ata.
1992	
Januar	Die Verteidigungspolitischen Richtlinien werden als militärpolitische Grundlage für den Umbau der Bundeswehr veröffentlicht.
1.1.	Die mit »Pershings« ausgestatteten Flugkörpergeschwader 1 (Landsberg/Lech) und 2 (Geilenkirchen) werden entsprechend den Bestimmungen des INF-Vertrages aufgelöst.
1.3.	Inspekteur des Heeres wird Generalleutnant Helge Hansen, sein Vorgänger Jörg Schönbohm wird zum beamteten Staatssekretär im Bundesministerium der Verteidigung ernannt. Damit wird nach General Karl Schnell zum zweiten Mal ein ranghoher Berufssoldat zum Staatssekretär ernannt.
2.3.	Gewaltsame Auseinandersetzungen beginnen in Bosnien-Herzegowina, die sich zu einem Bürgerkrieg zwischen den serbischen und muslimisch dominierten Volksgruppen entwickeln, in dem die Gewalt eskaliert und es zu »ethnischen Säuberungen« kommt. Dadurch wird die internationale Staatengemeinschaft in den Konflikt eingreifen und deutsche Bundeswehrsoldaten werden im Rahmen der Vereinten Nationen eingesetzt (UNPROFOR), später als Teil der internationalen IFOR- und SFOR-Truppe über Jahre in Bosnien-Herzegowina präsent sein.
18.3.	Nach 41 Jahren amerikanischer Militärpräsenz erfolgt am 18.3. der Abzug des VII. US-Korps aus Baden-Württemberg.
18.–25.3.	Erstmals nimmt ein Bundeswehrsoldat, Major der Luftwaffe Klaus-Dieter Flade, an einer Weltraummission teil. Gemeinsam mit russischen Kosmonauten nimmt der Ingenieur der Luft- und Raumfahrttechnik und Testpilot als Forschungskosmonaut an der MIR-92-Mission teil.
24.3.	In Wien wird der Vertrag »Open Skies« zur luftgestützten Beobachtung, Rüstungskontrolle und Krisenüberwachung unterzeichnet.
2.4.	Der CDU-Bundestagsabgeordnete und CDU-Generalsekretär Volker Rühe wird Bundesminister der Verteidigung.
7.4.	Erstmals besuchen polnische Kriegsschiffe Kiel und damit einen Hafen der Bundesrepublik.
8.4.	Ingrid Roitzsch (CDU) und Bernd Wilz (CDU) werden neue Parlamentarische Staatssekretäre beim Bundesministerium der Verteidigung.
9.4.	140 Soldaten, darunter 30 Ärzte, werden zur medizinischen Betreuung von Angehörigen der UN-Mission UNTAC (United Nations Transitional Authority in Cambodia) nach Kambodscha entsandt.
14.4.	Die Bundesakademie für Sicherheitspolitik, die sicherheitspolitische Weiterbildungsstätte der Bundesregierung, nimmt ihren Lehrbetrieb auf. Sie vermittelt das Konzept der ressortübergreifenden, umfassenden Sicherheit an ausgewählte Führungskräfte und bündelt die sicherheitspolitische Expertise Deutschlands.

Chronologie der Bundeswehr von 1955 bis 2015 mit Schwerpunkt Sicherheitspolitik – Teil 26

Datum	Ereignis
Mai	Im Rahmen der deutsch-französischen militärischen Zusammenarbeit wird erstmals ein künftig regelmäßig übender Verband aus Einheiten der deutschen und französischen Marine gebildet.
22.5.	Beim deutsch-französischen Gipfeltreffen in La Rochelle beschließen die beiden Regierungschefs die Aufstellung eines europäischen Armeekorps als Ausdruck einer Europäischen Verteidigungsidentität. Weitere Länder der Westeuropäischen Union (WEU) werden zur Teilnahme eingeladen. So beteiligen sich mittlerweile Belgien, Luxemburg und Spanien am so benannten Eurokorps.
19.6.	WEU-Ministertreffen auf dem Petersberg in Bonn (Petersberg-Erklärung). Dort werden Beschlüsse zur Stärkung der Rolle der WEU gefasst.
24.6.	US-General John M. Shalikashvili wird SACEUR.
4.7.	Die Bundesrepublik Deutschland beteiligt sich mit C-160-Transportflugzeugen an der internationalen Luftbrücke des UNHCR nach Sarajevo in Bosnien-Herzegowina, die vom 7.7.1992 bis zum 9.1.1996 andauert. Es erfolgt auch eine Beteiligung an der Operation »Ostbosnien« zur Versorgung der bosnischen Bevölkerung in Enklaven außerhalb Sarajevos mit Lebensmittelrationen aus der Luft (bis 1994: 619 Flüge, dabei 2194 t Nahrungsmittel transportiert).
15.7.	Das Bundeskabinett beschließt die Teilnahme deutscher Marinekräfte an den von der WEU und der NATO festgelegten Maßnahmen zur Überwachung der UN-Sanktionen (Resolutionen 713/757) gegen die Bundesrepublik Jugoslawien (Serbien und Montenegro). Damit beginnt der Einsatz der Marine zur Überwachung des UN-Embargos gegen die Bundesrepublik Jugoslawien.
18.7.	Die Bundeswehr nimmt an der Operation »Sharp Guard« zur Überwachung des Embargos in der Adria teil.
3.8.	Die Verschrottung von 11 000 deutschen Waffensystemen entsprechend der Vereinbarungen des KSZE-Vertrages beginnt mit der Zerstörung der ersten von der ehemaligen NVA übernommenen Schützen- und Kampfpanzer.
12.8.	Die Bundesregierung beschließt eine umfassende Hilfeleistung zur Linderung der Hungersnot im Bürgerkriegsland Somalia.
21.8.	Die Bundeswehr setzt Flugzeuge zum Transport von Hilfsgütern nach Somalia ein. Stationiert werden die dazu benötigten Soldaten in Mombasa. Der Auftrag endet am 21.3.1993.
4.9.	In Genf wird eine Konvention zur weltweiten Ächtung und Vernichtung chemischer Waffen beschlossen. Sie wird am 15.1.1993 von 130 Staaten unterzeichnet.
2.10.	Erstmalige Ernennung von 20 ehemaligen NVA-Soldaten zu Berufssoldaten der Bundeswehr.
6.11.	Die NATO stellt der UN-Schutztruppe in Bosnien-Herzegowina ein operatives Hauptquartier mit rund 100 Arbeitern, entsprechenden Geräten und Ausrüstungsgegenständen sowie eine finanzielle Erstausstattung zur Verfügung.
15.12.	Bundesverteidigungsminister Volker Rühe entscheidet mit dem Bundeswehrplan 94, dass die Streitkräfte künftig in Hauptverteidigungs- und Krisenreaktionskräfte unterschieden werden.

Chronologie der Bundeswehr von 1955 bis 2015 mit Schwerpunkt Sicherheitspolitik – Teil 27

Datum	Ereignis
1993	Beteiligung der Luftwaffe an UNOSOM I und II (UN Operation in Somalia). Bis 1994 werden 1012 Flüge mit 6500 Flugstunden absolviert und 5600 t Ladung und 13 050 Passagiere befördert.
3.1.	Der russische Präsident Boris Jelzin und sein amerikanischer Amtskollege George H.W. Bush unterzeichnen in Moskau den START-II-Vertrag. Er sieht die Verringerung der strategischen Nuklearарsenale beider Seiten um etwa zwei Drittel des aktuellen Bestandes (mehr als 20 000 Sprengköpfe) vor.
15.1.	Unterzeichnung einer Konvention zur weltweiten Ächtung und Vernichtung chemischer Waffen durch 130 Staaten.
22.1.	Michaela Geiger (CSU) wird Parlamentarische Staatssekretärin beim Bundesministerium der Verteidigung.
6.2.	Auf einem Hilfsflug von Zagreb nach Sarajevo wird eine Transall beschossen und dabei der Lademeister schwer verletzt. Daraufhin werden der Einsatzflugplatz nach Falconara/Italien verlegt und die Hilfsflüge bis zum 10.2. ausgesetzt.
29.3.	Eine deutsche Transall wirft gemeinsam mit zwei amerikanischen und einer französischen Maschine erstmals Hilfsgüter über die bosnischen Städte Srebrenica und Žepa ab.
30.3.	Bundesverteidigungsminister Volker Rühe und sein niederländischer Amtskollege Relus ter Beek unterzeichnen in Bonn eine »Gemeinsame Erklärung« über die Aufstellung eines Deutsch-Niederländischen Korps.
2.4.	Beschluss der Bundesregierung zur Beteiligung deutscher Soldaten an der Überwachung des Flugverbots über Bosnien-Herzegowina (AWACS-Einsatz).
8.4.	Das Bundesverfassungsgericht lehnt mit fünf gegen drei Stimmen die Anträge der Bundestagsfraktionen der FDP und SPD ab, den Einsatz deutscher Soldaten in AWACS-Aufklärungsflugzeugen zur Durchsetzung des Flugverbotes über Bosnien-Herzegowina durch eine einstweilige Anordnung vorläufig zu stoppen. Am 21.4. stimmt der Deutsche Bundestag dem Einsatz zu.
12.4.	Beginn der NATO-Operation zur Durchsetzung der Flugverbotszone über Bosnien-Herzegowina.
14.4.	Bundesverteidigungsminister Volker Rühe unterzeichnet gemeinsam mit seinen russischen Amtskollegen Pawel S. Gratschow in Moskau ein Abkommen über militärische Zusammenarbeit.
21.4.	Das Bundeskabinett beschließt die Unterstützung der Vereinten Nationen in Somalia durch die Entsendung eines verstärkten Nachschub- und Transportbataillons. Die ersten 21 Mann des Vorkommandos landen am 16.5. in Belet Huen.
22.4.	Indienststellung eines Amerikanisch-Deutschen und eines Deutsch-Amerikanischen Korps. Bis auf das Korps-/Territorialkommando Ost sind damit alle deutschen Korps multi- oder binationale Verbände.
16.5.	Das Vorkommando für die deutschen Anteile der UN-Mission in Somalia trifft in Belet Huen ein.
1.6.	In Preschen wird das Jagdgeschwader 73 in Dienst gestellt. Der Verband fliegt die MiG 29. Damit wird erstmals ein russisches Flugzeug in die Luftwaffe eines NATO-Staates integriert.
23.6.	Das Bundesverfassungsgericht weist einen Antrag der SPD auf Erlass einer einstweiligen Anordnung gegen die Entsendung eines Bundeswehrkontingents nach Somalia zurück.
3.7.	Verlegung des Hauptkontingentes von ca. 1700 Soldaten nach Belet Huen/Somalia.
13.7.	Nach 42 Jahren Stationierung in Deutschland verabschiedet die Bundeswehr ihre kanadischen Alliierten mit einem Großen Zapfenstreich.

Chronologie der Bundeswehr von 1955 bis 2015 mit Schwerpunkt Sicherheitspolitik – Teil 28

Datum	Ereignis
9.8.	Der Nordatlantikrat billigt operative Optionen für Luftangriffe in Bosnien-Herzegowina.
27.8.	Auflösung des Oberkommandos der französischen Streitkräfte in Deutschland.
28.8.	Zur Versorgung des deutschen Kontingents von UNOSOM II unterhält die Luftwaffe einen Lufttransportstützpunkt in Djibouti (bis 23.3.1994).
2.9.	Bundesverteidigungsminister Volker Rühe bezieht seinen Dienstsitz in Berlin im Bendler-Block.
14.10.	Sanitätsfeldwebel Alexander Arndt wird als erster deutscher Soldat während einer Auslandsmission der Bundeswehr in Kambodscha getötet.
5.11.	Mit einem feierlichen Appell wird am 5.11. in Strasbourg in Anwesenheit der Verteidigungsminister aus Deutschland, Frankreich und Belgien wird das Eurokorps in Dienst gestellt. Damit sind alle Deutschen Korps bis auf das Korps- /Territorialkommando Ost multi- oder binational. Erster Kommandierender General wird Helmut Willmann.
12.11.	Beendigung der Beteiligung der Bundeswehr an der UN-Mission in Kambodscha.
8.–9.12.	Die NATO-Verteidigungsminister erörtern auf ihrer Tagung in Brüssel neue Verteidigungsaufgaben des Bündnisses, einschließlich der Unterstützung friedenserhaltender Maßnahmen der Vereinten Nationen.
1994	
10.–11.1.	Einladung der NATO an die Länder des ehemaligen Warschauer Paktes und die Nachfolgestaaten der Sowjetunion zu begrenzter sicherheitspolitischer und militärischer Zusammenarbeit im Rahmen einer »Partnership for Peace« (PfP).
21.1.–14.4.	Nach einer Entscheidung des Bundesministeriums der Verteidigung, den deutschen Unterstützungsverband Somalia in einem kombinierten See-/Lufttransport nach Deutschland zurückzuführen, erfolgen Zusammenstellung, Verlegung und Einsatz eines Verbandes, bestehend aus den Fregatten »Köln« und »Karlsruhe«, dem Versorger »Nienburg« und dem Betriebsstofftransporter »Spessart«. Insgesamt transportiert der Verband 1492 Soldaten von Mogadischu/Somalia nach Mombasa/Kenia.
Februar	Die letzten deutschen Soldaten verlassen Belet Huen/Somalia.
28.2.	Aufgrund der Verletzung der Flugverbotszone über Bosnien-Herzegowina werden vier Kampfflugzeuge durch NATO-Flugzeuge abgeschossen.
4.3.	Die Verteidigungsminister Deutschlands, Frankreichs und Polens unterzeichnen in Weimar eine gemeinsame Erklärung zur militärischen Zusammenarbeit (Weimarer Dreieck).
25.3.	Beförderung der ersten Frau, Verena von Weymarn, in der deutschen Militärgeschichte zum Generalarzt.
27.3.	Erstflug des Prototyps Eurofighter 2000 in Manching. Im Herbst 1997 entscheidet sich der Bundestag endgültig für den Eurofighter.
1.4.	Generalleutnant Hartmut Bagger wird Inspekteur des Heeres.
5.4.	Die Bundesregierung gibt das »Weißbuch 1994 zur Sicherheit der Bundesrepublik Deutschland und zur Lage und Zukunft der Bundeswehr« heraus.
22.4.	Rahmenvereinbarung über die Aufstellung des I. Deutsch-Niederländischen Korps.
12.5.	Die Verteidigungsminister Deutschlands, Polen und Dänemarks, Volker Rühe, Piotr Kołodziejczyk und Hans Haekkerup, beschließen in Warnemünde gemeinsame Übungen ihrer Streitkräfte.
30.5.	Unterzeichnung eines amerikanisch-russischen Abkommens in Moskau zur Aufhebung von Zielvorgaben für nukleare Langstreckenraketen gegen das Hoheitsgebiet des anderen Landes.
22.6.	Mit einer letzten Parade rufen rund 2000 amerikanische, britische und französische Soldaten auf der Straße des 17. Juni in Berlin der Bevölkerung »Lebewohl«.

Chronologie der Bundeswehr von 1955 bis 2015 mit Schwerpunkt Sicherheitspolitik – Teil 29

Datum	Ereignis
8.7.	Das Bundeskabinett verabschiedet die konzeptionellen Leitlinien zur Bundeswehrplanung. Die Anzahl der Soldaten in Friedenszeiten soll auf 340 000 festgesetzt werden. Für die Krisenreaktionskräfte sind weitere 50 000 Soldaten geplant. Der Verteidigungshaushalt wird auf 47,5 Mrd. DM festgelegt und der Grundwehrdienst soll in einen zehnmonatigen Pflicht-Grundwehrdienst mit zwei Monaten Verfügungsbereitschaft oder einen zwölfmonatigen freiwilligen Grundwehrdienst bei den Krisenreaktionskräften umstrukturiert werden.
12.7.	Entscheidung des Bundesverfassungsgerichts, dass deutsche Soldaten ohne Einschränkung an internationalen UN-Friedensmissionen außerhalb des Bündnisgebietes der NATO teilnehmen können. Auch Kampfeinsätze sind nach dem Grundgesetz als zulässig zu befinden, vorausgesetzt der Bundestag stimmt in jedem einzelnen Fall mit einfacher Mehrheit dem Einsatz zu (Parlamentsvorbehalt gemäß Art. 24 des Grundgesetzes).
14.7.	Erstmals nehmen deutsche Soldaten im Rahmen des Eurokorps an einer Militärparade zum französischen Nationalfeiertag in Paris teil.
18.7.	Flugzeuge der Luftwaffe fliegen bis Dezember ca. 250 Hilfseinsätze nach Ruanda im Umfang von 3750 t Versorgungsgütern und 1600 Personen. Seit 1960 ist dies der 130. humanitäre Auslandseinsatz der Luftwaffe.
31.8.	Abschluss des Abzugs russischer Truppen von deutschem Hoheitsgebiet.
1.9.	Soldaten der Bundeswehr und der polnischen Streitkräfte gedenken in Danzig erstmals gemeinsam der Toten des Zweiten Weltkrieges. General Klaus Naumann und der polnische Stabschef Tadeusz Wielecki legen Kränze am Mahnmal für die polnischen Verteidiger der Westerplatte dar.
5.9.	Mit dem Seemanöver »Baltic Endeavour«, an dem deutsche, dänische und polnische Seestreitkräfte teilnehmen, beginnt die erste im Zusammenhang mit dem Konzept »Partnership vor Peace« stehende Übung. Es folgen die Übungen »Cooperative Bridge 94« und »Tatra 94« in Polen, »Cooperative Spirit« in den Niederlanden sowie zwei weitere Übungen bis Jahresende.
8.9.	Verabschiedung der Truppen Frankreichs, Großbritanniens und der USA mit militärischen Ehren aus Berlin.
13.9.	Erster Abschluss einer Patenschaft zwischen einer deutschen und polnischen Panzergrenadierdivision.
1.10.	Generalleutnant Bernhard Mende wird Inspekteur der Luftwaffe.
5.–6.12.	Umbenennung der KSZE in »Organisation für Sicherheit und Zusammenarbeit in Europa« (OSZE) beim Gipfeltreffen der Staats- und Regierungschefs in Budapest.
12.12.	General Klaus Naumann wird von den Stabschefs aller NATO-Mitgliedstaaten zum künftigen Vorsitzenden des Militärausschusses gewählt.
14.12.	Generalleutnant Manfred Eisele tritt sein Amt als Assistant Secretary General für friedenserhaltende Maßnahmen der Vereinten Nationen an.
1995	
Januar	Bei einer Flutkatastrophe an Rhein, Main, Mosel und Nahe werden über 6300 Soldaten zur Hilfe eingesetzt.
1.1.	NATO-Assignierung der operativen Verbände der Bundeswehr in den neuen Bundesländern.
5.1.	Die ehemalige französische Kaserne in Berlin »Quartier Napoleon« wird in »Julius-Leber-Kaserne« umbenannt und Sitz des Standortkommandanten von Berlin.

Chronologie der Bundeswehr von 1955 bis 2015 mit Schwerpunkt Sicherheitspolitik – Teil 30

Datum	Ereignis
3.2.	Mit militärischen Zeremonien ist im Beisein von NATO-Generalsekretär Willy Claes die Eingliederung der Truppenteile der Bundeswehr in den neuen Bundesländern in die Nordatlantische Allianz vollzogen worden. Seit Januar 1995 sind damit das IV. Korps in Potsdam mit zwei Divisionen und sechs Brigaden des Heeres, ein Jagdgeschwader, ein Flugabwehrraktengeschwader und zwei Radar-Führungsabteilungen der Luftwaffe sowie Schnellbootgeschwader der Marine der NATO assigniert. Die integrierte NATO-Luftverteidigung wird am selben Tag auf ganz Deutschland ausgedehnt.
15.3.	Der Bundesminister der Verteidigung, Volker Rühe, stellt das Ressortkonzept zur Anpassung der Streitkräftestrukturen, der Territorialen Wehrverwaltung und der Stationierung vor.
20.3.	Zum Auftakt der OSZE-Konferenz in Paris beschließen die Vertreter von 52 Staaten der nördlichen Hemisphäre einen Stabilitätspakt für Europa.
30.3.	Claire Marienfeld (CDU) wird als erste Frau zur Wehrbeauftragten des Deutschen Bundestages gewählt.
1.4.	Vizeadmiral Hans-Rudolf Boehmer wird Inspekteur der Marine.
Ende Mai	Sechs Monate früher, als im Vertrag über Konventionelle Streitkräfte in Europa (KSE) längstens vorgesehen, werden in Charlottenhof (nahe Görlitz) die beiden letzten Panzer aus NVA-Beständen verschrottet.
Juni	Bundestagsbeschluss zu UNPROFOR (United Nations Protection Forces).
30.6.	Der Bundestag bestätigt den ersten Kampfauftrag der Bundeswehr. Er umfasst die Unterstützung der Schnellen Eingreiftruppe der Vereinten Nationen mit Teilen der Bundeswehr. U.a. erfolgt der Aufbau des Einsatzgeschwaders 1 in Piacenza/Italien.
19.7.	Erstes bilaterales Patenschaftsabkommen mit Polen zwischen der 3. Luftwaffendivision und dem IV. Luftkorps Polens. Dies ist der erste offizielle Kontakt zwischen den Luftwaffen Deutschlands und Polens.
20.7.	Verlegung von acht ECR-(Electronic Combat Reconnaissance)- und sechs Recce-(Reconnaissance, Aufklärung)-Tornados des Jagdbombergeschwaders 32 sowie des Aufklärungsgeschaders 51 »Immelmann« nach Piacenza/Italien zur Unterstützung der UNPROFOR in Bosnien-Herzegowina im Rahmen des Einsatzgeschwaders 1, das durch weitere Kräfte der Luftwaffe unterstützt wird.
30.7.	Indienststellung des I. Deutsch-Niederländischen Korps in Münster.
September	Im Rahmen des Ständigen Einsatzverbandes Mittelmeer der NATO STANAVFORMED (Standing Naval Force Mediterranean) werden erstmals einem deutschen Flaggoffizier in einem Kriseneinsatz auch ausländische Einheiten unterstellt.
1.9.	Ein ECR-Tornado fliegt im Rahmen des UNPROFOR-Einsatzes über Bosnien den ersten Kampfeinsatz seit Bestehen der Luftwaffe.
23.9.	Eröffnung des Luftwaffenmuseums Berlin-Gatow unter dem Motto »Museum im Aufbau« mit einer Ausstellung zur »Geschichte der militärischen Luftfahrt in Deutschland 1886–1995«.
1.10.	Reduzierung des Grundwehrdienstes auf 12 Monate.
30.11.	Das Eurokorps ist einsatzbereit.
5.12.	Die NATO billigt formell den Einsatz einer 60 000 Mann starken Truppe in Bosnien-Herzegowina. Unterzeichnung des Allgemeinen Rahmenabkommens über den Frieden in Bosnien-Herzegowina in Paris. Ankündigung Frankreichs, seinen Sitz im NATO-Militärausschuss wieder einzunehmen.
6.12.	Zustimmung des Bundestages zur Beteiligung der Bundeswehr an der internationalen Friedenstruppe in Bosnien (Implementation Force, IFOR).
14.12.	Unterzeichnung des Dayton-Friedensvertrags für Bosnien-Herzegowina.
20.12.	Beginn des IFOR-Einsatzes.

Chronologie der Bundeswehr von 1955 bis 2015 mit Schwerpunkt Sicherheitspolitik – Teil 31

Datum	Ereignis
1996	
1.1.	Verringerung des Grundwehrdienstes auf zehn Monate. Gunnar Simon wird beamteter Staatssekretär im Bundesministerium der Verteidigung.
9.1.	Ende der internationalen Luftbrücke des UNHCR nach Sarajevo.
8.2.	General Hartmut Bagger wird Generalinspekteur der Bundeswehr. Nachfolger Hartmut Baggers als Inspekteur des Heeres wird Generalleutnant Helmut Willmann.
9.2.	General Klaus Naumann übernimmt den Vorsitz im NATO-Militärausschuss.
19.2.	Das deutsche IFOR-Kontingent ist einsatzbereit.
1.4.	Aufstellung des Kommandos Spezialkräfte (KSK).
3.6.	Die NATO-Außenminister beschließen den Aufbau der Europäischen Sicherheits- und Verteidigungsidentität (ESVI) innerhalb der NATO als Teil ihres internen Anpassungsprozesses.
21.7.	Mit der Rückkehr der Fregatte »Emden« und dem Ende der NATO-Mission der Bundeswehr in der Adria endet der bislang größte Marineeinsatz in der deutschen Nachkriegsgeschichte. Vier Jahre lang haben deutsche Einheiten unter dem Dach der UNO das Waffen- und Handelsembargo gegen die Bundesrepublik Jugoslawien überwacht und durchgesetzt.
20.9.	Das KSK wird in der Graf-Zeppelin-Kaserne in Calw in Dienst gestellt. Damit werden die nötigen Strukturen geschaffen, um eine Spezialtruppe auszubilden und zu führen, die in heutigen und zukünftigen Einsatzszenarien notwendig ist.
15.10.	Die Bundeswehr beendet die Nutzung des britischen Truppenübungsplatzes Castlemartin/Wales.
9.12.	Verabschiedung des »Gemeinsamen Deutsch-Französischen Sicherheits- und Verteidigungskonzepts« durch den Deutsch-Französischen Verteidigungs- und Sicherheitsrat in Nürnberg.
13.12.	Beschluss des Deutschen Bundestages über den Einsatz der Bundeswehr zur weiteren Absicherung des Friedensprozesses im früheren Jugoslawien (Stabilisation Force, SFOR).
20.12.	Beginn des SFOR-Einsatzes in Bosnien-Herzegowina. Nach 5 Jahren wird der UNSCOM-Einsatz (United Nations Special Commission) der Heeresflieger beendet. Sie haben 4500 Flüge über dem Irak geflogen. 700 Soldaten waren beteiligt.
1997	
Januar	Die Abwicklung der NVA-Waffenlager ist abgeschlossen. Dazu wurden 1990 bis 1997 1,4 Mrd. DM aus dem Verteidigungshaushalt aufgewendet. 345,1 Mio. DM erbrachte der Verkauf oder die Abgabe an befreundete Staaten. Insgesamt wurden 368 Kampfflugzeuge, 2761 Kampfpanzer, 82 Kriegsschiffe, 2199 Artilleriewaffen und mehr als 1,3 Mio. Handwaffen abgewickelt. Die Munitionsbestände waren auf 303 690 t beziffert. Davon wurden 205 000 t umweltgerecht entsorgt. Einrücken deutscher Truppenteile im Rahmen der KFOR (Kosovo Force) in den Kosovo nach Beendigung der Luftoperationen gegen die Bundesrepublik Jugoslawien.
16.1.	Klaus Rose wird Parlamentarischer Staatssekretär beim Bundesministerium der Verteidigung.
14.3.	Die Bundeswehr evakuiert deutsche und ausländische Staatsbürger aus Albanien. Die Vorbereitungszeit ist kurz. Der Bundestag billigt den Einsatz nachträglich am 19.3. Während der Operation »Libelle« kommt es zu einem Schusswechsel, der als erstes Gefecht deutscher Soldaten nach 1945 bezeichnet wird.
27.5	Schaffung eines Ständigen Gemeinsamen NATO-Russland-Rats in Brüssel.
28.5	Auf dem NATO-Gipfel in Madrid werden Polen, Ungarn und Tschechien zum Bündnis-Beitritt eingeladen.

Chronologie der Bundeswehr von 1955 bis 2015 mit Schwerpunkt Sicherheitspolitik – Teil 32

Datum	Ereignis
18.7.	Einsatz der Bundeswehr zusammen mit anderen Hilfsorganisationen gegen die Jahrhundertflut an der Oder. Im Juli kommt es aufgrund starker Regenfälle im Gebiet der Oder zu einer Flutkatastrophe. Während der Normalpegel der Oder von drei Meter auf fast sieben Meter ansteigt und mehrere Deiche brechen, erlebt die Bundesrepublik eine Welle gesamtdeutscher Solidarität, symbolisch verkörpert durch den Eisatz der Bundeswehr. Der Kommandeur vor Ort, Generalmajor Hans-Peter von Kirchbach, wird als »Held des Oderbruchs« bezeichnet und später Generalinspekteur.
18.9.	Bundesverteidigungsminister Volker Rühe stellt in Laage das Jagdgeschwader 73 mit dem Traditionsnamen »Steinhoff« in Dienst. Mit der MiG 29 und der Phantom F-4F fliegt es als einziges Geschwader gleichzeitig Flugzeugtypen russischer und amerikanischer Herkunft.
24.9.	Im Bereich der Luftwaffe wird die erste trinationale Patenschaft zwischen deutschen, dänischen und polnischen Radarführungssoldaten vollzogen (Radarführungsabteilung 16, 500 Squadron/CRC Vedbaek und 28. Radar-Bataillon/CRV Gryfice).
30.9.	Der Wehrbereich VII wird um die Bundesländer Brandenburg, Sachsen-Anhalt und Berlin, der Wehrbereich I um Mecklenburg-Vorpommern vergrößert.
1.10.	Generalleutnant Rolf Portz wird Inspekteur der Luftwaffe.
11.11.	Abschluss der Verwertung von Rüstungsmaterial der NVA .
26.11.	Der Bundestag beschließt die Anschaffung des Eurofighters 2000.
27.11.	Erstmals übernimmt mit Generalleutnant Karsten Oltmanns ein deutscher General als Kommandierender General das I. Deutsch-Niederländische Korps.
22.12.	Unterzeichnung von zwei Vereinbarungen zur gemeinsamen Fertigung und zur logistischen Betreuung des Eurofighters 2000 durch die Verteidigungsminister Deutschlands, Großbritanniens, Italiens und Spaniens.
1998	
Januar	Die Bundeswehr beginnt einen mehrwöchigen Lufttransporteinsatz im Rahmen des World Food Program der Vereinten Nationen zur Bekämpfung der Hungersnot im Sudan.
1.1.	Abschluss der Vernichtung von Anti-Personenminen. Der Generalinspekteur der Bundeswehr, General Hartmut Bagger, eröffnet in Düsseldorf die Wanderausstellung »Demokratie ist verletzlich« als Teil der Maßnahmen gegen Rechtsextremismus.
3.5.	Zum ersten Mal sind Offizieranwärter des Heeres zur Ausbildung in Israel.
10.6.	Erstes feierliches Gelöbnis von Heeres- und Luftwaffenrekruten vor dem Roten Rathaus im ehemaligen Ostteil Berlins.
14.9.	Die Offizierschule des Heeres in Dresden beginnt ihren Lehrbetrieb.
18.9.	Aufstellung des Multinationalen Korps Nordost (Deutschland, Dänemark, Polen).
1.10.	Vizeadmiral Hans Lüssow wird Inspekteur der Marine.
16.10.	Zustimmung des Bundestages zur deutschen militärischen Beteiligung auf dem Balkan.
27.10.	Wahl von Gerhard Schröder (SPD) zum Bundeskanzler. Brigitte Schulte (SPD) und Walter Kolbow (SPD) werden Parlamentarische Staatssekretäre beim Bundesministerium der Verteidigung.
28.10.	Rudolf Scharping (SPD) wird Bundesminister der Verteidigung.
20.11.	Walther Stützle wird beamteter Staatssekretär im Bundesministerium der Verteidigung.
1999	
23.2.–15.7.	Nach der Atlantiküberquerung von »U 15« und »U 25« findet der erste Besuch von Unterseebooten der Deutschen Marine in Kanada statt. Sie nehmen an dem Manöver »Subex 99« zusammen mit britischen, amerikanischen und kanadischen Einheiten teil.
25.2.	Zustimmung des Bundestags zum Beschluss der Bundesregierung, bis zu 6000 Soldaten für eine internationale Friedenstruppe im Kosovo bereitzustellen.
12.3.	Aufnahme Polens, Tschechiens und Ungarns in die NATO.

Chronologie der Bundeswehr von 1955 bis 2015 mit Schwerpunkt Sicherheitspolitik – Teil 33

Datum	Ereignis
24.3.	Beginn der NATO-Luftschläge gegen die Bundesrepublik Jugoslawien unter deutscher Beteiligung. Die Luftwaffe ist mit ECR-Tornado des Einsatzgeschwaders 1 an der NATO-Luftoperation »Allied Force« beteiligt.
30.3.	Beginn der Flüge zum Transport von Hilfsgütern nach Tirana/Albanien, Skopje/Mazedonien und Thessaloniki/Griechenland.
1.4.	General Hans-Peter von Kirchbach wird Generalinspekteur der Bundeswehr.
24.4.	Neues Strategisches Konzept der NATO (The Alliance's Strategic Concept).
3.5.	Einberufung einer Wehrstrukturkommission unter Leitung des ehemaligen Bundespräsidenten Richard von Weizsäcker durch Bundesverteidigungsminister Scharping.
10.6.	Einrücken des deutschen Kontingents im Rahmen der KFOR in das Kosovo nach Abschluss der NATO-Luftoperationen gegen die Bundesrepublik Jugoslawien.
12.6.	Beginn des KFOR-Einsatzes.
1.8.	In der Nacht vom 1. auf den 2.8. kann der gesuchte serbische Paramilitär Radomir Kovač in Foča (Bosnien-Herzegowina) durch Soldaten des KSK festgenommen werden.
18.9.	Indienststellung des Multinationalen Korps in Szczecin (Stettin) durch die Verteidigungsminister Dänemarks, Polens und Deutschlands.
1.10.	Die Marinetechnikschule (MTS) in Parow/Mecklenburg-Vorpommern ist zur größten Schule der Deutschen Marine geworden.
7.10.	Zustimmung des Bundestages zum Einsatz deutscher Soldaten in Ost-Timor.
8.10.	General Klaus Reinhardt wird Oberbefehlshaber der KFOR-Truppen im Kosovo (bis 18.4.2000).
17.10.	Beginn des INTERFET-Einsatzes (International Force East Timor).
1.11.	Entsendung der ersten Transportkräfte der Luftwaffe zum GECONKFOR nach Mazedonien und in das Kosovo.
2000	
11.1.	Der Europäische Gerichtshof entscheidet, dass auch Frauen in der Bundeswehr zum Dienst an der Waffe zuzulassen sind (Kreil-Entscheidung).
1.3.–24.6.	Ausbildungsreise eines deutschen Verbandes mit dem Zerstörer »Lütjens«, den Fregatten »Brandenburg« und »Emden«, dem Munitionstransporter »Odenwald« und dem Versorger »Glücksburg« nach Südafrika. Es wird zum ersten Mal mit südafrikanischen Einheiten geübt.
3.3.	Beteiligung der Bundeswehr mit 120 Soldaten am Hochwassereinsatz in Mosambik.
5.3.	Hilfeleistung während der Überschwemmungskatastrophe in Beira/Mosambik mit mehreren Transall C-160 D und Bell UH-1D.
15.3.	Unterzeichnung des Rahmenvertrages zur »Innovation, Investition und Wirtschaftlichkeit der Bundeswehr«.
14.4.	Wahl von Wilfried Penner (SPD) zum Wehrbeauftragten des Bundestages.
Mai	Die Luftwaffe unterstützt das KFOR-Einsatzkontingent im Kosovo und in Mazedonien.
2.5.	US-General Joseph W. Ralston wird SACEUR.
9.5.	Klaus-Günther Biederbick wird beamteter Staatssekretär im Bundesministerium der Verteidigung.
23.5.	Vorlage des Abschlussberichts der Kommission »Gemeinsame Sicherheit und Zukunft der Bundeswehr«.
7.6.	Änderung des Soldatengesetzes: Öffnung der Bundeswehr in allen Verwendungen für Frauen.
14.6.	Billigung der Bundeswehrreform durch die Bundesregierung. Dadurch wird die Bundeswehr auf 277 000 Mann verkleinert und der Wehrdienst wird auf neun Monate verkürzt. Insgesamt wird die Bundeswehr für internationale Einsätze umstrukturiert.

Chronologie der Bundeswehr von 1955 bis 2015 mit Schwerpunkt Sicherheitspolitik – Teil 34

Datum	Ereignis
1.7.	General Harald Kujat wird Generalinspekteur der Bundeswehr.
1.10.	Aufstellung des Führungsstabes für den neuen Organisationsbereich »Streitkräftebasis« unter Vizeadmiral Bernd Heise.
2001	
16.2.	Bundesverteidigungsminister Scharping entscheidet das Ressortkonzept Stationierung.
1.4.	Generalleutnant Gert Gudera wird Inspekteur des Heeres und die Feldjägertruppe wird dem Kommandobereich Streitkräftebasis unterstellt.
9.6.	Das Einsatzführungskommando der Bundeswehr wird in Potsdam in Dienst gestellt.
2.7.	Erstmals treten 36 Frauen als Anwärter für die Offizierlaufbahn des Truppendienstes ihren Dienst in der Marine an. 72 Frauen beginnen ihren Dienst in der Mannschafts- und Unteroffizierlaufbahn.
9.7.	Indienststellung des Einsatzführungskommandos in Potsdam.
September	Erstmals beginnen 29 Frauen neben 113 Männern einen Offizier-Lehrgang an der Offizierschule der Luftwaffe (OSLw).
11.9.	Terroranschläge in New York und Washington D.C.
12.9.	Bundeskanzler Gerhard Schröder sagt gegenüber dem US-Präsidenten George W. Bush die »uneingeschränkte Solidarität« zu.
1.10.	Übergabe der Wehrbereichskommandos I-IV an die Streitkräftebasis.
2.10.	Der NATO-Rat erklärt den Bündnisfall.
4.10.	Ausrufung des Bündnisfalls nach Art. 5 des Nordatlantikvertrages. Zudem werden unter anderem der Austausch nachrichtendienstlicher Informationen, die Gewährung uneingeschränkter Überflugrechte, des Zugangs zu Häfen und Flugplätzen und die Entsendung eines ständigen Flottenverbandes der NATO (Operation »Active Endeavour«) in das östliche Mittelmeer beschlossen.
7.10.	US- und britische Streitkräfte beginnen die Operation »Enduring Freedom« in Afghanistan.
17.10.	Der Verteidigungsausschuss des Deutschen Bundestages billigt einen Gesetzentwurf der Bundesregierung zur Neuausrichtung der Bundeswehr. Vorgesehen ist, den Wehrdienst von zehn auf neun Monate zu verkürzen.
21./22.11.	Die Staats-und Regierungschefs der NATO beschließen den Aufbau der NATO Response Force (NRF), einer Reaktionstruppe mit Land-, Luft- und Seestreitkräften für schnelle Einsätze.
27.11.–5.12.	Afghanistan-Konferenz auf dem Bonner Petersberg.
20.12.	Der Sicherheitsrat der Vereinten Nationen verabschiedet mit der Resolution 1386 die Einrichtung der International Security Assistance Force (ISAF), die zunächst auf sechs Monate beschränkt ist. Vorrangig soll sie die afghanische Interimsregierung bei der Aufrechterhaltung der Sicherheit unterstützen. Der Einsatz beschränkte sich zunächst auf die Hauptstadt Kabul.
22.12.	Zustimmung des Bundestages zur Entsendung einer deutschen Schutztruppe nach Afghanistan im Rahmen der ISAF.
2002	
1.1.	Kommandierender General des Eurokorps wird Generalmajor Holger Kammerhoff.
2.1.	Auslaufen eines Verbandes aus Wilhelmshaven zur Unterstützung der Operation »Enduring Freedom« (Fregatten »Emden« und »Köln«, Versorger »Freiburg«, Betriebsstofftransporter »Spessart«, Tender »Main« und »Donau«; Mitte Januar tritt Fregatte »Bayern« zu dem Verband).
3.1.	Beginn von Marineoperationen der Bundeswehr am Horn von Afrika im Rahmen des internationalen Anti-Terror-Kampfes.

Chronologie der Bundeswehr von 1955 bis 2015 mit Schwerpunkt Sicherheitspolitik – Teil 35

Datum	Ereignis
Februar	Soldaten der ABC-Abwehrtruppe der Bundeswehr werden nach Kuwait im Rahmen der Operation »Enduring Freedom« verlegt. Beteiligung der Deutschen Marine in den Seegebieten südliches Rotes Meer und Golf von Aden am Schutz der internationalen Seeschifffahrt vor terroristischen Angriffen und an maritimen Überwachungsoperationen, um die Versorgung terroristischer Gruppierungen oder deren Ausweichen über See zu unterbinden.
7.3.	Schweres Unglück beim Vernichten von Fundmunition in Kabul. Fünf Soldaten des deutschen Kontingents werden getötet, acht teils schwer verletzt.
15.3.	Stationierung von drei Seefernaufklärern in Mombasa/Kenia, die im Rahmen der internationalen Anti-Terror-Aktion den Schiffsverkehr am Horn von Afrika kontrollieren und damit die seit Januar in Dschibuti stationierten drei deutschen Fregatten und Begleitschiffe unterstützen.
24.4.	Übergabe der Führung der Einsätze des Heeres vom Heeresführungskommando an das Einsatzführungskommando.
5.5.	Der Kommandeur des deutschen Kontingentes übernimmt im Rahmen der Operation »Enduring Freedom« am Horn von Afrika die Führung der von fünf Nationen gestellten dortigen Task Force.
28.5.	Gründung des NATO-Russland-Rates als Forum für Konsultation, Konsensbildung, gemeinsamer Entscheidungsfindung.
1.7.	General Wolfgang Schneiderhan wird Generalinspekteur der Bundeswehr. General Harald Kujat übernimmt den Vorsitz im NATO-Militärausschuss.
19.7.	Peter Struck (SPD) wird Bundesminister der Verteidigung.
12.8.	Einsatz der Bundeswehr bei der Jahrhundertflut in Europa: Im Sommer 2002 führten sintflutartige Regenfälle in Deutschland, Tschechien, in der Slowakei und in Österreich zu historischen Pegelhöchstständen in Deutschland. Weite Gebiete an Elbe und Donau werden überflutet. In Dresden bedrohen Wassermassen wertvolle Kultursubstanz. Die Bundeswehr beteiligt sich mit 40 000 Soldaten an Rettungsaktionen, Schutzmaßnahmen und Versorgungseinsätzen.
23.10.	Hans-Georg Wagner (SPD) wird Parlamentarischer Staatssekretär beim Bundesministerium der Verteidigung.
1.11.	Peter Eickenboom wird beamteter Staatssekretär im Bundesministerium der Verteidigung.
21.11.	Die Staats- und Regierungschefs der NATO beschließen in Prag die umfangreichste Erweiterung in der Geschichte des Bündnisses: Estland, Lettland, Litauen, Bulgarien, Rumänien, die Slowakei und Slowenien werden zu Beitrittsverhandlungen eingeladen.
21.12.	In Afghanistan werden sieben deutsche Soldaten beim Absturz eines CH-53-Hubschraubers getötet.
2003	
1.1.	Vizeadmiral Lutz Feldt wird Inspekteur der Marine.
5.1.	Über Frankfurt am Main kreist ein entführtes Kleinflugzeug. Dies entfacht eine Diskussion über den Einsatz der Bundeswehr im Inneren und die Einführung eines Luftsicherheitsgesetzes.
10.2.	Deutsch-niederländische Kommandoübernahme, für sechs Monate, über die internationale Schutztruppe in Afghanistan.
17.3.	Unterzeichnung des Berlin-Plus-Abkommens, das den Austausch von geheimen Informationen, Bereitstellung von NATO-Mitteln und -Fähigkeiten sowie Rückgriff auf NATO-Planungskapazitäten bei EU-geführten Krisenmanagementoperationen vorsieht.
20.3	Beginn des Krieges gegen den Irak mit amerikanischen Luftangriffen.

Chronologie der Bundeswehr von 1955 bis 2015 mit Schwerpunkt Sicherheitspolitik – Teil 36

Datum	Ereignis
31.3.	Die Europäische Union (EU) übernimmt mit der Operation »Concordia« in Mazedonien erstmals einen militärischen Auftrag.
April	Rückkehr der ABC-Abwehrsoldaten der Bundeswehr aus Kuwait.
1.5.	US-Präsident Georg W. Bush erklärt offiziell das Ende des Irakkrieges.
21.5.	Bundesverteidigungsminister Peter Struck erlässt neue Verteidigungspolitische Richtlinien. Gleichzeitig wird auch die Weisung für die Weiterentwicklung der Bundeswehr vorgelegt. Das führt zu Diskussionen in der Öffentlichkeit über die Auswirkungen auf die Wehrpflicht, die Leistungsfähigkeit der Bundeswehr bezüglich internationaler Verpflichtungen.
7.6.	Selbstmordattentat in Kabul auf einen Bus, bei dem vier Bundeswehrangehörige getötet und 29 zum Teil schwer verletzt werden.
18.6.	Der Bundestag stimmt einem befristeten Einsatz der Bundeswehr im Kongo zu. Es handelt sich dabei um die erste EU-geführte militärische Operation außerhalb Europas.
30.6.	Im europäischen Luft- und Raumfahrtkonzern EADS in Manching wird nach langer Anlauf- und Erprobungszeit sowie vielen politischen Querelen der erste Eurofighter 2000 mit Typenzulassung präsentiert.
1.8.	Der Inspekteur der Luftwaffe, General Harald Kujat, gibt in einem Tagesbefehl das Leitbild Luftwaffe bekannt. Es dient allen Angehörigen der Luftwaffe als Orientierungshilfe, stellt das Grundverständnis der Luftwaffe dar und enthält einen Verhaltenskodex.
11.8.	Die NATO übernimmt die ISAF in Afghanistan.
2.10.	Bundesverteidigungsminister Peter Struck legt die Weisung für die Weiterentwicklung der Bundeswehr vor.
24.10.	Der Bundestag beschließt eine Erweiterung des Bundeswehr-Mandats für Afghanistan. Demnach sollen deutsche Soldaten nicht nur in Kabul stationiert bleiben, sondern auch in der nordafghanischen Region Kunduz internationale Hilfsorganisationen unterstützen.
November	Die Luftwaffe übernimmt den Betrieb des Kabul International Airport (KAIA) als Luftstützpunkt der ISAF in Afghanistan.
4.11.	Brigadegeneral Reinhard Günzel, Kommandeur des KSK, wird wegen eines Unterstützerbriefes an den ehemaligen Bundestagsabgeordneten Martin Hohmann vom Bundesminister der Verteidigung entlassen.
2004	
12.1.	Generalleutnant Klaus-Peter Stieglitz wird Inspekteur der Luftwaffe; General Gerhard W. Back wird als erster Luftwaffengeneral Oberbefehlshaber im NATO-Kommandobereich Europa Nord (ehemals CINCENT), seit Juni 2004 ist er Commander des so benannten Joint Forces Command Brunssum (JFC Brunssum).
19.1.	Der Inspekteur des Heeres, Generalleutnant Gert Gudera, bittet den Bundesminister der Verteidigung um Versetzung in den Ruhestand.
3.3.	Inspekteur des Heeres wird Generalmajor Hans-Otto Budde.
2.4.	Feierliche Aufnahme von Bulgarien, Estland, Lettland, Litauen, Rumänien, Slowenien und der Slowakei in die NATO.
1.6.	Die Luftwaffe übergibt den Flugplatz in Kabul an die NATO.
18.6.	Der Bundestag verabschiedet das Luftsicherheitsgesetz. Flugzeuge sollen künftig zur Abwehr von Terroranschlägen unter eng definierten Voraussetzungen abgeschossen werden können.
29.6.	NATO-Gipfel in Istanbul. Die NATO beschließt offiziell das Ende der SFOR-Mission zum 31.12.2004. Danach soll die EU die Friedenssicherung in Bosnien-Herzegowina übernehmen.

Chronologie der Bundeswehr von 1955 bis 2015 mit Schwerpunkt Sicherheitspolitik – Teil 37

Datum	Ereignis
Juli	Der Verteidigungsausschuss des Deutschen Bundestages stimmt der Beschaffung von weiteren 68 Eurofightern zu.
7.7.	Estland, Lettland, Litauen, Rumänien, Bulgarien, die Slowakei und Slowenien treten der NATO bei.
4.8.	Die letzten von insgesamt 22 MiG-29 Fulcrum, die für einen symbolischen Preis von 1 € an Polen abgegebenen worden sind, verlassen den Fliegerhorst Laage Richtung Polen.
9.8.	»Grundzüge« der Konzeption der Bundeswehr erlassen.
30.9.	Nach einem Anschlag am 29.9. im nordafghanischen Kunduz bewährt sich die Rettungskette des deutschen MedEvac-Systems erneut, wie z.B. schon bei den Transporten verletzter Soldaten nach einem Sprengunglück in Kabul und Verletzter nach einem Terroranschlag auf einen ISAF-Konvoi in Kabul 2003.
1.10.	Beteiligung der Luftwaffe an der Luftraumüberwachung im NATO-Bündnis über Estland, Lettland und Litauen.
November	Beim Instandsetzungsbataillon 7 im westfälischen Coesfeld werden Fälle von Misshandlung Untergebener bekannt. Die Bundestagsfraktionen stimmen der Beteiligung Deutschlands an der Entwicklung des Luftverteidigungssystems »MEADS« (Medium Extended Air Defense System) als Ersatz des veralteten Flugabwehrsystems »Patriot« zu.
2.11.	Bundesverteidigungsminister Peter Struck präsentiert das neue Stationierungskonzept der Bundeswehr. Die Planungen sehen eine Reduzierung auf 390 Standorte vor. Das Basissystem »Infanterist der Zukunft« (IDZ) wird im Heer eingeführt. Damit besitzt die Bundeswehr eine moderne und leistungsfähige Infanterieausrüstung.
15.11.	Ein Ausbildungskommando der Bundeswehr reist in die Vereinigten Arabischen Emirate ab. Dort schult es Kraftfahrer und Kraftfahrzeugmechaniker der irakischen Streitkräfte.
24.11.	Der Bundestag stimmt dem Gesetz zur Gleichstellung von Soldatinnen und Soldaten zu.
29.11.	Nach Misshandlungsvorwürfen in Coesfeld kündigt Bundesverteidigungsminister Peter Struck die konsequente Aufklärung der Vorgänge an.
2.12.	Die EU übernimmt von der NATO die Verantwortung für die Friedensmission in Bosnien-Herzegowina. Die Operation »Althea« wird künftig von der European Union Force (EUFOR) durchgeführt.
16.12.	Beteiligung der Bundeswehr an der African Union Mission in Sudan (AMIS) mit fünf Transall und einem Airbus A 310 für den Transport gambischer Streitkräfte und von Material zur Beilegung des Konfliktes zwischen der Zentralregierung in Khartum und örtlichen Rebellen im Krisengebiet Darfur.
2005	
21.1.	Inkrafttreten des »Berliner Erlasses«. Dieser ist als Grundsatz für Aufgabenzuordnung, Organisation und Verfahren im Bereich der militärischen Spitzengliederung anzusehen.
3.3.	Der Inspekteur des Heeres, Generalleutnant Gert Gudera, tritt zurück und geht vorzeitig in den Ruhestand. Spannungen mit dem Bundesverteidigungsminister Peter Struck, hervorgerufen durch unterschiedliche Positionen über die Reform des Heeres, waren der Auslöser für Generalleutnant Guderas Rücktrittsgesuch. Nachfolger wird Generalleutnant Hans-Otto Budde, bisher Chef des Stabes im Führungsstab des Heeres.
14.4.	Wahl von Reinhold Robbe (SPD) zum Wehrbeauftragten des Deutschen Bundestages.
Mitte bis Ende April	Mit Kriegsschiffen, Seefernaufklärern und Kampfschwimmern beteiligt sich die Marine an der Übung »European Challenge«, in der unter der Führung des im Entstehen begriffenen Kommandos »Operative Führung Eingreifkräfte« ein teilstreitkraftgemeinsames, multinationales Vorgehen erprobt wird.

Chronologie der Bundeswehr von 1955 bis 2015 mit Schwerpunkt Sicherheitspolitik – Teil 38

Datum	Ereignis
30.6.	Beginn des NATO-Auftrages Air Policing über dem Baltikum unter Teilnahme der deutschen Luftwaffe (Siauliai/Litauen). Etablierung des Active Layered Theatre Ballistic Missile Defence (ALTBMD). Das NATO-Programm der Raketenabwehr sieht die Erfassung und Bekämpfung von gegnerischen Kurz-und Mittelstreckenraketen bis zu einer Reichweite von 3000 km vor.
22.11.	Wahl von Angela Merkel (CDU) zur Bundeskanzlerin. Franz Josef Jung (CDU) wird Bundesminister der Verteidigung.
23.11.	Friedbert Pflüger (CDU) und Christian Schmidt (CSU) werden Parlamentarische Staatssekretäre beim Bundesministerium der Verteidigung.
16.12.	Peter Wichert wird beamteter Staatssekretär im Bundesministerium der Verteidigung.
2006	
31.1.–1.2.	Auf der Londoner Afghanistan-Konferenz wird das »Afghanistan Compact« verabschiedet. Damit wird die Grundlage für die Zusammenarbeit zwischen der afghanischen Regierung und der internationalen Gemeinschaft für die zweite Phase des Wiederaufbaus in Afghanistan gelegt. Zusätzlich sichern die Geberländer Afghanistan Wiederaufbauhilfen in Höhe von 10 Mrd. US-Dollar zu.
Mai	Vizeadmiral Wolfgang E. Nolting wird Inspekteur der Marine.
1.6.	Deutschland stellt mit Brigadegeneral Markus Kneip den ersten Regional Commander North der ISAF-Truppen. Damit übernimmt die Bundeswehr das Kommando über die ISAF-Kräfte in Nordafghanistan.
18.9.	Der ehemalige Generalinspekteur der Bundeswehr und letzte lebende General der ehemaligen Deutschen Wehrmacht, Heinz Trettner, stirbt einen Tag vor seinem 99. Geburtstag.
Oktober	Soldaten des KSK nehmen eine Gruppe von Bombenlegern in Kabul fest. Die Gruppe gilt als Drahtzieher des Anschlages auf einen Bundeswehrbus 2003 in Kabul.
27.10.	Thomas Kossendey (CDU) wird Parlamentarischer Staatssekretär beim Bundesministerium der Verteidigung.
29.11.	Auf dem NATO-Gipfel in Riga beschließen die Staats- und Regierungschefs die »Political Guidance« zur Zukunft der NATO.
30.11.	Beendigung des Einsatzes in der Demokratischen Republik Kongo (EUFOR RD Congo) durch den Rat der Europäischen Union.
2007	
15.2.	US-Präsident George W. Bush fordert ein größeres Engagement von den NATO-Partnern.
Dezember	Im Rahmen des Einsatzes in Bosnien-Herzegowina erfolgt die Übergabe des Feldlagers Rajlovac in der Nähe von Sarajevo an die bosnisch-herzegowinischen Streitkräfte.
2008	
1.1.	Rüdiger Wolf wird beamteter Staatssekretär im Bundesministerium der Verteidigung.
2.–4.4.	Auf dem NATO-Gipfel in Bukarest wird ein politisch-militärischer Strategieplan (»ISAF's Strategic Vision«) für Afghanistan angekündigt. In diesem wird betont, dass Afghanistan mehr Führung und Verantwortung übernehmen wird, dass zivile und militärische Einsätze miteinander verbunden werden und dass es eine verstärkte Zusammenarbeit mit den Nachbarländern geben wird.
November	Die EU beschließt die Mission EU NAVFOR (European Union Navy Force) Somalia (Operation »Atalanta«). Dabei sollen mehrere Kriegsschiffe und Soldaten zur Bekämpfung der Piraterie vor die Küste Somalias entsandt werden. Es handelt sich um die erste EU-Marine-Mission.
1.7.	Die Bundeswehr übernimmt die Verantwortung für die Quick Reaction Force (QRF) des ISAF Regional Command (RC) North in Afghanistan.

Chronologie der Bundeswehr von 1955 bis 2015 mit Schwerpunkt Sicherheitspolitik – Teil 39

Datum	Ereignis
13.8.	Bundesverteidigungsminister Franz Josef Jung stiftet das Ehrenkreuz der Bundeswehr für Tapferkeit als höchste Stufe des Ehrenzeichens der Bundeswehr. Die Auszeichnung wird am 18.9. durch Bundespräsident Horst Köhler genehmigt.
2009	
11.3.	Der französische Staatspräsident Nicolas Sarkozy kündigt die Rückkehr Frankreichs in die Militärorganisation der NATO an.
18.3.	Rückkehr Frankreichs in die Militärorganisation der NATO.
1.4.	Albanien und Kroatien werden NATO-Mitglieder.
3./4.4.	Auf dem NATO-Gipfel in Straßburg/Kehl wird die Etablierung einer unter NATO-Kommando stehenden Ausbildungsmission für die afghanische Armee und Polizei (NATO Training Mission Afghanistan) beschlossen.
7.5.	Der seit 2008 gesuchte Talibanführer Abdul Razeq wird in Nordafghanistan nach einer Verfolgung von Soldaten des KSK durch einheimische Sicherheitskräfte festgenommen.
17.7.	Beginn der Operation »Ocean Shield« zur Bekämpfung der Piraterie im Golf von Aden und am Horn von Afrika.
4.9.	Auf deutsche Anforderung werden von den Taliban entführte Tanklaster durch einen US-Luftangriff in der Umgebung von Kunduz (Afghanistan) bombardiert. Dabei werden bis zu 142 Personen, die sich in unmittelbarer Nähe der Tanklaster befanden, getötet. Die große Zahl von Toten löst eine breite Diskussion in der deutschen Öffentlichkeit und im Bundestag aus.
28.10.	Franz Josef Jung (CDU) übernimmt, als Konsequenz aus der »Kunduz-Äffäre«, das Bundesministerium für Arbeit und Soziales. Karl-Theodor Freiherr von und zu Guttenberg (CDU) wird Bundesminister der Verteidigung.
29.10.	Generalleutnant Aarne Kreuzinger-Janik wird Inspekteur der Luftwaffe.
21.11.	Beginn der NATO Training Mission-Afghanistan (NTM-A).
26.11.	Der Generalinspekteur der Bundeswehr, General Wolfgang Schneiderhan, und der beamtete Staatssekretär im Bundesministerium der Verteidigung, Peter Wichert, werden von ihren Aufgaben entbunden.
30.11.	Franz Josef Jung (CDU) tritt als Reaktion auf die Diskussion um eine inkorrekte und verspätete Unterrichtung von Parlament und Öffentlichkeit in Bezug auf den Luftangriff bei Kunduz als Arbeitsminister zurück.
2010	
21.1.	General Volker Wieker wird Generalinspekteur der Bundeswehr.
27.1.	Walther Otremba wird beamteter Staatssekretär im Bundesministerium der Verteidigung.
28.1.	Auf der Londoner Afghanistan-Konferenz wird ein neues Strategiekonzept für das internationale Engagement in Afghanistan beschlossen. Es sollen die finanziellen Mittel und die Anzahl ausländischer Truppen aufgestockt werden und die afghanische Regierung dazu befähigt werden, schrittweise die Sicherheitsverantwortung für einzelne Provinzen bzw. Regionen zu übernehmen.
24.3.	Generalleutnant Werner Freers wird Inspekteur des Heeres.
25.3.	Wahl von Hellmut Königshaus (FDP) zum Wehrbeauftragten des Deutschen Bundestages (Amtsantritt am 20.5.).
2.4.	Während des sogenannten Karfreitaggefechts bei Isa Khel (nahe Kunduz, Afghanistan) fallen drei deutsche Soldaten der 3. Kompanie des Fallschirmjägerbataillons 373 aus Seedorf, fünf weitere werden verwundet, vier davon schwer. Es handelt sich um eines der größten und längsten Gefechte seit Beginn des Bundeswehreinsatzes in Afghanistan.
28.4.	Konteradmiral Axel Schimpf wird Inspekteur der Marine.

Chronologie der Bundeswehr von 1955 bis 2015 mit Schwerpunkt Sicherheitspolitik – Teil 40

Datum	Ereignis
18.5.	Der Rat der Europäischen Union verlängert die EU Police Mission in Afghanistan (EUPOL) bis zum 31.3.2013.
7.11.	Während des Aufenthaltes des Segelschulschiffs »Gorch Fock« im Hafen von Salvador da Bahia/Brasilien kommt eine 25-jährige Offizieranwärterin beim Sturz aus 27 Metern Höhe ums Leben. Der Ausbildungsbetrieb wird daraufhin ausgesetzt, eine Untersuchungskommission wird beauftragt, diesen und andere Vorfälle auf dem Schiff zu untersuchen.
19./20.11.	Auf dem NATO-Gipfel in Lissabon unterzeichnen der NATO-Generalsekretär Anders Fogh Rasmussen und der afghanische Präsident Hamid Karsai eine Vereinbarung zur schrittweisen Übergabe der Sicherheitsverantwortung an die afghanische Regierung bis Ende 2014.
25.12.	Das Bundeskabinett beschließt die Aussetzung der Wehrpflicht zum 1.7.2011. Dies wurde so im Koalitionsvertrag zwischen CDU/CSU und FDP vereinbart.
2011	Der Kommandant der »Gorch Fock«, Kapitän zur See Norbert Schatz, wird durch Kapitän zur See Michael Brühn abgelöst. Letzterer soll das Schiff zurück nach Deutschland überführen. Die Untersuchungskommission kann Kapitän Schatz kein Fehlverhalten nachweisen.
1.1.	Zum Jahresbeginn werden die letzten Wehrpflichtigen in die Kasernen einberufen. Damit endet nach 54 Jahren das Zeitalter der Allgemeinen Wehrpflicht in Deutschland.
12.–16.2.	Die Plagiats-Affäre um die Doktorarbeit des amtierenden Bundesministers der Verteidigung, Karl-Theodor Freiherr von und zu Guttenberg, beginnt. Nach einer mehrwöchigen öffentlichen Debatte um diese Doktorarbeit, die Guttenberg neben seiner politischen Tätigkeit und trotz familiärer Verpflichtungen über fünf Jahre erstellt haben will, erklärt Guttenberg am 1.3. seinen Rücktritt von allen politischen Ämtern.
1.3.	Der Bundesminister des Innern, Dr. Thomas de Maizière, wird neuer Bundesminister der Verteidigung.
16.3.	Stéphane Beemelmans wird beamteter Staatssekretär im Bundesministerium der Verteidigung.
17.3.	Der UN-Sicherheitsrat stimmt der Einrichtung einer Flugverbotszone über Libyen zu.
23.3.	Die NATO startet offiziell die Operation »Unified Protector« in Libyen mit den Zielen der Durchsetzung des Waffenembargos, einer Flugverbotszone und zum Schutz der Zivilbevölkerung vor Angriffen.
25.3.	Der Bundestag beschließt den Einsatz von NATO-AWACS-Aufklärungsflügen in Afghanistan. Es sollen bis zu 300 Bundeswehrsoldaten für den AWACS-Einsatz bereitgestellt werden. Das Mandat ist bis zum 31.1.2012 befristet.
1.5.	US-Präsident Barack Obama verkündet die Tötung von Al-Qaida-Führer Osama bin Laden durch eine Spezialeinheit der US Navy, die »Navy SEALs«, in der pakistanischen Stadt Abbottabad.
17.6.	Der UN-Sicherheitsrat wird die Taliban und Al-Qaida zukünftig auf zwei separaten Terrorlisten führen, um folgende Friedensverhandlungen in Afghanistan positiv beeinflussen zu können.
13.8.	Deutschland übernimmt die Operationsführung der Operation »Atalanta« vor Somalia.
20.10.	NATO-Kampfflugzeuge greifen einen Konvoi an, in dem sich der libysche Staatschef
31.10.	Muammar al-Gaddafi befindet. Beendigung des Libyen-Einsatzes der NATO.
6.12.	Das deutsche Kommando vor Somalia endet.
2012	
13.3.	Auf dem Flugabwehrschießplatz in Todendorf in Schleswig-Holstein stellt der Inspekteur des Heeres die Heeresflugabwehrtruppe außer Dienst.
1.4.	Der »Dresdner Erlass« des Bundesministers der Verteidigung vom 21.3.2012 tritt in Kraft. Dieser betrifft die Spitzengliederung, die Unterstellungsverhältnisse und Führungsorganisation im Bundesministerium der Verteidigung und in der Bundeswehr.

Chronologie der Bundeswehr von 1955 bis 2015 mit Schwerpunkt Sicherheitspolitik – Teil 41

Datum	Ereignis
18.4.	Das Bundeskabinett beschließt, dass künftig Soldaten der Bundeswehr im Rahmen der Operation »Atalanta« auch im Küstengebiet und bis zu zwei Kilometer im Landesinneren Somalias operieren können. Damit soll ermöglicht werden, dass logistische Einrichtungen der Piraten aus der Luft angegriffen und zerstört werden.
25.4.	Generalleutnant Karl Müllner wird Inspekteur der Luftwaffe.
16.5.	Bundeskanzlerin Angela Merkel und der afghanische Präsident Hamid Karsai unterzeichnen ein bilaterales Abkommen zur Zusammenarbeit zwischen Deutschland und Afghanistan.
14.6.	Die Australia-NATO Joint Political Declaration wird verabschiedet.
August	Bundesverteidigungsminister Thomas de Maizière spricht sich in der Öffentlichkeit für die Anschaffung bewaffneter Drohnen aus. Dadurch entsteht eine mediengestützte Diskussion über die Drohnenproblematik und den Einsatz von bewaffneten Drohnen.
11.9.	Das Kommando Heer wird durch den Generalinspekteur der Bundeswehr, Generald Volker Wieker, in Strausberg offiziell in Dienst gestellt. Generalleutnant Bruno Kasdorf wird im Rahmen des Aufstellungsappells zum Inspekteur des Heeres ernannt. Er folgt damit Generalleutnant Werner Freers, der ab Dezember als Chef des Stabes beim Supreme Headquarters Allied Powers Europe (SHAPE) eingesetzt wird.
28.9.	Die letzten Soldaten der Bundeswehr verlassen Bosnien-Herzegowina. Damit endet der bislang längste Bundeswehreinsatz nach 17 Jahren mit 63 500 beteiligten Soldaten. Im Rahmen des Einsatzes verloren seit 1996 insgesamt 18 Soldaten ihr Leben.
19.10.	Der gesuchte »Schatten-Gouverneur« von Nord-Afghanistan, Mullah Abdul Rahman, kann durch Soldaten des KSK, gemeinsam mit afghanischen Sicherheitskräften, in der Nähe der Ortschaft Ghunday festgenommen werden.
20.11.	Frankreich beendet offiziell seinen ISAF-Einsatz in Afghanistan.
4.12.	Während des syrischen Bürgerkrieges kommt es vereinzelt zu Raketeneinschlägen auf türkischem Staatsgebiet. Daher beschließt der NATO-Rat, nach Inanspruchnahme des Artikels 4 durch die Türkei, die Stationierung von Patriot-Abwehrraketen in die Nähe der türkisch-syrischen Grenze.
2013	
20.1.	Das Hauptkontingent von 240 deutschen und acht dänischen Soldatinnen und Soldaten startet vom Flughafen Berlin-Tegel in den Türkei-Einsatz. Die Einsatzkräfte landen am selben Tag auf dem türkischen Luftwaffenstützpunkt Incirlik.
28.2.	Der Bundestag beschließt den Bundeswehreinsatz in Mali. Bis zu 330 deutsche Soldaten sollen demnach im Rahmen internationaler Missionen zur Stabilisierung Malis beitragen. Die Soldaten werden dabei sowohl als Ausbilder der malischen Armee als auch im Sanitätsdienst sowie bei der logistischen Unterstützung internationaler Truppen eingesetzt. Sie sollen allerdings nicht an Kampfeinsätzen teilnehmen.
Mai	Das Euro-Hawk-Programm wird eingestellt. Beim Beschaffungsprogramm ging es um eine Variante der Drohne »Global Hawk« als europäische Weiterentwicklung. Die Luftaufsichtsbehörde der EU sollte die Aufklärungsdrohne für den Flug über unbewohntem Gebiet zertifizieren. Zusätzliche Technik zur Genehmigung zum Überflug von bebautem Gebiet hätten möglicherweise weitere Kosten von 600 Mio. Euro verursacht.
16.5.	Der Bundestag stimmt dem Antrag der Bundesregierung zur Verlängerung der Anti-Piraterie-Mission vor der Küste Somalias um weitere zwölf Monate zu.
27.6.	Der Bundestag beschließt die Fortsetzung der Beteiligung an der UNIFIL-Mission bis zum 30.6.2014. Weiterhin dürfen bis zu 300 Soldaten eingesetzt werden.

Chronologie der Bundeswehr von 1955 bis 2015 mit Schwerpunkt Sicherheitspolitik – Teil 42

Datum	Ereignis
6.10.	Bundesverteidigungsminister Thomas de Maizière übergibt im Beisein von Außenminister Guido Westerwelle und US-General Joseph F. Dunford, jr. das Feldlager Kunduz an den afghanischen Verteidigungsminister Mohammed Omer.
11./12.10.	In den seit mehr als einem Jahr andauernden Verhandlungen über ein bilaterales Sicherheitsabkommen erreichen die USA und Afghanistan eine Teileinigung. Nach dem offiziellen Einsatzende 2014 werden bis zu 10 000 US-Soldaten im Land bleiben. Keine Einigung gibt es in der Frage der Immunität von US-Soldaten in Afghanistan.
19.10.	Die letzten deutschen Soldaten werden aus Kunduz nach Mazar-i Sharif verlegt. Damit endet das Kapitel des deutschen Einsatzes in Kunduz, dem Ort, der die Bundeswehr wie kaum ein anderer geprägt hat.
17.12	Ursula Gertrud von der Leyen wird Bundesministerin der Verteidigung. Damit übt zum ersten Mal in der deutschen Geschichte eine Frau das Amt aus.
28.12.	Der beamtete Staatssekretär im Bundesverteidigungsministerium, Rüdiger Wolf, wird nach fast 30 Jahren in der Bundeswehrverwaltung entlassen. Sein Nachfolger wird Gert Hoofe.
2014	
28.1.	Der Bundestag stimmt dem Antrag der Bundesregierung über die Verlängerung des Einsatzes der Bundeswehr in der Türkei (»Active Fence Turkey«) bis zum 31.12.2015 zu.
13.2.	Generalmajor Bernd Schütt übernimmt das Kommando als Kontingentführer des deutschen Einsatzkontingents ISAF und als Regionalkommandeur Nord.
20.2.	Der Bundestag stimmt dem Antrag der Bundesregierung über die Verlängerung des Mandats bis zum 31.12.2014 zu. Die personelle Obergrenze beträgt nunmehr 3300 Soldaten.
12.3.	Kanadische Truppen beenden ihren ISAF-Einsatz.
27.6.	Der Bundestag beschließt erstmals die Entsendung bewaffneter deutscher Streitkräfte zur Multidimensionalen Integrierten Stabilisierungsmission der Vereinten Nationen in Mali aufgrund der Resolution 2100 des UN-Sicherheitsrates vom 25. April 2013.
Juli	Die Bundeswehr beteiligt sich an der Ausbildungsmission EUTM (European Training Mission) und an der UN-Unterstützungsmission MINUSMA (Multidimensional Integrated Stabilization Mission in Mali).
2015	
9.1.	Der Bundestag erteilt das Mandat für die Ausbildungsmission im nordirakischen Erbil. Damit können dort bis zu 200 Soldaten und Soldatinnen eingesetzt sowie Waffen und Munition geliefert werden. Das Mandat zur Unterstützung des Kampfes gegen den »Islamischen Staat« (IS) ist bis zum 31. Januar 2016 begrenzt.
26.4.	Ausbildungsunterstützung der Sicherheitskräfte der Region Kurdistan – Irak (Angehörige der Peschmerga) und der irakischen Streitkräfte.
7.5.	Einsatz der Fregatte »Hessen« und des Einsatzgruppenversorgers »Berlin« zur Unterstützung der Seenotrettung im Mittelmeer zwischen Italien und Libyen.

Chronologie der North Atlantic Treaty Organization – Teil 1

Datum	Ereignis
1945	
26.6.	Unterzeichnung der Charta der Vereinten Nationen in San Francisco.
1946	
16.3.	Winstons S. Churchill prägt den Begriff des »Eisernen Vorhanges«.
1948	
10.12.	Aufnahme von Verhandlungen über den Nordatlantikvertrag zwischen Vertretern der Mächte des Brüsseler Vertrages (Frankreich, Großbritannien und die Benelux-Staaten) sowie Kanada und der USA.
1949	
4.4.	Gründung der NATO und Ratifizierung des Nordatlantikvertrages durch die Außenminister Belgiens (Paul-Henri C. Spaak), Dänemarks (Gustav Rasmussen), Frankreichs (Robert Schuman), Islands (Bjarni Benediktsson), Italiens (Carlo Graf Sforza), Kanadas (Lester B. Pearson), Luxemburgs (Joseph Bech), der Niederlande (Dirk Uipko Stikker), Norwegens (Halvard M. Lange), Portugals (José Caeiro da Matta), Großbritanniens (Ernest Bevin) und der USA (Dean G. Acheson).
29.8.	Zündung der ersten Atombombe durch die UdSSR.
24.8.	Inkrafttreten des Nordatlantikvertrages.
17.9.	Etablierung des North Atlantic Council (NAC) als höchstes politisch beschließendes Organ. Auf der ersten Sitzung, die in Washington stattfindet, wird die Einrichtung folgender Führungsorgane beschlossen: - Defence Committee (DC) - Defence Financial and Economic Committee (DFEC) - Military Committee (MC) - Standing Group (SG) - Military Production and Supply Board (MPSB); (dieser wird am 11.1.1951 durch das Defence Production Board (DPB) ersetzt) - Planning Board for Ocean Shipping (PBOS).
1.12.	Der Verteidigungsausschuss der NATO billigt das erste NATO-Strategiekonzept DC 6/1 mit dem Titel »The Strategic Concept for the Defense of the North Atlantic Area«.
1950	
25.6.	Beginn des Koreakrieges mit der Invasion nordkoreanischer Truppen in Südkorea.
25.6.	Erste Zusammenkunft des Rats der Außenminister-Stellvertreter in London. Der Amerikaner Charles M. Spofford wird zum Ständigen Vorsitzenden gewählt.
18./19.12.	Tagung des NATO-Rats in Brüssel, der Folgendes beschließt: - die Vorwärtsstrategie als offizielles militärstrategisches Prinzip - die Wahl von General Dwight D. Eisenhower zum Supreme Allied Commander Europe (SACEUR) - die Errichtung des Supreme Headquarters Allied Powers Europe (SHAPE) als Arbeitsorgan des SACEUR - den Einsatz eines Supreme Allied Commander Atlantic (SACLANT) - die Errichtung eines Military Representatives Committee (MRC).
1951	
21.3.	Bildung der Allied Forces Northern Europe (AFNORTH).
2.4.	Das NATO-Hauptquartier Europa (SHAPE) nimmt seine Arbeit in Rocquencourt nahe Paris auf. Seit dem 31.3.1967 befindet sich SHAPE in Casteau bei Mons in Belgien.
3.3.	Auflösung des Defence Committee, des Military Production and Supply Board sowie des Defence Financial and Economic Committee.

Chronologie der North Atlantic Treaty Organization – Teil 2

Datum	Ereignis
19.6.	Bildung der Allied Forces Central Europe (AFCENT) und Allied Forces South Europe (AFSOUTH).
1952	
30.1.	Der amerikanische Vizeadmiral Lynde D. McCormick wird zum ersten Obersten Alliierten Befehlshaber Atlantik (SACLANT) ernannt.
18.2.	NATO-Beitritt Griechenlands und der Türkei.
20.–25.2.	Auf seiner Tagung in Lissabon beschließt der Nordatlantikrat eine Neuordnung der Bündnisstruktur mit u.a. folgenden Veränderungen: - Umwandlung des Rats der Außenminister-Stellvertreter in den Ständigen NATO-Rat (North Atlantic Council in Permanent Session, NAC/PS) mit Sitz in Paris - Bildung eines Internationalen Sekretariats mit einem Generalsekretär an der Spitze.
12.3.	Ernennung des Briten Lord Lionel H. Ismay zum Generalsekretär der NATO.
4.4.	Die bisherigen Aufgaben des Defence Financial and Economic Committee sowie Military Production and Supply Board gehen auf den NAC/PS über.
9.12.	Der Military Committee legt das Strategiedokument MC 14/1 fest.
1953	
23.7.	Unterzeichnung des Waffenstillstandsabkommens zwischen Nord- und Südkorea.
1954	
31.3.	Die UdSSR erklärt, dass sie der NATO beitreten möchte.
7.5.	Ablehnung des Antrages der UdSSR auf Aufnahme in die NATO durch ein Veto Großbritanniens und der USA.
23.10.	Unterzeichnung der Pariser Verträge. Damit endet das Besatzungsstatut für die Bundesrepublik Deutschland und der Beitritt zur NATO kann vertraglich vereinbart werden.
1955	
6.5.	Die Bundesrepublik Deutschland wird NATO-Mitglied.
14.5.	Unterzeichnung des »Vertrages über Freundschaft, Zusammenarbeit und gegenseitigen Beistand« und Gründung der Warschauer Vertragsorganisation durch die UdSSR, Albanien, Bulgarien, der DDR, Polen, Rumänien, Tschechoslowakei und Ungarn.
18.–23.7.	Erste NATO-Parlamentarierkonferenz in Paris (ab 1966 die Nordatlantische Versammlung).
1957	
25.3.	Unterzeichnung der Römischen Verträge über die Errichtung der Europäischen Atomgemeinschaft (EURATOM) und der Europäischen Wirtschaftsgemeinschaft (EWG).
4.10.	Start des sowjetischen Sateliten »Sputnik«. Mit ihm beginnt das Zeitalter der Raumfahrt.
1958	
1.1.	Inkrafttreten der Römischen Verträge und Gründung der EWG.
1960	
März	General Lauris Norstad (SACEUR) kündigt auf der SHAPE-Pressekonferenz die Etablierung einer Allied Command Europe Mobile Force (AMF, auch ACE Mobile Force) an. Bestehend aus den zwei separaten Elementen Land- und Luftstreitkräfte soll die AMF an jedem beliebigen Punkt innerhalb des NATO-Kommandobereichs Europa, der durch feindliche Infiltrationen oder Angriffe bedroht wird, einsetzbar sein. Dabei wird sowohl der Einsatz konventioneller als auch nuklearer Waffen vorgesehen. Die AMF wird am 30.10.2002 aufgelöst.
1.5.	Abschuss eines amerikanischen U2-Aufklärungsflugzeugs über der UdSSR.
14.12.	Unterzeichnung der Konvention zur Gründung der Organisation for Economic Co-operation and Development (OECD) durch die Gründungsmitglieder, u.a. die Bundesrepublik Deutschland.

Chronologie der North Atlantic Treaty Organization – Teil 3

Datum	Ereignis
1961	
13.8.	Beginn des Baus der Berliner Mauer.
13.–15.12.	Verurteilung des Mauerbaus durch den Nordatlantikrat auf einer Ministertagung in Paris.
1962	
4.–6.5.	Ministertagung des Nordatlantikrates in Athen. Die Außen- und Verteidigungsminister prüfen, unter welchen Umständen sich das Bündnis zum Einsatz von Kernwaffen gezwungen sehen könnte (Athener Richtlinien).
14.–28.10.	Kubakrise.
1963	
22.11.	US-Präsident John F. Kennedy fällt einem Mordanschlag zum Opfer.
1964	
14.10.	Partei- und Regierungschef Nikita S. Chruschtschow wird gestürzt und durch Leonid I. Breschnew als Generalsekretär der KPdSU und Aleksei N. Kossygin als Ministerpräsident ersetzt.
16.10.	Die Volksrepublik (VR) China zündet die erste Atombombe.
1966	
1.7.	Austritt Frankreichs aus der Militärorganisation der NATO.
1967	
16.10.	Offizielle Eröffnung des neuen NATO-Hauptquartiers in Brüssel.
13.–14.12.	Der Nordatlantikrat verabschiedet den »Bericht des Rats über die künftigen Aufgaben der Allianz«, der auf eine Initiative des belgischen Außenministers Pierre Harmel zurückgeht. Nach Aussagen des Harmel-Berichtes sollten Verteidigung und Entspannung zwei gleichwertige und sich gegenseitig ergänzende Säulen der zukünftigen NATO-Politik sein.
1968	
1.7.	Unterzeichnung des Vertrags über die Nichtverbreitung von Kernwaffen (NVV) durch die USA, die Sowjetunion und Großbritannien (die Bundesrepublik Deutschland unterzeichnet am 28.11.1969 den Vertrag).
1970	
20.3.	Start des ersten Fernmeldesatelliten der NATO in Cape Kennedy.
1972	
26.5.	Unterzeichnung des SALT-Vertrages (Strategic Arms Limitation Talks) zwischen US-Präsident Richard Nixon und dem sowjetischen Parteichef Leonid I. Breschnew über die Begrenzung der Raketenabwehrsysteme sowie die Reduzierung der Strategischen Waffen.
1973 3.7.	Eröffnung der Konferenz über Sicherheit und Zusammenarbeit in Europa (KSZE). Es nehmen alle Staaten des Warschauer Paktes außer Albanien, 13 neutrale Länder und die 15 NATO-Staaten teil.
1974 23.–24.11.	US-Präsident Gerald Ford und der sowjetische Parteichef Leonid I. Breschnew einigen sich auf Schritte zur Verringerung der strategischen Nuklearwaffen.
1975 1.8.	Unterzeichnung der Schlussakte von Helsinki als Ergebnis der KSZE. Die Staaten verpflichten sich u.a. zur Unverletzlichkeit der Grenzen, zur Nichteinmischung in innere Angelegenheiten und zur Wahrung der Menschenrechte.
1979 18.6.	Unterzeichnung der SALT-II-Verträge zwischen US-Präsident Jimmy Carter und dem sowjetischen Staats- und Parteichef Breschnew über die Begrenzung von Trägersystemen für Nuklearwaffen. Trotz der Unterzeichnung des Vertrages tritt dieser nie in Kraft.

Chronologie der North Atlantic Treaty Organization – Teil 4

Datum	Ereignis
12.12.	NATO-Doppelbeschluss. Dieser umfasst zwei Teile: 1. Nachrüstungsbeschluss: Stationierung von Pershing-II-Mittelstreckenraketen und Marschflugkörpern (Cruise Missiles) in Europa 2. Angebot einer Verhandlungsaufnahme über eine beiderseitige Begrenzung sowjetischer und amerikanischer atomarer Mittelstreckenraketen. Die Nuklearpotenziale Frankreichs und Großbritannien werden jedoch aus dem Verhandlungsangebot ausgeschlossen.
1982	
30.5.	NATO-Beitritt Spaniens.
10.6.	Gipfeltreffen des Nordatlantikrates in Bonn. Die Staats- und Regierungschefs verabschieden die Bonner Erklärung, in der das Programm des Bündnisses für Frieden in Freiheit verankert wird.
1986	
11.12.	Veröffentlichung der Brüsseler Erklärung zur konventionellen Rüstungskontrolle durch die Außenminister der NATO-Staaten. Sie enthält Verhandlungen über eine konventionelle Stabilität zur Beseitigung bestehender Ungleichgewichte vom Atlantik bis zum Ural und eine Festlegung der konventionellen Stabilität auf niedrigerem Niveau.
17.2.	Aufnahme von Gesprächen zwischen der NATO und den Warschauer-Pakt-Staaten über ein Mandat für Verhandlungen über konventionelle Streitkräfte in Europa.
8.12.	US-Präsident Ronald Reagan und der sowjetische Parteichef Michail S. Gorbatschow unterzeichnen den Washingtoner INF-Vertrag (INF, Intermediate-Range Nuclear Forces), der eine weltweite Abschaffung von landgestützten atomaren Mittelstreckensystemen vorsieht.
1988	
2.–3.3.	Gipfeltreffen des Nordatlantikrats in Brüssel. Veröffentlichung einer Erklärung zur Rüstungskontrolle, in der wesentliche Schritte zum Abbau der konventionellen Ungleichgewichte gefordert werden.
1989	
9.–10.11.	Öffnung der Berliner Mauer.
1990	
6.7.	Die Staats- und Regierungschefs der NATO geben die »Londoner Erklärung« ab. Sie enthält Vorschläge für den Ausbau der Zusammenarbeit mit den Staaten Mittel- und Osteuropas, einschließlich der Einrichtung diplomatischer Vertretungen zwischen diesen Ländern und der NATO.
3.10.	Deutsche Wiedervereinigung.
1991	
1.7.	Auflösung des Warschauer Paktes.
1992	
6.11.	Die NATO stellt der UN-Schutztruppe in Bosnien Herzegowina ein operatives Hauptquartier, Ausrüstungsgegenstände sowie eine finanzielle Erstausstattung zur Verfügung.
1993	
2.4.	Der Nordatlantikrat weist den SACEUR an, vorbereitende Maßnahmen zur Umsetzung der UN-Resolution 816 zu treffen, die zur Durchsetzung der Flugverbotszone über Bosnien Herzegowina ermächtigt.
12.4.	Beginn der NATO Operation »Deny Flight« zur Durchsetzung der Flugverbotszone über Bosnien Herzegowina.
9.8.	Der Nordatlantikrat billigt operative Optionen für Luftangriffe in Bosnien Herzegowina.
8.–9.12.	Die NATO-Verteidigungsminister erörtern auf ihrer Tagung in Brüssel neue Verteidigungsaufgaben des Bündnisses, einschließlich der Unterstützung friedenserhaltender Maßnahmen der Vereinten Nationen.

Chronologie der North Atlantic Treaty Organization – Teil 5

Datum	Ereignis
1994	
10.–11.1.	NATO-Gipfel in Brüssel: - Staats- und Regierungschefs der NATO bekräftigen die Entschlossenheit des Bündnisses, mit Luftangriffen die Abschnürung Sarajevos und anderer UN-Schutzzonen in Bosnien Herzegowina zu verhindern - Gründung des Programms »Partnership for Peace« mit dem Ziel der militärischen Zusammenarbeit zwischen der NATO und den europäischen/asiatischen Staaten, die nicht Mitglied der NATO sind.
28. 2.	Aufgrund der Verletzung der Flugverbotszone über Bosnien Herzegowina werden vier Kampfflugzeuge durch NATO-Flugzeuge abgeschossen.
1995	
11.7.	Bosnisch-serbische Einheiten nehmen unter der Führung von General Ratko Mladić die Stadt Srebrenica ein, die zuvor zu einer UN-Schutzzone erklärt wurde. Währenddessen versuchen mehrere Tausend bosnisch-herzegowinische Muslime ohne Erfolg in das Dorf Potočari zu fliehen. In den folgenden zwei Tagen trennen Mladićs Truppen Frauen und Männer voneinander. Da den vorhandenen 350 UN-Blauhelmen das Mandat zum Eingreifen fehlt, müssen sie mit ansehen, wie rund 8000 Männer an verschiedenen Orten hingerichtet werden. Um den Genozid zu verschleiern, werden im Anschluss einige Massengräber ausgehoben und die sterblichen Überreste auf andere Gebiete verteilt.
1.8.	Die NATO beginnt als Reaktion auf den Beschuss Sarajevos die Operation »Deliberate Force«. Es folgen Angriffe auf serbische Stellungen mit Flugzeugen und Artillerie.
1.9.	Einstellung der Operation »Deliberate Force«, nachdem sich die bosnischen Serben mit dem Abzug schwerer Waffen aus der 20-km-Sperrzone um Sarajevo einverstanden erklärt haben.
21.11.	Auf Druck der internationalen Gemeinschaft unterzeichnen die Präsidenten Kroatiens, Serbiens und Bosnien Herzegowinas in Dayton (Ohio) ein Friedensabkommen, das die militärischen Auseinandersetzungen in Bosnien Herzegowina beendet. Das Abkommen sieht zwar die Erhaltung von Bosnien Herzegowina als souveränen Staat vor, legt jedoch die Teilung des Landes in zwei Entitäten, die bosniakisch-kroatische Föderation und die Republika Srpska, fest.
5.12.	Die NATO billigt formell den Einsatz einer 60 000 Mann starken Truppe in Bosnien-Herzegowina. Unterzeichnung des Allgemeinen Rahmenabkommens über den Frieden in Bosnien-Herzegowina in Paris Ankündigung Frankreichs, seinen Sitz im NATO-Militärausschuss wieder einzunehmen.
16.12.	Beginn der Stationierung der unter NATO-Führung stehenden IFOR-Truppe (Implementation Force) in Bosnien-Herzegowina.
1996	
03.6.	Beschluss zum Aufbau der Europäischen Sicherheits- und Verteidigungsidentität (ESVI) innerhalb der NATO. Innerhalb der EU sollen eigene politische sowie militärische Strukturen aufgebaut werden, um die Kontrolle und strategische Leitung im Krisenfall sicherstellen zu können.
1997	
27.5.	Unterzeichnung der »Grundakte über Gegenseitige Beziehungen, Zusammenarbeit und Sicherheit zwischen der Nordatlantikvertrags-Organisation und der Russischen Föderation«.
1999	
17.1.	NATO-Generalsekretär Javier Solana verurteilt im Namen des Nordatlantikrates das Massaker an Kosovo-Albanern durch serbische Kräfte und fordert die jugoslawischen Behörden zur Zusammenarbeit auf.

Chronologie der North Atlantic Treaty Organization – Teil 6

Datum	Ereignis
20.1.	Die NATO und Russland rufen alle Seiten dazu auf, die Kampfhandlungen einzustellen und den Weg für Verhandlungen zu öffnen.
30.1.	Der Nordatlantikrat genehmigt Luftangriffe auf dem Gebiet der Bundesrepublik Jugoslawien.
12.3.	Die Tschechische Republik, Ungarn und Polen treten der NATO bei.
23.3.	NATO-Generalsekretär Javier Solana weist den amerikanischen General Wesley Clark (SACEUR) an, Luftangriffe gegen die Bundesrepublik Jugoslawien einzuleiten.
24.3.	Beginn der Luftangriffe auf Belgrad (Operation »Allied Force«). Dies geschieht ohne ein UN-Mandat und außerhalb des Bündnisfalls.
10.6.	Nach 78 Tagen und Nächten mit Luftangriffen durch die NATO gibt Javier Solana eine Erklärung zur Aussetzung der Luftschläge heraus, nachdem der jugoslawische Präsident Milošević einwilligt hat, seine Truppen aus dem Kosovo abzuziehen.
21.6.	NATO-Generalsekretär Javier Solana erklärt die NATO-Luftangriffe für beendet.
2001	
21.3.	Der Sicherheitsrat der Vereinten Nationen verabschiedet die Resolution 1345. Diese betont die Souveränität, territoriale Integrität und die Unverletzlichkeit der Grenzen Mazedoniens und fordert zudem alle bewaffneten Personen dazu auf, die Waffen niederzulegen.
12.6.	Die mazedonische Regierung billigt das »Konzept zur Bewältigung der Krise in Mazedonien«.
14.6.	Der mazedonische Präsident Boris Trajkovski wendet sich mit der Bitte um Unterstützung bei der Entwaffnung von ethnisch albanischen Gruppen an die NATO.
27.8.	NATO Einsatzbeginn in Mazedonien (Operation »Essential Harvest«).
27.9.	Offizieller Start der Operation »Amber Fox« in Mazedonien mit dem Auftrag, für den Schutz der internationalen Beobachter aus der EU und der Organisation für Sicherheit und Zusammenarbeit in Europa (OSZE) zu sorgen, die die Umsetzung des Friedensplans überwachen.
11.9.	Terroranschläge in den USA.
4.10.	Ausrufung des Bündnisfalls nach Art. 5 des Nordatlantikvertrages. Zudem werden unter anderem der Austausch nachrichtendienstlicher Informationen, die Gewährung uneingeschränkter Überflugrechte, Zugang zu Häfen und Flugplätzen und die Entsendung eines ständigen Flottenverbandes der NATO (Operation »Active Endeavour«) in das östliche Mittelmeer beschlossen.
26.10.	Beginn der Operation »Active Endeavour« mit den wesentlichen Aufgaben der Seeraumüberwachung und dem Erfassen und Dokumentieren des zivilen Seeverkehrs und der daran teilnehmenden Handelsschiffe.
21./22.11.	Die Staats-und Regierungschefs der NATO beschließen den Aufbau der NATO Response Force (NRF), einer Reaktionstruppe mit Land-, Luft- und Seestreitkräften für schnelle Einsätze.
2002	
28.5.	Gründung des NATO-Russland-Rates als Forum für Konsultation, Konsensbildung und gemeinsame Entscheidungsfindung.
2003	
17.3.	Unterzeichnung der Berlin-Plus-Vereinbarung: Diese sieht u.a. den Austausch von geheimen Informationen, die Bereitstellung von NATO-Mitteln und -Fähigkeiten sowie den Rückgriff auf NATO-Planungskapazitäten bei EU-geführten Krisenmanagementoperationen vor.
20.3.	Beginn des Irakkrieges (Operation »Iraqi Freedom«) ohne völkerrechtliches Mandat durch die USA und Großbritannien.
11.8.	Übernahme des ISAF-Kommandos in Afghanistan durch die NATO.
2004	
2.4.	Bulgarien, Estland, Lettland, Litauen, Rumänien, die Slowakei und Slowenien treten der NATO bei.

Chronologie der North Atlantic Treaty Organization – Teil 7

Datum	Ereignis
28./29.6.	Beschluss zum direkten Beitrag der NATO zur Besetzung des Iraks. Es erfolgt die Entsendung von Militärberatern und Ausbildern (NATO Training Mission-Iraq, NTM-I).
2.12.	Beendigung des NATO-Einsatzes in Bosnien-Herzegowina. Die Europäische Union übernimmt die Aufgabe der Überwachung und Umsetzung der im Dayton-Abkommen getroffenen Vereinbarungen (Operation »Althea«).
2005	
9.6.	Unterstützung der Afrikanischen Union (AU) durch die NATO im Sudan mit strategischem Lufttransport und Ausbildungshilfe.
September	Etablierung des Active Layered Theatre Ballistic Missile Defence (ALTBMD). Das NATO-Programm der Raketenabwehr sieht die Erfassung und Bekämpfung von gegnerischen Kurz-und Mittelstreckenraketen bis zu einer Reichweite von 3000 km vor.
3.12.	Beginn der NATO-Luftbrücke zur Unterstützung der Erdbebenopfer in Pakistan.
2006	
29.11.	Auf dem NATO-Gipfel in Riga beschließen die Staats- und Regierungschefs die »Political Guidance« zur Zukunft der NATO.
2009	
11.3.	Der französische Präsident Nicolas Sarkozy kündigt die Rückkehr Frankreichs in die Militärorganisation der NATO an.
18.3.	Rückkehr Frankreichs in die Militärorganisation der NATO.
1.4.	Albanien und Kroatien werden NATO-Mitglieder.
17.8.	Beginn der Operation »Ocean Shield« zur Bekämpfung der Piraterie im Golf von Aden und am Horn von Afrika.
21.11.	Beginn der NATO Training Mission-Afghanistan.
2010	
20.11.	NATO-Gipfel in Lissabon: Die NATO-Mitgliedsstaaten beschließen die Ausweitung des geplanten Raketenschildes auf die Territorien und die Bevölkerung Europas. Mit dem russischen Präsidenten Dmitri A. Medwedew wird die Beteiligung Russlands an der Entwicklung des Raketenabwehrsystems vereinbart. Es wird der Rückzug der NATO-Truppen aus Afghanistan für das Jahr 2014 vereinbart. Es wird die »Enduring Partnership« zwischen Afghanistan und der NATO vereinbart.
2011	
17.3.	Der UN-Sicherheitsrat stimmt der Einrichtung einer Flugverbotszone über Libyen zu.
23.3.	Die NATO beginnt offiziell die Operation »Unified Protector« in Libyen mit folgenden Zielen: - Durchsetzung des Waffenembargos - Durchsetzung der Flugverbotszone - Schutz der Zivilbevölkerung vor Angriffen.
20.10.	NATO-Kampfflugzeuge greifen einen Konvoi an, in dem sich der libysche Diktator Muammar al-Gaddafi befindet (nach eigener Aussage wussten sie nicht, dass sich Gaddafi im Konvoi befindet).
31.10.	Beendigung des Libyen-Einsatzes.
2012	
21.5.	Die politischen Leitlinien der NATO zur Terrorismusbekämpfung.
4.12.	Während des syrischen Bürgerkrieges kommt es vereinzelt zu Raketeneinschlägen auf türkischem Staatsgebiet; der NATO-Rat beschließt nach entsprechenden Konsultationen laut Artikel 4 des Nordatlantikvertrages die Stationierung von Patriot-Abwehrraketen in der Nähe der türkisch-syrischen Grenze. Der Artikel 4 sieht vor, dass die Parteien einander konsultieren werden, wenn nach ihrer Auffassung die Unversehrtheit des Gebiets, die politische Unabhängigkeit oder die Sicherheit einer der Parteien bedroht ist.

Chronologie der North Atlantic Treaty Organization – Teil 8

Datum	Ereignis
2013	
15.2.	Die letzten Patriot-Raketen werden unter NATO-Kommando in der Türkei stationiert und für betriebsbereit erklärt.
3.12.	Erklärung der NATO-Außenminister zur Situation in der Ukraine.
2014	
2.3.	Erklärung des Nordatlantischen Rates zur Situation in der Ukraine und zur Eskalation der militärischen Gewalt durch die russischen Streitkräfte.
5.9.	Erklärung des Gipfeltreffens der Staats- und Regierungschefs des nordatlantischen Rates in Wales, Großbritannien.
30.9.	Abkommen zwischen der NATO und der Islamischen Republik Afganistan über den Status der NATO-Streitkräfte und von NATO-Personal, die einvernehmlich NATO-geführte Aktivitäten in Afghanistan durchführen.
2.12.	Gemeinsame Erklärung der Islamischen Republik Afghanistan, der NATO und der Partner der Operation »Resolute Support«.
2015	
5.2.	Erklärung der NATO-Verteidigungsminister über einen Plan zur erhöhten Einsatzbereitschaft. Kernstück ist die Aufstellung einer neuen schnellen Eingreiftruppe der NATO.
3.5.	Gemeinsame Erklärung der NATO-Ukraine-Kommission.

NATO-Erweiterungen seit 1949 – Teil 1

Beitrittsdatum	Beitrittsstaat	Fläche in km² (Stand 2013)	Bevölkerungszahl[1] (Stand 2013)	Stärke der aktiven Streitkräfte[2] (Stand 2013)	Rüstungsausgaben in % des BIP[3] (Stand 2013)
4.4.1949	Französische Republik[9,12]	543 965[10]	65 951 611	222 200	1,91
4.4.1949	Großherzogtum Luxemburg[12]	2 586	514 862	900	0,41
4.4.1949	Italienische Republik[12]	301 263	61 482 297	176 000	1,22
4.4.1949	Kanada[12]	9 984 670	34 568 211	66 000	0,89
4.4.1949	Königreich Belgien[12]	30 528	10 444 268	30 700	1,04
4.4.1949	Königreich Dänemark[12]	43 094	5 556 452	17 200	1,37
4.4.1949	Königreich der Niederlande[12]	41 526	16 805 037	37 400	1,28
4.4.1949	Königreich Norwegen[12]	385 199	4 722 701	25 800	1,40
4.4.1949	Portugiesische Republik[12]	92 072	10 799 270	42 600	1,27
4.4.1949	Republik Island[12]	103 001	315 281	200	0,10
4.4.1949	Vereinigte Staaten von Amerika[12]	9 826 675	316 668 567	1 492 200	3,70
4.4.1949	Vereinigtes Königreich[12]	244 820	63 395 574	169 150	2,35
18.2.1952	Hellenische Republik (Griechenland)[11, 12]	131 957	10 772 967	143 350	2,33
18.2.1952	Republik Türkei	783 562	80 694 485	510 600	1,26
6.5.1955	Bundesrepublik Deutschland	356 854	81 147 265	186 450	1,23
30.5.1982	Königreich Spanien	504 782	47 370 542	134 900	0,84
12.3.1999	Republik Polen	312 679	38 383 809	99 300	1,91
12.3.1999	Republik Ungarn	93 000	99 939 470	26 500	0,83
12.3.1999	Tschechische Republik	78 866	10 162 921	23 650	1,07
2.4.2004	Republik Bulgarien	111 910	6 981 642	31 300	1,38
2.4.2004	Republik Estland	45 000	1 266 375	5 750	1,99
2.4.2004	Republik Lettland	65 000	2 178 443	5 310	0,96
2.4.2004	Republik Litauen	65 000	3 515 858	11 800	0,77
2.4.2004	Republik Slowenien	20 273	1 992 690	7 600	1,02
2.4.2004	Rumänien	237 500	21 790 479	71 400	1,32
2.4.2004	Slowakische Republik	48 845	5 488 339	15 850	1,01
1.4.2009	Republik Albanien	28 748	3 011 405	14 250	1,36
1.4.2009	Republik Kroatien	56 594	4 475 611	16 550	1,35

Fußnotenauflösung in Teil 2.

NATO-Erweiterungen seit 1949 – Teil 2

Strategische Auswirkungen/Besonderheiten Griechenland/Türkei
Durch den Beitritt Griechenlands und der Türkei konnte die NATO auf dem Balkan und in Kleinasien eine neue Front gegen den potenziellen Gegner errichten.[4] Zudem hoffte Griechenland durch den NATO-Beitritt, die militärische Überlegenheit der Türkei ausgleichen zu können. Diese Hoffnung zerschlug sich jedoch mit der türkischen Invasion auf Zypern 1974, mit der Folge, dass die griechisch-türkischen Beziehungen bis 1999 stets angespannt blieben.[8]

Strategische Auswirkungen/Besonderheiten Bundesrepublik Deutschland:
Durch den Beitritt der Bundesrepublik erreichte die NATO ihre volle Funktionsfähigkeit, da sich die Hauptkonfrontationslinie bis an die Grenze des gegnerischen Systems verschob. Die westdeutschen Streitkräfte stellten zudem das Hauptkontingent für die Land- und Luftkriegführung auf dem zentraleuropäischen Kriegsschauplatz. Als Reaktion auf dem Beitritt der Bundesrepublik zur NATO wurde der Warschauer Vertrag ratifiziert.[6]

Strategische Auswirkungen/Besonderheiten Polen, Ungarn und Tschechische Republik:
Diese erste Erweiterung nach dem Ende des Kalten Krieges verdeutlichte die von der NATO getroffene Grundsatzentscheidung, die Sicherheitsorganisation nicht in ihrer bisherigen Form beizubehalten, sondern sie grundlegend umzugestalten.[7] Sie wurde jedoch über einen langen Zeitraum innerhalb der NATO kontrovers diskutiert, was im Besonderen an der Haltung Russlands in dieser Frage lag. Die russische Regierung lehnte eine Erweiterung grundsätzlich ab, da sie vor allem eine drohende Isolation Russlands befürchtete.[8]

[1] The International Institute for Strategic Studies; The Military Balance 2014: The Annual Assessment of Global Military Capabilities and Defence Economics, London 2014. [2] Ebd.; [3] Ebd. (BIP = Bruttoinlandsprodukt); [4] Lothar Schröter, Die NATO im Kalten Krieg 1949 – 1975, Bd I, Berlin 2009, S. 187. [5] Matthias Dembinski, Schaffen internationale Organisationen Frieden? NATO, EU und der griechisch-türkische Konflikt <http://www.hsfk.de/downloads/report0306.pdf> (Stand: 6.3.2014). [6] Lothar Schröter, Die NATO im Kalten Krieg 1949 – 1975, Bd I, Berlin 2009, S. 272 f. [7] Benjamin Teutmeyer, Deutschland und die neue NATO: eine politikwissenschaftliche Analyse und Bewertung der deutschen NATO-Politik seit 1990, Hamburg 2012, S. 266. [8] Ulf Terlinden, Zur Erweiterung der NATO und ihr Verhältnis zu Rußland <http://www.bits.de/public/pdf/rr99-3.pdf> (Stand: 3.3.2014). [9] Austritt aus der militärischen Struktur der NATO am 1.7.1966, Wiederaufnahme am 18.3.2009. [10] Ohne Übersee-Departments, 632 934 mit Übersee-Departments. [11] Austritt aus der militärischen Struktur der NATO am 14.8.1974, Wiederaufnahme am 20.10.1980. [12] NATO-Gründerstaaten.

Chronologie des ISAF-Einsatzes in Afghanistan – Teil 1

Datum	Ereignis
2001	
11.9.	Terroranschläge der Al-Qaida auf das World-Trade-Center in New York und das Pentagon in Washington.
12.9.	Zusicherung der uneingeschränkten Solidarität gegenüber dem amerikanischen Präsidenten George W. Bush durch den deutschen Bundeskanzler Gerhard Schröder.
20.9.	In seiner Rede an die Nation fordert US-Präsident Bush die Auslieferung aller in Afghanistan untergetauchten Al-Qaida-Führer an die USA und die sofortige Schließung aller dortigen Ausbildungslager für Terroristen.
4.10.	Ausrufung des Bündnisfalls nach Artikel 5 des Nordatlantikvertrages durch die NATO: »The Parties agree that an armed attack against one or more of them in Europe or North America shall be considered an attack against them all and consequently they agree that, if such an armed attack occurs, each of them, in exercise of the right of individual or collective self-defence recognised by Article 51 of the Charter of the United Nations, will assist the Party or Parties so attacked by taking forthwith, individually and in concert with the other Parties, such action as it deems necessary, including the use of armed force, to restore and maintain the security of the North Atlantic area.« (The North Atlantic Treaty, Art.5)[1]
7.10.	Beginn der US-geführten Operation »Enduring Freedom« (OEF) mit dem Ziel, den Terrorismus zu bekämpfen und Führungs- und Ausbildungseinrichtungen in Afghanistan zu zerstören. Im Operationsverlauf kommen Marschflugkörper und lasergelenkte Bomben gegen Radarstellungen, Militärbasen, militärische und politische Kommandozentralen der Taliban-Führer etc. zum Einsatz. Die Operation beruht auf dem Artikel 51 der UN-Charta, der das Recht zur individuellen und kollektiven Selbstverteidigung garantiert.
16.11.	Beschluss des Deutschen Bundestags zur deutschen Beteiligung an der OEF.
27.11.–5.12.	Verabschiedung des »Petersberger Übereinkommens« auf der Afghanistan-Konferenz auf dem Petersberg bei Bonn. Es beinhaltet den Beschluss, bis zum 22.12.2001 eine Interimsverwaltung für die Dauer von sechs Monaten einzusetzen. Den Vorsitz übernimmt Hamid Karsai.
7.12.	Die Taliban verlieren mit Kandahar ihre letzte Hochburg.
20.12.	Der Sicherheitsrat der Vereinten Nationen verabschiedet mit der Resolution 1386 die Einrichtung der International Security Assistance Force (ISAF), die sich zunächst auf eine Dauer von sechs Monaten und die Hauptstadt Kabul beschränkt. Vorrangig soll sie die afghanische Interimsregierung bei der Aufrechterhaltung der Sicherheit unterstützen.
22.12.	Die Taliban-Herrschaft wird für beendet erklärt und die Interimsregierung unter Hamid Karsai installiert. Der britische General John McColl übernimmt als erster das Amt des Kommandeurs der ISAF (COMISAF, Commander of International Security Assistance Force).
2002	
2.1.	Eintreffen des Vorauskommandos der ISAF in Kabul. Die Gesamtoperation steht unter britischer Führung (Lead Nation).
21./22.1.	Die erste Geberkonferenz in Tokio beschließt Wiederaufbauhilfen in Höhe von 4,5 Mrd. US-Dollar. Zudem erklären sich fünf Staaten dazu bereit, in einzelnen Sicherheitsbereichen die Verantwortung und nötige Koordinationen zu übernehmen: Die USA für die Armee, Deutschland für die Polizei, Italien für die Justiz, Großbritannien für die Bekämpfung der Rauschgiftkriminalität und Japan für die Demilitarisierung, Demobilisierung und Reintegration (DDR) von Milizen.

[1] NATO (Ed.), The North Atlantic Treaty (1949), <http://www.nato.int/nato_static/assets/pdf/stock_publications/20120822_nato_treaty_en_light_2009.pdf> (Stand: 24.3.2014).

Chronologie des ISAF-Einsatzes in Afghanistan – Teil 2

Datum	Ereignis
2002	
28.3.	Gründung der Unterstützungsmission der Vereinten Nationen UNAMA (United Nations Assistance Mission in Afghanistan, UN-Resolution 1401). Sie soll der Regierung beim Auf- und Ausbau rechtsstaatlicher Strukturen helfen.
3.4.	Arbeitsaufnahme des deutschen Polizeiprojektbüros (German Police Project Office, GPPO) mit Sitz in Kabul. Die Schwerpunkte liegen vor allem in der Ausbildung afghanischer Polizisten, der Beratung der afghanischen Sicherheitsbehörden und der Koordinierung der Internationalen Unterstützung für den Aufbau der afghanischen Polizei.
11.–19.6.	Die Außerordentliche Loya Dschirga (= Große Ratsversammlung, bestehend aus Stammesführern, religiösen Autoritäten und politischen Vertretern) wählt Hamid Karsai zum Präsidenten der neuen Übergangsregierung der Islamischen Republik Afghanistan.
20.6.	Die Türkei übernimmt die Führung des ISAF-Gesamteinsatzes mit Hilmi Akin Zorlu als COMISAF.
2.12.	Auf der zweiten Petersberger Afghanistan-Konferenz werden die Struktur und die Größe der zukünftigen afghanischen Armee festgelegt.
2003	
Januar	Die »Provincial Reconstruction Teams« (PRT) nehmen ihre Arbeit auf. Dabei handelt es sich um kleine Gruppen, die sich aus militärischem und zivilen Personal zusammensetzen und das Ziel verfolgen, sichere Rahmenbedingungen für Hilfsprogramme zu schaffen und den Wiederaufbau in Gebieten mit einem hohen Sicherheitsrisiko zu unterstützen (im Jahr 2010 existieren 27 PRTs, 2013 sind es noch vier).
10.2.	Das Deutsch-Niederländische Korps übernimmt unter dem deutschen Generalleutnant Norbert van Heyst als COMISAF die Führung des ISAF-Gesamteinsatzes.
7.6.	Bei einem Anschlag auf einen Bundeswehrbus in Kunduz werden vier Soldaten getötet und 30 zum Teil schwer verletzt.
11.8.	Der NATO wird die Führung des ISAF-Einsatzes übertragen.
13.10.	Verlängerung des ISAF-Mandats durch einen Beschluss des UN-Sicherheitsrates um zwölf Monate und Einsatzerweiterung auf Gebiete außerhalb Kabuls.
2004	
4.1.	Verabschiedung der neuen Verfassung Afghanistans durch die Loya Dschirga. Die Islamische Republik Afghanistan versteht sich seitdem als ein demokratischer Staat mit einem Präsidialsystem. Die Gewaltenteilung ist in der Exekutive, Legislative und Judikative festgeschrieben. Die reguläre Amtsdauer des Präsidenten beträgt fünf Jahre, er darf nur einmal wiedergewählt werden.
1.4.	Auf der Berliner Afghanistan-Konferenz werden dem Land finanzielle Mittel in Höhe von 7,4 Mrd. Euro zugesagt.
18./19.5.	In Doha, Katar, findet die Regionale Afghanistan-Konferenz für Sicherheit und Polizeizusammenarbeit statt. Thematischer Schwerpunkt ist die Verbesserung der grenzüberschreitenden polizeilichen Zusammenarbeit.
26.6.	Erhöhung der ISAF-Truppenstärke von 6500 auf 10 000 Soldaten (2013: 87 207 Soldaten)
29.6.	Auf dem NATO-Gipfel in Istanbul wird die stufenweise Ausdehnung des ISAF-Einsatzes auf weitere Teile im Norden und Westen Afghanistans beschlossen.
9.10.–3.11.	Bei der ersten Präsidentschaftswahl wird Hamid Karsai im ersten Wahlgang mit 55,4 % der Stimmen zum Präsidenten Afghanistan gewählt.

Chronologie zum ISAF-Einsatz in Afghanistan – Teil 3

Datum	Ereignis
2005	
23.5.	Unterzeichnung der »Joint Declaration of the United States-Afghanistan Strategic Partnership«, durch den amerikanischen Präsidenten George W. Bush und den afghanischen Präsidenten Hamid Karsai. Sie sichert Afghanistan ein dauerhaftes Engagement der USA zu.
30.7.	Brigadegeneral Bernd Kiesheyer wird erster Regional Area Coordinator (RAC) für das nördliche Gebiet. Seine Hauptaufgabe liegt in der Koordination der zivil-militärischen Aktivitäten der zugeordneten Regionalen Wiederaufbauteams.
18.9.	Erste Parlaments- und Provinzrätewahlen in Afghanistan nach mehr als 30 Jahren.
8.12.	Auf dem Treffen der NATO-Außenminister in Brüssel beschließen die Delegierten die schrittweise Ausdehnung des ISAF-Einsatzgebietes in den Süden (ab Juli 2006) und den Osten (ab Herbst 2006).
19.12.	Erste Sitzung des neu gewählten afghanischen Parlaments.
2006	
31.1/1.2.	Verabschiedung des »Afghanistan Compact« auf der Londoner Afghanistan-Konferenz. Es bildet die Grundlage für die Zusammenarbeit zwischen der afghanischen Regierung und der internationalen Gemeinschaft für die zweite Phase des Wiederaufbaus. Zusätzlich sichern die Geberländer Afghanistan Wiederaufbauhilfen in Höhe von 10 Mrd. US-Dollar zu.
1.6.	Deutschland stellt mit dem Brigadegeneral Markus Kneip den ersten Regional Commander North der ISAF-Truppen. Damit übernimmt die Bundeswehr das Kommando über die ISAF-Kräfte in Nordafghanistan.
6.9.	NATO-Generalsekretär Jaap de Hoop Scheffer und der afghanische Präsident Hamid Karsai unterzeichnen ein Abkommen zur Verbesserung von Sicherheit und Entwicklung in Afghanistan (Declaration by the North Atlantic Treaty Organisation and the Islamic Republic of Afghanistan).
30.9.	Schwerer Anschlag vor dem Innenministerium in Kabul, bei dem zwölf Menschen getötet werden.
2007	
4.1.	Während der pakistanisch-afghanischen Gespräche in Kabul kündigt Pakistan die Errichtung eines Grenzzaunes an, um die Bewegungsfreiheit der Terroristen einzuschränken.
15.2.	US-Präsident George W. Bush fordert ein größeres Engagement von den NATO-Partnern.
März	Das afghanische Parlament bestätigt ein Mediengesetz, demzufolge die Regierung die Kontrolle über die Medien ausüben wird. Das Prinzip der Pressefreiheit wird islamischen Prinzipien untergeordnet.
7.3.	Beginn der NATO-Operation »Achilles« in der Provinz Helmand. Das Konzept sieht die Zerstörung der Talibanstellungen und eine anschließende militärische Sicherung des Gebietes vor. Während der Auseinandersetzungen wird Mullah Dadullah, ein wichtiger militärischer Anführer, getötet.
15.6.	Etablierung der europäischen Polizeimission, die »European Union Police Mission in Afghanistan« (EUPOL Afghanistan). Ziel soll unter anderem der Aufbau der Justiz, die Ausbildung von Richtern und Strafverteidigern sowie eine verbesserte Zusammenarbeit von Polizei und Staatsanwaltschaft sein.
6.11.	Bei einem Selbstmordanschlag auf eine afghanische Delegation von Parlamentariern im nördlichen Baghlan sterben dutzende Menschen. Unter ihnen sind auch der führende Oppositionspolitiker Sajjed Mustafa Kasemi und viele Kinder.

Chronologie zum ISAF-Einsatz in Afghanistan – Teil 4

Datum	Ereignis
2008	
2.–4.4.	Auf dem NATO-Gipfel in Bukarest kündigen die Staats-und Regierungschefs den politisch-militärischen Strategieplan (»ISAF's Strategic Vision«) für Afghanistan an. Dabei wird die Notwendigkeit einer Verbindung zwischen zivilen und militärischen Einsätzen und einer verstärkten Zusammenarbeit mit den Nachbarstaaten betont. Zudem müsse Afghanistan in Zukunft mehr Führung und Verantwortung übernehmen.
12.6.	Auf der Pariser Afghanistan-Konferenz bieten Regierungsvertreter Wiederaufbauhilfen in Höhe von 20 Mrd. US-Dollar an.
13.6.	Bei einem Angriff auf das Zentralgefängnis in Kandahar durch die Taliban werden rund 1200 Personen befreit. Unter diesen sind auch 350 Mitglieder der Taliban, einschließlich Kommandeure und Attentäter.
1.7.	Die Bundeswehr übernimmt die Verantwortung für die Quick Reaction Force (QRF), einer schnellen Eingreiftruppe des RC North.
26.8.	Die UN bestätigen den Tod von 90 Zivilisten bei einem US-Luftangriff in der Provinz Herat.
2009	
17.1.	Selbstmordanschlag vor der Deutschen Botschaft in Kabul mit fünf getöteten und 28 teilweise schwerverletzten Zivilisten.
10.2.	Die Taliban verüben schwere Anschläge auf zivile Ziele und Regierungsgebäude in Kabul. Es sterben mindestens 27 Menschen, darunter auch die acht Attentäter.
27.3.	In seiner Rede zur neuen Afghanistan-Pakistan-Strategie kündigt US-Präsident Barack Obama eine umfangreiche Aufstockung der Truppen und die Ausweitung der Kampfzone nach Pakistan an.
3./4.4.	Auf dem NATO-Gipfel in Strasbourg/Kehl wird der Aufbau einer unter NATO-Kommando stehenden Ausbildungsmission für die afghanische Armee und Polizei (NATO Training Mission Afghanistan) beschlossen.
7.5.	Das Bundesministerium der Verteidigung gibt die Festnahme von Abd al-Racik, einem hochrangigen Taliban-Kommandeur, bekannt. Er wird verdächtigt, an Anschlägen gegen ISAF-Truppen und afghanische Sicherheitskräfte beteiligt gewesen zu sein.
12.6.	Der Nordatlantikrat beschließt den Einsatz von NATO-AWACS. Dabei handelt es sich um Radarflugzeuge, die der luftgestützten Luftraumaufklärung und Überwachung dienen.
4.9.	Bei einem vom Oberst Georg Klein befohlenen US-Luftangriff auf zwei Tanklaster, die in der nordafghanischen Provinz Kunduz von Aufständischen entführt wurden, werden bis zu 142 Afghanen getötet.
2.11.	Bei den im August begonnenen Präsidentschafts- und Provinzwahlen gelingt Präsident Hamid Karsai ein umstrittener Wahlsieg. Nachdem die Wahlbeschwerdekommission starke Unregelmäßigkeiten aufgedeckt und rund ein Drittel der Stimmen für ungültig erklärt hat, wird eine Stichwahl notwendig. Der Gegenkandidat Abdullah Abdullah verzichtet jedoch darauf, da er eine erneute Wahlfälschung befürchtet.
19.11.	Hamid Karsai wird als Präsident offiziell vereidigt und tritt seine zweite Amtszeit an.
1.12.	In seiner zweiten Rede zu einer neuen Afghanistan-Pakistan-Strategie kündigt US-Präsident Obama die Aufstockung der US-Truppen um 30 000 Soldaten und einen verstärkten Einsatz von Spezialeinheiten und Drohnen an.
2010	
2.1.	Ablehnung von 17 der 24 von Präsident Karsai vorgeschlagenen Kabinettsmitglieder durch das afghanische Parlament. Man wirft ihnen ethnische Favorisierung, Korruption und Bestechung vor. Zehn der insgesamt 24 Kabinettsposten bleiben unbesetzt.

Chronologie zum ISAF-Einsatz in Afghanistan – Teil 5

Datum	Ereignis
28.1.	Festsetzung eines neuen Strategiekonzeptes für das internationale Engagement in Afghanistan auf der Londoner Afghanistan-Konferenz. Es sollen die finanziellen Mittel und die Anzahl ausländischer Truppen aufgestockt sowie die afghanische Regierung dazu befähigt werden, schrittweise die Sicherheitsverantwortung für einzelne Provinzen bzw. Regionen zu übernehmen.
13.2.	Beginn der Operation »Muschtarak« mit 12 500 ISAF-Soldaten und 2500 afghanischen Sicherheitskräften. Dabei soll die Taliban-Hochburg Mardscha (eines der größten Anbaugebiete für Schlafmohn) in der Provinz Helmand umstellt und angegriffen werden. Erst am 7.12. erklärt man die Operation für erfolgreich beendet.
22.2.	Präsident Karsai erlässt ein Wahlgesetz, das ihn im Notfall zu Veränderungen im Wahlrecht ermächtigt. Das Gesetz sichert ihm die Kontrolle über die Wahlkommission und die Wahlbeschwerdekommission.
22./23.4.	Bei einem NATO-Außenministertreffen in Tallinn (Estland) wird der Beschluss über die Errichtung der »NATO Afghan First Policy« gefasst. Ziel soll die Unterstützung der lokalen Wirtschaft und des lokalen Beschaffungswesens in Afghanistan sein.
18.5.	Verlängerung der EUPOL-Mission bis zum 31.3.2013 durch den Rat der Europäischen Union.
6.6.	Um mit den Taliban Verhandlungen aufnehmen zu können, stimmen 16 000 Delegierte einem Friedens- und Versöhnungsplan zu. Trotz verstärkter Sicherheitsmaßnahmen greifen Taliban-Kämpfer mit Raketen die Friedenskonferenz an.
23.6.	Entlassung des Oberbefehlshabers der NATO-Truppen in Afghanistan, General Stanley McChrystal, nachdem er abschätzige Bemerkungen über die amerikanische Afghanistan-Politik gemacht hat. Seine Position übernimmt General David H. Petraeus (offizieller Amtsantritt ist der 4.7.2010).
20.7.	Festsetzung des Zeitplans für die schrittweise Truppenreduzierung und die Übergabe der alleinigen Verantwortung an die afghanischen Sicherheitskräfte auf Ende 2014 im Abschluss-Kommuniqué der Afghanistan-Konferenz in Kabul.
10.8.	Der jüngste UNAMA-Bericht (United Nations Assistance Mission in Afghanistan) spricht von einer starken Zunahme ziviler Todesopfer in der ersten Jahreshälfte um rund 31 Prozent. Hauptsächlich verantwortlich seien die Taliban und Al-Qaida.
16.8.	Präsident Karsai erlässt ein Dekret über die Auflösung ausländischer privater Sicherheitsdienste. Betroffen sind bis zu 40 000 Mitarbeiter, die unter anderem beim US-Verteidigungsministerium, bei der UNO und ausländischen Botschaften unter Vertrag stehen. Ihnen wird vorgeworfen, sich nicht in die afghanische Sicherheitsstruktur zu integrieren und nationale Gesetze zu missachten.
4.9.	Beschluss zur Einrichtung eines »Hohen Rates für Frieden« durch Präsident Karsai. Dieser soll die Gespräche mit den Taliban und den innerafghanischen Aussöhnungsprozess vorantreiben.
18.9.	Es finden die zweiten Parlamentswahlen in einer prekären Sicherheitslage statt. Im Vorfeld gab es massive Bedrohungen von Wählern und Wahlhelfern durch die Taliban, sodass etliche Wahllokale geschlossen bleiben mussten.
21.9.	Bei einem Einsatz von Spezialkräften der Task Force 47 und afghanischen Sicherheitskräften können ISAF-Soldaten den hochrangigen Taliban-Führer Maulawi Roschan festnehmen.
28.9.	Ernennung von 68 Mitgliedern des »Hohen Rates für Frieden«. Zu ihnen gehören u.a. zwei frühere afghanische Präsidenten, regionale Stammesführer und Angehörige des Ende 2001 gestürzten Taliban-Regimes. Die Taliban machen den Abzug aller ISAF-Soldaten zur Bedingung für die Verhandlungsaufnahme.
8.10.	Bei einem Anschlag der Taliban auf eine Moschee in der nordafghanischen Provinzstadt Talokan sterben 15 Menschen, unter ihnen der Gouverneur von Kunduz, Mohammed Omar.

Chronologie zum ISAF-Einsatz in Afghanistan – Teil 6

Datum	Ereignis
10.10.	Der ehemalige afghanische Präsident Burhānuddin Rabbāni wird zum Vorsitzenden des »Hohen Rates für Frieden« gewählt.
19./20.11.	Unterzeichnung einer Vereinbarung zur schrittweisen Übergabe der Sicherheitsverantwortung an die Afghanen bis Ende 2014 durch den NATO-Generalsekretär Anders Fogh Rasmussen und Präsident Karsai auf dem NATO-Gipfel in Lissabon.
2011	
15.1.	Beginn des Einsatzes von NATO-AWACS-Aufklärungsflügen zur Unterstützung der ISAF.
18.2.	Eine afghanische Sicherheitskraft verübt auf Bundeswehrsoldaten im Operation Post North in der Provinz Baghlan einen Terroranschlag. Drei deutsche Soldaten werden getötet, sechs werden verwundet.
21.2.	Bei einem Selbstmordanschlag auf ein Regierungsgebäude in der Provinz Kunduz sterben 31 Zivilisten, mindestens 40 weitere werden verletzt. Der Anschlag galt dem Gouverneur des Distrikts, Mohmmad Ayub Haqyar.
9.3.	In ihrem jüngsten Report teilt die UNAMA mit, dass das Jahr 2010 mit 2777 Opfern das tödlichste für afghanische Zivilisten seit Beginn des ISAF-Einsatzes gewesen sei.
21.3.	Präsident Karsai kündigt an, dass im Juli 2011 afghanische Sicherheitskräfte die Sicherheit in sieben Regionen übernehmen sollen.
22.3.	Bekanntgabe des Beginns der ersten Tranche des Transitionsprozesses und Einleitung des Übergabeprozesses an die afghanischen Sicherheitskräfte.
25.3.	Der Bundestag billigt den Einsatz von NATO-AWACS- Aufklärungsflügen in Afghanistan. Es sollen bis zu 300 Bundeswehrsoldaten für den AWACS-Einsatz bereitgestellt werden. Das Mandat ist bis zum 31.1.2012 befristet.
4.4.	Nachdem ein amerikanischer Prediger einen Koran verbrannt hat, stürmen Demonstranten die Vertretung der Vereinten Nationen in Masar-i Sharif und töten zwölf Menschen.
25.4.	Durch einen Fluchttunnel gelingt es mehr als 400 Häftlingen aus dem Gefängnis in Kandahar zu fliehen. Die ISAF zeigt sich zu einer Beteiligung an der Suche der geflohenen Häftlinge bereit.
1.5.	US-Präsident Obama verkündet die Tötung von Al-Qaida-Führer Osama bin Laden. Dieser sei von einer Spezialeinheit der US Navy, den »Navy SEALs« in der pakistanischen Stadt Abbottabad getötet worden.
5.5.	Proteste tausender Menschen gegen die Versöhnungsgespräche zwischen der afghanischen Regierung und den Taliban in Kabul.
18.5.	Bei gewaltsamen Protesten werden mindestens zwölf Menschen getötet. Die Demonstranten greifen das Bundeswehr-Feldlager in Talokan mit Handgranaten an, nachdem amerikanische Truppen in der Nacht zuvor gegen Aufständische vorgegangen sind und dabei Zivilisten getötet haben sollen.
17.6.	Der UN-Sicherheitsrat wird die Taliban und Al-Qaida zukünftig auf zwei separaten Terrorlisten führen, um folgende Friedensverhandlungen positiv beeinflussen zu können.
28.6.	Anschlag der Taliban auf das Hotel »Intercontinental« in Kabul, bei dem elf Menschen getötet werden. Daraufhin liefern sich ISAF-Soldaten und afghanische Sicherheitskräfte ein stundenlanges Gefecht mit den Angreifern.
2.11.	Mit dem Istanbul-Prozess (auch Heart-of-Asia-Prozess) soll die Stabilität Afghanistans und seiner Nachbarstaaten gefördert werden. Es werden regionale Kooperationen auf politischer (Ministertreffen) sowie operativer Ebene (Vertrauensbildende Maßnahmen in den Bereichen Katastrophenschutz, Terrorismus- und Drogenbekämpfung, Handelsmöglichkeiten etc.) vertieft.
5.12.	Auf der Afghanistan-Konferenz in Bonn bekräftigen die Teilnehmer das weiterführende Engagement der internationalen Gemeinschaft auch nach der Beendigung des ISAF-Einsatzes im Jahr 2014. Ziele, die die afghanische Regierung zusammen mit der internationalen Gemeinschaft zukünftig erreichen will, sind u.a. eine gute Regierungsführung, die Wahrung der Menschenrechte und Grundfreiheiten, die Bekämpfung von Terrorismus und Drogenhandel sowie die Förderung des Friedensprozesses.

Chronologie zum ISAF-Einsatz in Afghanistan – Teil 7

Datum	Ereignis
2012	
3.1.	Die Taliban erklären erstmals öffentlich ihre Bereitschaft zu Verhandlungen.
11.3.	Ein US-Soldat erschießt in einem afghanischen Dorf wahllos 16 Menschen, unter ihnen auch Kinder.
15.3.	Aussetzung von Sondierungsgesprächen mit den USA durch die Taliban.
16.5.	Bundeskanzlerin Angela Merkel und Präsident Hamid Karsai unterzeichnen ein bilaterales Abkommen zur Zusammenarbeit zwischen Deutschland und Afghanistan.
21.5.	Verabschiedung der »Chicago Summit Declaration on Afghanistan«, in der erneut das Bestehenbleiben der partnerschaftlichen Beziehungen nach Beendigung des ISAF-Einsatzes zwischen Afghanistan und der NATO versichert wird.
8.7.	Auf der Internationalen Afghanistan-Konferenz von Tokio wird eine Vereinbarung gegenseitiger Rechenschaftspflichten getroffen. Auf diesem Wege sind die Reformschritte der afghanischen Regierung anhand festgelegter Kriterien überprüfbar. Sie ist Voraussetzung für weitere finanzielle Unterstützungsleistungen während des Jahrzehnts der Transformation (2015–2024).
19.10.	Festnahme des meistgesuchten Talibanführers Nordafghanistans, Mullah Abdul Rahman. Er steht im Verdacht, Angriffe auf afghanische und internationale Soldaten in der Provinz Kunduz organisiert und befehligt zu haben.
25.10.	Der geistlich-ideologische Führer der Taliban-Bewegung, Mullah Omar, spricht sich für eine Fortsetzung des bewaffneten Kampfes bei gleichzeitigen Verhandlungen mit dem Westen aus.
20.11.	Frankreich beendet offiziell seinen ISAF-Einsatz in Afghanistan.
2013	
18.6.	Mit der Bekanntgabe der fünften Tranche des Transitionsprozesses ist der Übergabeprozess in allen Distrikten eingeleitet worden. Damit übernehmen die afghanischen Sicherheitskräfte die Führung aller Sicherheitsoperationen im Land. Die ISAF agiert fortan in einer Unterstützerrolle.
19.6.	Die afghanische Regierung setzt die Verhandlungen mit den USA über ein Sicherheitsabkommen aus. Grund dafür ist vor allem die Ankündigung der USA, mit den Taliban Verhandlungsgespräche aufnehmen zu wollen.
6.10.	Übergabe der deutschen Einsatzliegenschaft Kunduz an die afghanischen Sicherheitskräfte.
11./12.10.	In den seit mehr als einem Jahr andauernden Verhandlungen über ein bilaterales Sicherheitsabkommen erzielen die USA und Afghanistan eine Teileinigung. Nach dem offiziellen Einsatzende 2014 werden bis zu 10 000 US-Soldaten im Land bleiben. Keine Einigung gibt es in der Frage der Immunität von US-Soldaten in Afghanistan.
21.11.	Der US-amerikanische Außenminister John Kerry einigt sich mit Präsident Karsai auf ein Sicherheitsabkommen. Dabei können sich die USA mit ihrer Forderung nach rechtlicher Immunität für US-Soldaten vor örtlichen Strafverfolgungen durchsetzen. Das Dokument wird jedoch in der Folgezeit von Karsai nicht unterzeichnet.
29.12.	Laut einem Dossier des US-Gemeindienstes muss befürchtet werden, dass die in den letzten Jahren erreichte Stabilisierung des Landes nur von kurzer Dauer sein wird. Nach dem Abzug der NATO-Truppen sei eine erneute Machtübernahme durch die Taliban wahrscheinlich.
2014	
2.2.	Offizieller Wahlkampfbeginn für die Wahl eines neuen Präsidenten. Insgesamt werden elf Personen als Kandidaten durch die afghanische Wahlkommission zugelassen.
20.2.	Der Deutsche Bundestag beschließt auf Antrag der Bundesregierung die Verlängerung des ISAF-Mandats bis zum 31.12.2014. Mit dem Jahr 2014 soll auch die gesamte Mission enden. Ab 2015 soll die Mission »Resolute Support« folgen.

Chronologie zum ISAF-Einsatz in Afghanistan – Teil 8

Datum	Ereignis
12.3.	Beendigung des ISAF-Einsatzes der kanadischen Truppen.
20.4.	Am Ostersonntag verlassen die letzten deutschen Soldaten den südlichsten und letzten Außenposten im Norden Agfhanistans. Sie übergeben den afghanischen Sicherheitskräften die volle Verantwortung über den Außenposten Khilagay.
30.6.	Der operative Einsatz des Kampfhubschraubers Tiger endet.
1.8.	Der Einsatz des Transporthubschraubers NH90 ist beendet. Die Rettungsflüge im Norden Afghanistans werden jetzt von der dänischen Luftwaffe und den CH-53 bestritten. RC (Regional Command) North wird zu TAAC (Train Advise Assist Command) North. Dies ist ein notwendiger Teil der Veränderung beim Übergang vom ISAF-Einsatz zur Mission »Resolute Support«. Das »Train Advise Assist Command« übernimmt damit die Aufgaben des ehemaligen RL North, ist aber auf den neuen Auftrag, die Ausbildung, Beratung und Unterstützung der afghanischen Sicherheitskräfte, ausgerichtet.
30.9.	Präsident Aschraf Ghani unterzeichnet das Sicherheitsabkommen mit den USA und der NATO und ebnet somit den Weg für die ISAF Folgemission »Resolute Support« ab 2015.
31.12.	Die ISAF-Mission endet nach 13 Jahren.

Bundesminister für/der Verteidigung der Bundesrepublik Deutschland ab 1955

Reihenfolge	Name	Lebenszeit	Amtszeit	Amt
1	Theodor Blank	1905–1972	1955–1956	Bundesminister für Verteidigung
2	Franz Josef Strauß	1915–1988	1956–1962	Bundesminister für Verteidigung
3	Kai-Uwe von Hassel	1913–1997	1962–1966	Bundesminister der Verteidigung
4	Gerhard Schröder	1910–1989	1966–1969	Bundesminister der Verteidigung
5	Helmut Schmidt	1918	1969–1972	Bundesminister der Verteidigung
6	Georg Leber	1920–2012	1972–1978	Bundesminister der Verteidigung
7	Hans Apel	1932–2011	1978–1982	Bundesminister der Verteidigung
8	Manfred Wörner	1934–1994	1982–1988	Bundesminister der Verteidigung
9	Rupert Scholz	1937	1988–1989	Bundesminister der Verteidigung
10	Gerhard Stoltenberg	1928–2001	1989–1992	Bundesminister der Verteidigung
11	Volker Rühe	1942	1992–1998	Bundesminister der Verteidigung
12	Rudolf Scharping	1947	1998–2002	Bundesminister der Verteidigung
13	Peter Struck	1943–2012	2002–2005	Bundesminister der Verteidigung
14	Franz Josef Jung	1949	2005–2009	Bundesminister der Verteidigung
15	Karl-Theodor zu Guttenberg	1971	2009–2011	Bundesminister der Verteidigung
16	Thomas de Maizière	1954	2011–2013	Bundesminister der Verteidigung
17	Ursula von der Leyen	1958	seit 17.12.2013	Bundesministerin der Verteidigung

Generalinspekteure der Bundeswehr

Reihenfolge	Name	Dienstgrad	Lebenszeit	Amtszeit
1	Adolf Heusinger	General	1897–1982	1957–1961
2	Friedrich Foertsch	General	1900–1976	1961–1963
3	Heinz Trettner	General	1907–2006	1964–1966
4	Ulrich de Maizière	General	1912–2006	1966–1972
5	Armin Zimmermann	Admiral	1917–1976	1972–1976
6	Harald Wust	General	1921–2010	1976–1978
7	Jürgen Brandt	General	1922–2003	1978–1983
8	Wolfgang Altenburg	General	1928	1983–1986
9	Dieter Wellershoff	Admiral	1933–2005	1986–1991
10	Klaus Naumann	General	1939	1991–1996
11	Hartmut Bagger	General	1938	1996–1999
12	Hans-Peter von Kirchbach	General	1941	1999–2000
13	Harald Kujat	General	1942	2000–2002
14	Wolfgang Schneiderhan	General	1946	2002–2009
15	Volker Wieker	General	1954	seit 21.1.2010

Inspekteure des Heeres

Reihenfolge	Name	Dienstgrad	Lebenszeit	Amtszeit
1	Hans Röttiger	Generalleutnant	1896–1960	1956–1960
2	Alfred Zerbel	Generalleutnant	1904–1987	1960–1964
3	Ulrich de Maizière	General	1912–2006	1964–1966
4	Josef Moll	Generalleutnant	1908–1989	1966–1968
5	Albert Schnez	Generalleutnant	1911–2007	1968–1971
6	Ernst Ferber	General	1914–1998	1971–1973
7	Horst Hildebrandt	Generalleutnant	1919–1989	1973–1979
8	Johannes Poeppel	Generalleutnant	1921–2007	1979–1981
9	Meinhard Glanz	Generalleutnant	1924–2005	1981–1984
10	Hans-Henning von Sandrart	General	1933–2013	1984–1987
11	Henning von Ondarza	General	1933	1987–1991
12	Jörg Schönbohm	Generalleutnant	1937	1991–1992
13	Helge Hansen	General	1946	1992–1994
14	Hartmut Bagger	General	1938	1994–1996
15	Helmut Willmann	Generalleutnant	1940	1996–2001
16	Gert Gudera	Generalleutnant	1943	2001–2004
17	Hans-Otto Budde	Generalleutnant	1948	2004–2010
18	Werner Freers	General	1954	2010–2012
19	Bruno Kasdorf	Generalleutnant	1952	2012–2015
20	Jörg Vollmer	Generalleutnant	1957	seit 16.7.2015

Inspekteure der Marine

Reihenfolge	Name	Dienstgrad	Lebenszeit	Amtszeit
1	Friedrich Ruge	Marineoffizier	1894–1985	1956–1961
2	Karl-Adolf Zenker	Marineoffizier	1907–1998	1961–1967
3	Gert Jeschonnek	Vizeadmiral	1912–1999	1967–1971
4	Heinz Kühnle	Vizeadmiral	1915–2001	1971–1975
5	Günter Luther	Marineoffizier	1922–1997	1975–1980
6	Ansgar Bethge	Vizeadmiral	1924–2008	1980–1985
7	Dieter Wellershoff	Admiral	1933–2005	1985–1986
8	Hans-Joachim Mann	Vizeadmiral	1935	1986–1991
9	Hein-Peter Weyher	Vizeadmiral	1935	1991–1995
10	Hans-Rudolf Boehmer	Vizeadmiral	1938	1995–1998
11	Hans Lüssow	Vizeadmiral	1942	1998–2003
12	Lutz Feldt	Vizeadmiral	1945	2003–2006
13	Wolfgang E. Nolting	Vizeadmiral	1948	2006–2010
14	Axel Schimpf	Vizeadmiral	1952	2010–2014
15	Andreas Krause	Vizeadmiral	1956	seit 28.10.2014

Inspekteure der Luftwaffe

Reihenfolge	Name	Dienstgrad	Lebenszeit	Amtszeit
1	Josef Kammhuber	General	1896–1986	1957–1962
2	Werner Panitzki	Generalleutnant	1911–2000	1962–1966
3	Johannes Steinhoff	General	1913–1994	1966–1970
4	Günther Rall	Generalleutnant	1918–2009	1971–1974
5	Gerhard Limberg	Generalleutnant	1920–2006	1974–1978
6	Friedrich Obleser	Generalleutnant	1923–2004	1978–1983
7	Eberhard Eimler	General	1930	1983–1987
8	Horst Jungkurth	Generalleutnant	1933	1987–1991
9	Jörg Kuebart	Generalleutnant	1934	1991–1994
10	Bernhard Mende	Generalleutnant	1937	1994–1997
11	Rolf H. Portz	Generalleutnant	1940	1997–2001
12	Gerhard W. Back	General	1944	2001–2004
13	Klaus-Peter Stieglitz	Generalleutnant	1947	2004–2009
14	Aarne Kreuzinger-Janik	Generalleutnant	1950	2009–2012
15	Karl Müllner	Generalleutnant	1956	seit 25.4.2012

Inspekteure des Sanitätsdienstes

Reihenfolge	Name	Dienstgrad	Lebenszeit	Amtszeit
1	Theodor Joedicke	Generalstabsarzt (Heer)	1899–1996	1957–1962
2	Wilhelm Albrecht	Generaloberstabsarzt (Heer)	1905–1993	1962–1967
3	Herbert Hockemeyer	Generaloberstabsarzt (Heer)	1909–1983	1967–1969
4	Eberhard Daerr	Generaloberstabsarzt (Heer)	1912–2005	1969–1972
5	Hans-Georg Stemann	Admiraloberstabsarzt (Marine)	1916–2011	1972–1976
6	Ernst Rebentisch	Generaloberstabsarzt (Heer)	1920–2013	1976–1980
7	Hubertus Grunhofer	Generaloberstabsarzt (Luftwaffe)	1922–2000	1980–1982
8	Hansjoachim Linde	Generaloberstabsarzt (Luftwaffe)	1926	1982–1986
9	Claus Voss	Generaloberstabsarzt (Heer)	1925	1986–1989
10	Gunter Desch	Generaloberstabsarzt (Heer)	1937	1989–1997
11	Karl Wilhelm Demmer	Generaloberstabsarzt (Heer)	1941	1997–2003
12	Karsten Ocker	Admiraloberstabsarzt (Marine)	1945	2003–2006
13	Kurt-Bernhard Nakath	Generaloberstabsarzt (Heer)	1949	2006–2011
14	Ingo Patschke	Generaloberstabsarzt (Heer)	1952	2011–2015
15	Michael Tempel	Generaloberstabsarzt (Heer)	1954	seit 14.7.2015

Literatur

Am Rande Europas? Der Balkan – Raum und Bevölkerung als Wirkungsfelder militärischer Gewalt. Im Auftrag des MGFA hrsg. von Bernhard Chiari und Gerhard P. Groß unter Mitarbeit von Magnus Pahl, München 2009 (= Beiträge zur Militärgeschichte, 68)

Anfänge westdeutscher Sicherheitspolitik 1945–1956, 4 Bde. Hrsg. vom MGFA, München, Wien 1982–1997

Armee im Einsatz. Grundlagen, Strategien und Ergebnisse einer Beteiligung der Bundeswehr. Hrsg. von Hans J. Gießmann und Armin Wagner, Baden-Baden 2009 (= Demokratie, Sicherheit, Frieden, 191)

Armee ohne Zukunft. Die NVA und die deutsche Einheit. Zeitzeugenberichte und Dokumente. Im Auftrag des MGFA hrsg. von Hans Ehlert unter Mitarb. von Hans-Joachim Beth, Berlin 2002 (= Militärgeschichte der DDR, 3)

Asymmetrische Konflikte und Terrorismusbekämpfung. Prototypen zukünftiger Kriege?. Hrsg. von Gerhard Kümmel und Sabine Collmer, Baden-Baden 2003

Auftrag Auslandseinsatz. Neueste Militärgeschichte an der Schnittstelle von Geschichtswissenschaft, Politik, Öffentlichkeit und Streitkräften. Im Auftrag des MGFA hrsg. von Bernhard Chiari, Freiburg i.Br., Berlin, Wien 2012 (= Neueste Militärgeschichte. Analysen und Studien, 1)

Bald, Detlef, Die Bundeswehr. Eine kritische Geschichte 1955–2005, München 2005

Bald, Detlef, Politik der Verantwortung. Das Beispiel Helmut Schmidt. Der Primat des Politischen über das Militärische 1965–1975, Berlin 2008

Bange, Oliver, Der KSZE-Prozess und die sicherheitspolitische Dynamik des Ost-West-Konflikts 1970–1990. In: Wege zur Wiedervereinigung, S. 87–104

Birtle, Andrew James, Rearming the Phoenix: U.S. Military Assistance to the Federal Republic of Germany, 1950–1960, New York, London 1991

Bredow, Wilfried von, Demokratie und Streitkräfte, Wiesbaden 2000

Bröckermann, Heiner, Landesverteidigung und Militarisierung. Militär- und Sicherheitspolitik der DDR in der Ära Honecker 1971–1989. Hrsg. vom MGFA, Berlin 2011 (= Militärgeschichte der DDR, 20)

Die Bundeswehr 1955 bis 2005. Rückblenden – Einsichten – Perspektiven. Im Auftrag des MGFA hrsg. von Frank Nägler, München 2007 (= Sicherheitspolitik und Streitkräfte der Bundesrepublik Deutschland, 7)

Conze, Eckart, Die Suche nach Sicherheit. Eine Geschichte der Bundesrepublik Deutschland von 1949 bis in die Gegenwart, München 2009

Dietz, Andreas, Das Primat der Politik in kaiserlicher Armee, Reichswehr, Wehrmacht und Bundeswehr. Rechtliche Sicherungen der Entscheidungsgewalt über Krieg und Frieden zwischen Politik und Militär, Tübingen 2011

Digutsch, Gunnar, Das Ende der Nationalen Volksarmee und der Aufbau der Bundeswehr in den neuen Ländern, Frankfurt a.M., Berlin, Bern 2004 (= Europäische Hochschulschriften: Reihe 31, Politikwissenschaft, 503)

Dörfler-Dierken, Angelika, Baudissins Konzeption Innere Führung und lutherische Ethik. In: Wolf Graf von Baudissin, S. 55–68

Echternkamp, Jörg, Soldaten im Nachkrieg. Historische Deutungskonflikte und westdeutsche Demokratisierung 1945–1955, München 2014 (= Beiträge zur Militärgeschichte, 76)

Ehlert, Hans, Die Armee, die nicht mehr gebraucht wurde. Die NVA im Vorfeld der deutschen Einheit. In: Militär, Staat und Gesellschaft in der DDR, S. 689–716

Ehlert, Hans, Von der »Wende« zur Einheit. Ein sicherheitspolitscher Rückblick auf das letzte Jahr der Nationalen Volksarmee. In: Armee ohne Zukunft, S. 1–73

Ehre und Pflichterfüllung als Codes militärischer Tugenden. Hrsg. von Ulrike Ludewig, Markus Pöhlmann und John Zimmermann, Paderborn 2014

Entangling Alliance. 60 Jahre NATO: Geschichte – Gegenwart – Zukunft. Hrsg. von Werner Kremp, Berthold Meyer und Wolfgang Tönnesmann, Trier 2010

Entschieden für Frieden. 50 Jahre Bundeswehr 1955 bis 2005. Im Auftrag des MGFA hrsg. von Klaus-Jürgen Bremm, Hans-Hubertus Mack und Martin Rink, Freiburg i.Br., Berlin 2005

Epkenhans, Michael, Das Ende der Geschichte? Der Wandel deutscher Politik und Gesellschaft im Hinblick auf die Anwendung militärischer Gewalt. In: Auftrag Auslandseinsatz, S. 55–62

From Venus to Mars? Provincial reconstruction teams and the European military experience in Afghanistan, 2001–2014. On behalf of Bundeswehr Centre of Military History and Social Sciences ed. by Bernhard Chiari in collaboration with Thijs Brocades Zaalberg, Nicola Labanca and Ben Schoenmaker, Freiburg i.Br. 2014 (= Neueste Militärgeschichte. Analysen und Studien, 3)

Gablik, Axel F., Strategische Planungen in der Bundesrepublik Deutschland 1955–1967. Politische Kontrolle oder militärische Notwendigkeit?, Baden-Baden 1996

Gerhard von Scharnhorst. Vom Wesen und Wirken der preußischen Heeresreform. Ein Tagungsband. Hrsg. von Eckardt Opitz, Bremen 1998 (= Schriftenreihe des Wissenschaftlichen Forums für Internationale Sicherheit, 12)

Gersdorff, Gero von, Die Gründung der Nordatlantischen Allianz, München 2009 (= Anfänge und Probleme des Nordatlantischen Bündnisses, 7)

Giersch, Carsten, Konfliktregulierung in Jugoslawien 1991–1995. Die Rolle von OSZE, EU, UNO und NATO, Baden-Baden 1998

Görtemaker, Manfred, Die Berliner Republik. Wiedervereinigung und Neuorientierung, Berlin 2009

Görtemaker, Manfred, Geschichte der Bundesrepublik Deutschland. Von der Gründung bis zur Gegenwart, Frankfurt a.M. 2004

Greiner, Christian, Klaus A. Maier und Heinz Rebhan, Die NATO als Militärallianz. Strategie, Organisation und nukleare Kontrolle im Bündnis 1949 bis 1959. Im Auftrag des MGFA hrsg. von Bruno Thoß, München 2003 (= Entstehung und Probleme des Atlantischen Bündnisses bis 1956, 4)

Groß, Gerhard P., Mythos und Wirklichkeit. Geschichte des operativen Denkens im deutschen Heer von Moltke d.Ä. bis Heusinger, Paderborn [u.a.] 2012 (= Zeitalter der Weltkriege, 9)

Grundkurs deutsche Militärgeshcichte, Bd 3: Diezeit nach1945. Armeen im Wandel. Im Auftrag des MGFA hrsg. von Karl-Volker Neubauer, Freiburg i.Br. 2003

Grundzüge der deutschen Militärgeschichte. Im Auftrag des MGFA hrsg. von Karl-Volker Neubauer, 2 Bde, Freiburg i.Br. 1993

Hacke, Christian, Die Außenpolitik der Bundesrepublik Deutschland: von Konrad Adenauer bis Gerhard Schröder, Berlin 2004

Haftendorn, Helga, Deutsche Außenpolitik zwischen Selbstbeschränkung und Selbstbehauptung. 1949–2000, Stuttgart 2001

Hammerich, Helmut R. [u.a.], Das Heer 1950 bis 1970. Konzeption, Organisation und Aufstellung, München 2006 Unter Mitarb. von Michael Poppe, München 2006 (= Sicherheitspolitik und Streitkräfte der Bundesrepublik Deutschland, 3)

Hammerich, Helmut R., Jeder für sich und Amerika gegen alle? Die Lastenteilung der NATO am Beispiel des Temporary Council Committee 1949 bis 1954, München 2003 (= Entstehung und Probleme des Atlantischen Bündnisses bis 1956, 5)

Hammerich, Helmut R., Kommiss kommt von Kompromiss. Das Heer der Bundeswehr zwischen Wehrmacht und U.S. Army (1950–1970). In: Das Heer 1950 bis 1970. Konzeption, Organisation, Aufstellung, S. 17–351

Hammerich, Helmut R., Die Operationsplanungen der NATO zur Verteidigung der Norddeutschen Tiefebene in den Achtziger Jahren. In: Wege zur Wiedervereinigung, S. 287–310

Hauser, Gunther, Die NATO – Transformation, Aufgaben, Ziele, Frankfurt a.M. 2008

Helsinki 1975 and the Transformation of Europe. Ed. by Oliver Bange and Gottfried Niedhart, Oxford, New York 2008

Heuser, Beatrice, NATO, Britain, France and the FRG. Nuclear Strategies and Forces for Europe, 1949–2000, Houndmills, Basingstoke, London 1997

Jäger, Wolfgang, Die Überwindung der Teilung: der innerdeutsche Prozeß der Vereinigung 1989/90. In Zusammenarbeit mit Michael Walter, Stuttgart 1998 (= Geschichte der deutschen Einheit, 3)

Jarausch, Konrad H., Die Umkehr. Deutsche Wandlungen 1945–1995, Stuttgart 2004

Jertz, Walter, Krieg der Worte – Macht der Bilder: Manipulation oder Wahrheit im Kosovo-Konflikt, Bonn 2001

Junk, Julian, and Christopher Daase, Germany. In: Strategic Cultures in Europe, S. 139–152

Kagan, Robert, Power and weakness. In: Policy Review, 113 (2002), S. 1–23

Kalckreuth, Jürg von, Zivile Verteidigung im Rahmen der Gesamtverteidigung. Aufgaben und Nachholbedarf der Bundesrepublik Deutschland, Baden-Baden 1985 (= Internationale Politik und Sicherheit, 18)

Kaldor, Mary, Neue und alte Kriege. Organisierte Gewalt im Zeitalter der Globalisierung, Frankfurt a.M. 2007

Keßelring, Agilolf, Die Organisation Gehlen und die Verteidigung Westdeutschlands. Alte Elitedivisionen und neue Militärstrukturen, 1949–1953, Marburg 2014 (= Unabhängige Historikerkommission zur Erforschung der Geschichte des Bundesnachrichtendienstes 1945–1968: Studien, 3)

Kirchbach, Hans Peter von, Manfred Meyers und Victor Vogt, Abenteuer Einheit. Zum Aufbau der Bundeswehr in den neuen Ländern, Frankfurt a.M. 1992

Kollmer, Dieter H., Rüstungsgüterbeschaffung in der Aufbauphase der Bundeswehr. Der Schützenpanzer HS 30 als Fallbeispiel (1953–1961), Stuttgart 2002 (= Beiträge zur Wirtschafts- und Sozialgeschichte, 93)

Koop, Volker, Abgewickelt? Auf den Spuren der Nationalen Volksarmee, Bonn 1995

Korte, Karl-Rudolf, Deutschlandpolitik in Helmut Kohls Kanzlerschaft. Regierungsstil und Entscheidungen 1982–1989, Stuttgart 1998 (= Geschichte der deutschen Einheit, 1)

Kotthoff, Marcel, Die Entwicklung der deutsch-französischen Sicherheitskooperation seit dem Ende des Ost-West-Konflikts, Wiesbaden 2011

Der Krieg des kleinen Mannes. Eine Militärgeschichte von unten. Hrsg. von Wolfram Wette, München, Zürich 1992

Der Krieg um das Kosovo. 1998/99. Hrsg. von Erich Reiter, Mainz 1999

Krüger, Dieter, Am Abgrund? Das Zeitalter der Bündnisse: Nordatlantische Allianz und Warschauer Pakt 1947 bis 1991, Fulda 2013 (= Schriftenreihe Point Alpha, 1)

Krüger, Dieter, Das Amt Blank. Die schwierige Gründung des Bundesministeriums für Verteidigung, Freiburg i.Br. 1993 (= Einzelschriften zur Militärgeschichte, 38)

Krüger, Dieter, Brennender Enzian. Die Operationsplanung der NATO für Österreich und Norditalien 1951 bis 1960, Freiburg i.Br. 2010 (= Einzelschriften zur Militärgeschichte, 46)

Krüger, Dieter, und Dorothe Ganser, Quellen zur Planung des Verteidigungsbeitrages der Bundesrepublik Deutschland in westdeutschen Archiven. In: Militärgeschichtliche Mitteilungen, 49 (1991), S. 121–146

Krüger, Dieter, Schlachtfeld Bundesrepublik? Europa, die deutsche Luftwaffe und der Strategiewechsel der NATO 1958 bis 1968. In: VfZG, 56 (2008), S. 171–225

Krüger, Dieter, Sicherheit durch Integration? Die wirtschaftliche und politische Zusammenarbeit Westeuropas 1947 bis 1957/58, München 2003 (= Entstehung und Probleme des Atlantischen Bündnisses bis 1956, 6)

Krüger, Dieter, und Kerstin Wiese, Zwischen Militärreform und Wahlpropaganda. Wolf Graf von Baudissin im Amt Blank. In: Wolf Graf von Baudissin 1907–1993, S. 99–110

Die KSZE im Ost-West-Konflikt. Internationale Politik und gesellschaftliche Transformation 1975–1990. Hrsg. von Matthias Peter und Hermann Wentker, München 2012 (= Schriftenreihe der Vierteljahreshefte für Zeitgeschichte; Sondernr.)

Kutz, Martin, Deutsche Soldaten. Eine Kultur- und Mentalitätsgeschichte, Darmstadt 2006

Large, David Clay, Die deutsch-amerikanische Verteidigungspartnerschaft und die Sicherheit Europas 1950–1968. In: Die USA und Deutschland im Zeitalter des Kalten Krieges, Bd 1, S. 325–336

Lemke, Bernd [u.a.], Die Luftwaffe 1950 bis 1970. Konzeption, Aufbau und Integration einer Teilstreitkraft der Bundeswehr, München 2006 (= Sicherheitspolitik und Streitkräfte der Bundesrepublik Deutschland, 2)

Lenz, Carl Otto, Notstandsverfassung des Grundgesetzes, Kommentar, Frankfurt a.M. 1971

Leonhard, Nina, Die Soldaten der NVA und die »Armee der Einheit«. In: Entschieden für Frieden, S. 457–470

Libero, Loretana de, Tod im Einsatz. Deutsche Soldaten in Afghanistan, Potsdam 2014

Loquai, Heinz, Der Kosovo-Konflikt – Wege in einen vermeidbaren Krieg: die Zeit von Ende November 1997 bis März 1999, Baden-Baden 2000

Die Luftwaffe zwischen Politik und Technik. Hrsg. von Eberhard Birk, Heiner Möllers und Wolfgang Schmidt, Berlin 2012 (= Schriften zur Geschichte der Deutschen Luftwaffe, 2)

Maier, Klaus A., Die politische Kontrolle über die amerikanischen Nuklearwaffen. Ein Bündnisproblem der NATO unter der Doktrin der Massiven Vergeltung. In: Greiner/Meier/Rebhan, Die NATO als Militärallianz, S. 251–420

Manig, Bert-Oliver, Die Politik der Ehre. Die Rehabilitierung der Berufssoldaten in der frühen Bundesrepublik, Göttingen 2004 (= Veröffentlichungen des Zeitgeschichtlichen Arbeitskreises Niedersachsen, 22)

Mann, Siegfried, Das Bundesministerium der Verteidigung, Bonn 1971 (= Ämter und Organisationen der Bundesrepublik Deutschland, 28)

Mastny, Vojtech, und Gustav Schmidt, Konfrontationsmuster des Kalten Krieges 1946 bis 1956. Im Auftrag des MGFA hrsg. von Norbert Wiggershaus und Dieter Krüger, München 2003 (= Entstehung und Probleme des Atlantischen Bündnisses bis 1956, 3)

Meier, Viktor, Wie Jugoslawien verspielt wurde, München 1999

Militär, Staat und Gesellschaft in der DDR. Forschungsfelder, Ergebnisse, Perspektiven. Im Auftrag des MGFA hrsg. von Hans Ehlert und Matthias Rogg, Berlin 2004 (= Militärgeschichte der DDR, 8)

Militär und Gesellschaft im 19. und 20. Jahrhundert. Hrsg. von Ute Frevert, Stuttgart 1997

Militärische Aufbaugenerationen der Bundeswehr. Ausgewählte Biografien. Im Auftrag des MGFA hrsg. von Helmut R. Hammerich und Rudolf J. Schlaffer, München 2011 (= Sicherheitspolitik und Streitkräfte der Bundesrepublik Deutschland, 10)

Mroß, Bernhard, Sie gingen als Freunde ... Der Abzug der Westgruppe der sowjetisch-russischen Truppen. 10. Jahrestag des Abzugs der sowjetisch-russischen Truppen aus Deutschland (1994–2004). Dolmetscheraufzeichnungen in Momentaufnahmen. Eine bisher unveröffentl. Dokumentation, Harrislee 2004

Münch, Philipp, Militärische Handlungslogik in internationalen Interventionen. Die Praxis der Bundeswehr in Afghanistan, Freiburg i.Br. 2015 (= Neueste Militärgeschichte. Analysen und Studien, 4)

Münkler, Herfried, Der Wandel des Krieges. Von der Symmetrie zur Asymmetrie, Weilerswist 2010

Nachkrieg in Deutschland. Hrsg. von Klaus Naumann, Hamburg 2001

Nägler, Frank, Der gewollte Soldat und sein Wandel. Personelle Rüstung und Innere Führung in den Aufbaujahren der Bundeswehr 1956 bis 1964/65, Oldenbourg 2010 (= Sicherheitspolitik und Streitkräfte der Bundesrepublik Deutschland, 9)

Nägler, Frank, »Innere Führung«. Vom Entstehungszusammenhang einer Führungsphilosophie für die Bundeswehr. In: Entschieden für Frieden, S. 321–339

Naumann, Klaus, Der Beginn einer wunderbaren Freundschaft: Beobachtungen aus der Frühzeit der deutsch-amerikanischen Militärbeziehungen. In: Westbindungen, S. 138–180

Naumann, Klaus, Der blinde Spiegel. Deutschland im afghanischen Transformationskrieg, Hamburg 2013

Naumann, Klaus, Einsatz ohne Ziel? Die Politikbedürftigkeit des Militärischen, Hamburg 2008

Naumann, Klaus, Generale in der Demokratie. Generationsgeschichtliche Studien zur Bundeswehrelite, Hamburg 2007

Naumann, Klaus, Nachkrieg als militärische Daseinsform. Kriegsprägungen in drei Offiziersgenerationen der Bundeswehr. In: Nachkrieg in Deutschland, S. 444–471

Naumann, Klaus, Der Wandel des Einsatzes von Katastrophenhilfe und NATO-Manövern zur Anwendung von Waffengewalt und Friedenserzwingung. In: Die Bundeswehr 1955 bis 2005, S. 474–494

Niedringhaus, Anja, At War. Ed. by Reto Francioni and Anne-Marie Beckmann, Ostfildern 2014

Noetzel, Timo, The German Politics of war. Kunduz and the war in Afghanistan. In: International Affairs, 87 (2011), 2, S. 397–417

Ooyen, Robert C. van, Die neue Welt des Krieges und das Recht. Out-of-area-Einsätze der Bundeswehr im verfassungsfreien Raum. In: Internationale Politik und Gesellschaft, 5 (2002), S. 90–110

Pauli, Frank, Wehrmachtsoffiziere in der Bundeswehr. Das kriegsgediente Offizierkorps der Bundeswehr und die Innere Führung 1955–1970, Paderborn [u.a.] 2010

Pedlow, Gregory, NATO Strategy Documents 1949–1969, o.O. 1997

Rautenberg, Hans-Jürgen, und Norbert Wiggershaus, Die »Himmeroder Denkschrift« vom Oktober 1950. Politische und militärische Überlegungen für einen Beitrag der Bundesrepublik Deutschland zur westeuropäischen Verteidigung, Karlsruhe 1985

Rautenberg, Hans-Jürgen, Streitkräfte und Spitzengliederung – zum Verhältnis von ziviler und bewaffneter Macht bis 1990. In: Entschieden für Frieden, S. 107–122

Rearden, Steven L., Das Dilemma der zweifachen Eindämmung: Deutschland als Sicherheitsproblem 1945–1950. In: Die USA und Deutschland im Zeitalter des Kalten Krieges, Bd 1, S. 317–324

Reform – Reorganisation – Transformation. Zum Wandel in deutschen Streitkräften von den preußischen Heeresreformen bis zur Transformation der Bundeswehr. Im Auftrag des MGFA hrsg. von Karl-Heinz Lutz, Martin Rink und Marcus von Salisch, München 2010

Reinfried, Hubert, und Nikolaus Steinebach, Die Bundeswehrverwaltung. Einführung in Struktur, Aufgaben und Organisation, Heidelberg, Hamburg 1983

Rink, Martin, »Strukturen brausen um die Wette«. Zur Organisation des deutschen Heeres. In: Hammerich [u.a.], Das Heer 1950 bis 1970, S. 353–483

Sander-Nagashima, Johannes Berthold, Die Bundesmarine 1950–1972. Konzeption und Aufbau, München 2006 (= Sicherheitspolitik und Streitkräfte der Bundesrepublik Deutschland, 4)

Sauder, Axel, Souveränität und Integration. Französische und deutsche Konzeptionen europäischer Sicherheit nach dem Ende des Kalten Krieges (1990–1993), Baden-Baden 1995

Scharping, Rudolf, Wir dürfen nicht wegsehen. Der Kosovo-Krieg und Europa, Berlin 1999

Schlaffer, Rudolf J., Anmerkungen zu 50 Jahren Bundeswehr: Soldat und Technik in der »totalen Verteidigung«. In: Militärgeschichtliche Zeitschrift, 64 (2005), 2, S. 487–502

Schlaffer, Rudolf J., Der Aufbau der Bundeswehr: Reform oder Reformierung?. In: Reform – Reorganisation – Transformation, S. 331–344

Schlaffer, Rudolf J., Die Bedeutung des Balkan als strategisch-operativer Raum für die Bundeswehr. In: Am Rande Europas?, S. 347–363

Schlaffer, Rudolf J., Die Bundeswehr auf dem Weg zur »Armee im Einsatz«. In: Wegweiser zur Geschichte: Auslandseinsätze der Bundeswehr, S. 246–257

Schlaffer, Rudolf J., Die Bundeswehr nach 1990: Armee der Einheit und im Auslandseinsatz. In: Militärgeschichte. Zeitschrift für Historische Bildung, 3 (2010), S. 16–21
Schlaffer, Rudolf J., De la Communauté européenne de défense (1952) au Conseil franco-allemand de défense et de sécurité (1998) en passant par le Traité de l'Elysée, Paris (im Druck)
Schlaffer, Rudolf J., Gerechte Sühne? Das Konzentrationslager Flossenbürg: Möglichkeiten und Grenzen der nationalen und internationalen Strafverfolgung von NS-Verbrechen, Hamburg 2001
Schlaffer, Rudolf J., Die Innere Führung. Wolf Graf von Baudissins Anspruch und die Wahrnehmung der Wirklichkeit. In: Wolf Graf von Baudissin 1907–1993, S. 139–149
Schlaffer, Rudolf J., Nach der Wehrmacht: Ritterlichkeit, Ehre und Pflicht – Tugenden für die Bundeswehr?. In: Ehre und Pflichterfüllung als Codes militärischer Tugenden, S. 95–107
Schlaffer, Rudolf J., Preußisch-deutsch geprägtes Personal für eine in die NATO integrierte Armee: Der personelle Aufbau der Bundeswehr. In: Entangling Alliance. 60 Jahre NATO, S. 111–126
Schlaffer, Rudolf J., »Schleifer« a.D.? Zur Menschenführung im Heer in der Aufbauphase. In: Hammerich [u.a.], Das Heer 1950 bis 1970, S. 615–698
Schlaffer, Rudolf J., Der Wehrbeauftragte 1951–1985. Aus Sorge um den Soldaten, München 2006 (= Sicherheitspolitik und Streitkräfte der Bundesrepublik Deutschland, 5)
Schlaffer, Rudolf J., und John Zimmermann, Wo bitte geht's zur Schlacht? Kurioses aus dem deutschen Militär, Berlin 2009
Schöllgen, Gregor, Die Außenpolitik der Bundesrepublik Deutschland. Von den Anfängen bis zur Gegenwart, München 1999
Schröder, Hans Joachim, »Man kam sich da vor wie ein Stück Dreck«. In: Der Krieg des kleinen Mannes, S. 183–198
Schustereit, Hartmut, Deutsche Militärverwaltung im Umbruch: von der Heeresverwaltung der Wehrmacht 1933–1945 über die Verwaltungsorganisation der EVG 1951–1954 zur Bundeswehrverwaltung 1955–1957, Berlin [u.a.] 2000
Schwab-Trapp, Michael, Kriegsdiskurse. Die politische Kultur des Krieges im Wandel 1991–1999, Opladen 2002
Schwarz, Hans-Peter, Helmut Kohl. Eine politische Biographie, München 2012
Seiffert, Anja, und Julius Heß, Afghanistanrückkehrer. Der Einsatz, die Liebe, der Dienst und die Familie. Ausgewählte Ergebnisse der sozialwissenschaftlichen Langzeitbegleitung des 22. Kontingents ISAF. Hrsg. vom ZMSBw, Potsdam 2014.
Sieg, Dirk, Armee der Einheit 1990–2000. Hrsg. vom BMVg, Bonn 2000
Sigloch, Daniel, Auslandseinsätze der deutschen Bundeswehr. Verfassungsrechtliche Möglichkeiten und Grenzen, Hamburg 2006 (= Verfassungsrecht in Forschung und Praxis, 30)
Simms, Brendan, From the Kohl to the Fischer Doctrine: Germany and the Wars of the Yugoslav Succession, 1991–1999. In: German History, 21 (2003), 3, S. 393–414
Soell, Hartmut, Helmut Schmidt, 2 Bde, München 2003–2008
Soldaten im Einsatz. Sozialwissenschaftliche und ethische Reflexionen. Hrsg. von Stefan Bayer und Matthias Gillner, Berlin 2011

Sonderfall Bundeswehr? Streitkräfte in nationalen Perspektiven und im internationalen Vergleich. Im Auftrag des ZMSBw hrsg. von Heiner Möllers und Rudolf J. Schlaffer, München 2013 (= Sicherheitspolitik und Streitkräfte der Bundesrepublik Deutschland, 12)

Sontag, Susan, Das Leiden anderer betrachten, New York 2003

Die Spiegel-Affäre: Ein Skandal und seine Folgen. Hrsg. von Martin Doerry und Hauke Janssen, München 2013

Ein Staat – eine Armee. Von der NVA zur Bundeswehr. Hrsg. von Dieter Farwick, Frankfurt a.M. [u.a.] 1992

Stöver, Bernd, Die Bundesrepublik Deutschland, Darmstadt 2002 (= Kontroversen um die Geschichte)

Strategic Cultures in Europe. Security and Defence Policies Across the Continent. Ed. by Heiko Biehl, Bastian Giegerich and Alexandra Jonas, Wiesbaden 2013 (= Schriftenreihe des ZMSBw, 13)

Sundhaussen, Holm, Geschichte Serbiens: 19.–21. Jahrhundert, Wien, Köln, Weimar 2007

Sundhaussen, Holm, Jugoslawien und seine Nachfolgestaaten 1943–2011. Eine ungewöhnliche Geschichte des Gewöhnlichen, Wien 2012

Survival, Vol. 5., Ed. by The Institute for Strategic Studies, Basingstoke 1963

Sweringen, Bryan T. van, Sicherheitsarchitektur im Wandel: Die amerikanischen Streitkräfte in Deutschland 1945–1969. In: Die USA und Deutschland im Zeitalter des Kalten Krieges, Bd 1, S. 336–349

Theiler, Olaf, Die NATO im Umbruch. Bündnisreform im Spannungsfeld konkurrierender Nationalinteressen, Baden-Baden 2003 (= Schriften der Akademie der Bundeswehr für Information und Kommunikation, 26)

Thiele, Jan, Auslandseinsätze der Bundeswehr zur Bekämpfung des internationalen Terrorismus. Völker- und verfassungsrechtliche Aspekte 2011 (= Studien zum Öffentlichen Recht, Völker- und Europarecht, 20)

Thoß, Bruno, Allgemeine Wehrpflicht und Staatsbürger in Uniform. Scharnhorst-Forschung und Scharnhorst-Rezeption in der Bundesrepublik und in der Bundeswehr. In: Gerhard von Scharnhorst, S. 147–162

Thoß, Bruno, »Bedingt abwehrbereit«. Auftrag und Rolle der Bundeswehr als NATO-Mitglied während der Kuba-Krise. In: Vor dem Abgrund, S. 65–84

Thoß, Bruno, NATO-Strategie und nationale Verteidigungsplanung. Planung und Aufbau der Bundeswehr unter den Bedingungen einer massiven atomaren Vergeltungsstrategie 1952 bis 1960, München 2006 (= Sicherheitspolitik und Streitkräfte der Bundesrepublik Deutschland, 1)

Die USA und Deutschland im Zeitalter des Kalten Krieges 1945–1990. Ein Handbuch, 2 Bde. Hrsg. von Detlef Junker in Verbindung mit Philipp Gassert, Wilfried Mausbach und David B. Morris, München, Stuttgart 2001

Varwick, Johannes, Die NATO. Vom Verteidigungsbündnis zur Weltpolizei?, München 2008

Verteidigung im Bündnis. Planung, Aufbau und Bewährung der Bundeswehr 1950–1972. Hrsg. vom MGFA, München 1975

Volmer, Ludger, Kriegsgeschrei und die Tücken der deutschen Außenpolitik, Wien, Berlin, München 2013

Vom Kalten Krieg zur deutschen Einheit. Analysen und Zeitzeugenberichte zur deutschen Militärgeschichte 1945 bis 1995. Hrsg. vom MGFA, München 1995

Von Truman bis Harmel. Die Bundesrepublik Deutschland im Spannungsfeld von NATO und europäischer Integration. Im Auftrag des MGFA hrsg. von Hans-Joachim Harder, München 2000 (= Militärgeschichte seit 1945, 11)

Vor dem Abgrund. Die Streitkräfte der USA und der UdSSR sowie ihrer deutschen Bündnispartner in der Kubakrise. Hrsg. von Dimitrij Filippovych und Matthias Uhl, München 2005

Wagner, Tobias M., Parlamentsvorbehalt und Parlamentsbeteiligungsgesetz: die Beteiligung des Bundestages bei Auslandseinsätzen der Bundeswehr, Berlin 2010 (= Beiträge zum Parlamentsrecht, 66)

Wandlungsprozesse in Westdeutschland. Belastung, Integration, Liberalisierung 1945–1980. Hrsg. von Ulrich Herbert, Göttingen 2003 (= Moderne Zeit, 1)

Wege zur Wiedervereinigung. Die beiden deutschen Staaten in ihren Bündnissen 1970 bis 1990. Im Auftrag des ZMSBw hrsg. von Oliver Bange und Bernd Lemke, München 2013 (= Beiträge zur Militärgeschichte, 75)

Wegweiser zur Geschichte. Afghanistan. Im Auftrag des MGFA hrsg. von Bernhard Chiari, 3., durchges. und erw. Aufl., Paderborn [u.a.] 2009

Wegweiser zur Geschichte. Auslandseinsätze der Bundeswehr. Im Auftrag des MGFA hrsg. von Bernhard Chiari und Magnus Pahl, Paderborn [u.a.] 2010

Weidenfeld, Werner, Wagner, Peter M., Bruck, Elke, Außenpolitik für die deutsche Einheit: Die Entscheidungsjahre 1989/90, Stuttgart 1998 (= Geschichte der deutschen Einheit, 4)

Weiß, Wolfgang, Die Beteiligung des Bundestages bei Einsätzen der Bundeswehr im Ausland. Eine kritische Würdigung des Parlamentsbeteiligungsgesetzes. In: Neue Zeitschrift für Wehrrecht, 3 (2005), S. 100–116

Weißbuch 1994 zur Sicherheit der Bundesrepublik Deutschland und zur Lage und Zukunft der Bundeswehr. Hrsg. vom BMVg – Bundesministerium der Verteidigung, Bonn 1994

Weißbuch 2006 zur Sicherheit der Bundesrepublik Deutschland und zur Lage und Zukunft der Bundeswehr. Hrsg. vom BMVg – Bundesministerium der Verteidigung, Bonn 2006

Westbindungen. Amerika in der Bundesrepublik. Hrsg. von Heinz Bude und Bernd Greiner, Hamburg 1999

Wiefelspütz, Dieter, Die Beteiligung der Bundeswehr am Kampf gegen Piraterie. In: Neue Zeitschrift für Wehrrecht, 4 (2009), S. 133–150

Wiefelspütz, Dieter, Kein Parlamentsvorbehalt bei Inlandseinsätzen der Bundeswehr. In: Neue Zeitschrift für Wehrrecht, 5 (2010), S. 177–187

Wohlgethan, Achim, und Dirk Schulze, Endstation Kabul: als deutscher Soldat in Afghanistan. Ein Insiderbericht, Berlin 2008

Wolf Graf von Baudissin 1907–1993. Modernisierer zwischen totalitärer Herrschaft und freiheitlicher Ordnung. Im Auftrag des MGFA hrsg. von Rudolf J. Schlaffer und Wolfgang Schmidt, München 2007

Wolfrum, Edgar, Die geglückte Demokratie. Geschichte der Bundesrepublik Deutschland von ihren Anfängen bis zur Gegenwart, Stuttgart 2006

Zilian, Frederick Jr., Gleichgewicht und Militärtechnologie in Mitteleuropa. In: Die USA und Deutschland im Zeitalter des Kalten Krieges, Bd 1, S. 350–362

Zimmermann, John, Führungskrise in der Bundeswehr oder Aufstand der Generale? Die Rücktritte der Generale Trettner und Panitzki 1966. In: Die Luftwaffe zwischen Politik und Technik, S. 108–123

Zimmermann, John, Der Prototyp: General Ulrich de Maizière. In: Militärische Aufbaugenerationen, S. 409–436

Zimmermann, John, Ulrich de Maizière. General der Bonner Republik, 1912–2006, München 2012 (= Sicherheitspolitik und Streitkräfte der Bundesrepublik Deutschland, 12)

Zweiter Kalter Krieg und Friedensbewegung. Der NATO-Doppelbeschluss in deutsch-deutscher und internationaler Perspektive. Hrsg. im Auftrag des Instituts für Zeitgeschichte München – Berlin und des Deutschen Historischen Instituts Washington von Philipp Gassert, Tim Geiger und Hermann Wentker, München 2011 (= Schriftenreihe der Vierteljahreshefte für Zeitgeschichte, Sondernr.)